OMISTAMISEN KOKONAISKUS-

TANNUKSET

VALMISTUSTEOLLISUUDESSA –

PERUSTEET JA ENEMMÄN

PETRI S. NIEMINEN

0   ESISANAT

"Ei näe metsää puilta." Tuota luontoon viittaavaa sanontaa voidaan soveltaa myös työelämässä mihin tahansa asemaan: Saatamme nähdä vain palasia sieltä täältä, mutta emme kokonaiskuvaa. Tämän seurauksena päätöksemme perustuvat osatotuuksiin, eivät koko totuuteen, emmekä näin ollen ymmärrä kokonaisvaltaisesti päätöstemme liiketoiminnallisia seurauksia. Saatamme esimerkiksi tehdä investointipäätöksen halvimman hankintahinnan perusteella, jolloin säästämme hankintahinnassa 20 000 euroa, mutta samaan aikaan kunnossapitokustannukset kasvavat 0,20 euroa/tuote 7 vuoden elinkaaren aikana, jossa ajassa valmistetaan 400 000 tuotetta. Käytännössä tämä tarkoittaa, että 20 000 € säästöllä alkukustannuksissa aiheutetaan 80 000 euron kasvu prosessin käyttökustannuksiin. Tällöin voimme helposti päätyä ihmettelemään, miksi yrityksemme menot kasvavat, vaikka teemme kaikkemme säästämisen eteen.

Tilanteen edistämiseksi voidaan hyödyntää ajatusmallia nimeltä *omistamisen kokonaiskustannus*, engl. *Total Cost of Ownership* (TCO). Kuten nimikin kuvaa, omistamisen kokonaiskustannus pyrkii määrittämän kaikki esimerkiksi yksittäiseen hankintaan tai prosessiin liittyvät kustannukset, ja kaikki näihin kustannuksiin liittyvät elementit. Lisäksi tätä konseptia voidaan soveltaa esimerkiksi toimistotyöskentelyn prosesseihin sekä useisiin yksityiselämän osa-alueisiin. Optimoimalla omistamisen kokonaiskustannuksia koko yrityksen toiminnan tasolla voidaan myös saavuttaa huomattavasti kestävämpiä taloudellisia hyötyjä kuin esimerkiksi väliaikaisilla lomautuksilla saavutettavat lyhyen aikavälin säästöt. Ja tämä on yksi keskeisistä syistä, miksi omistamisen kokonaiskustannuksen konsepti on hyvin monipuolinen työkalu, kun pyritään edistämään yrityksen taloudellista tulosta.

Tämä on myös yksi niistä syistä, miksi tämä kirja on olemassa: Haluan tuoda esille, että on olemassa useita muitakin tapoja tehdä rahaa liiketoiminnalla kuin vain ostamalla halvalla ja myymällä kalliilla, sekä lomauttamalla iso osa henkilökunnasta ensimmäisen haasteen edessä, näin kärjistettynä. Mutta palataan tähän kirjan myöhemmissä luvuissa.

Jotta tästä kirjasta voidaan tehdä tehokkuuteen tähtäävä, kuten konseptista itsestäänkin, jatkossa viittaan tässä kirjassa omistamisen kokonaiskustannuksiin enimmäkseen sen englanninkielisellä lyhenteellä TCO. Perehtyessäni aiheeseen kirjoittaessani tätä kirjaa, olen havainnut tämän olevan yleinen englanninkielinen lyhenne kyseiselle käsitteelle. Näin ollen tällä lyhenteellä löytää myös paljon lisätietoa aiheesta englanniksi, myös niiltä osa-alueilta, joita ei tässä kirjassa käsitellä.

Vaikka käsittelen tässä kirjassa TCO:ta monipuolisesti, en väitä tietäväni aiheesta läheskään kaikkea, päin vastoin. Kuten Sinäkin, arvoisa lukija, olen myös tämän aiheen opiskelija, vaikka ymmärränkin tästä aiheesta jo melko paljon. Muiden lähteiden lisäksi olen hyödyntänyt kirjassa myös omaa kokemustani, jolloin käytän tekstiviitettä "(kirjoittajan kokemus)", jotta on helpompi erottaa tieto tai ilmaisutavat, jotka ovat peräisin muista lähteistä. Haluaisin myös huomauttaa, että tämä ei ole puhdas koulukirja, koska tutkimustiedon, blogien ja artikkeleiden lisäksi tuon aika ajoin esille myös innoitukseni lähteitä tätä aihetta kohtaan, jolloin tekstiviitteenä käytetään "(kirjoittajan näkemys)". Nautin suuresti itseäni kiinnostavien aiheiden opiskelusta ja myös Te, arvoisa lukija, voitte aivan vapaasti hyödyntää mitä tahansa tästä kirjasta oppimaanne yksityiselämässänne tai työympäristössänne. Pyytäisin kuitenkin huomioimaan olosuhteet, joissa näitä tietoja hyödynnetään, jotta voidaan saavuttaa aitoja taloudellisia hyötyjä. Näihin kuuluvat esimerkiksi käytössä olevat tietojärjestelmät, yrityskulttuuri, liiketoimintastrategia ja niin edelleen. Omistamisen kokonaiskustannuksille ei ole olemassa vain yhtä universaalia mallia, joka toimii yhtäläisesti kaikkialla ja kaikissa olosuhteissa.

Lopuksi haluan pyytää anteeksi, ettei tässä kirjassa ole kuvia. Alun perin aioin tuoda tähän kirjaan useita kuvia ja luoda monia kaavioita, mutta tekijänoikeusasiat asettuivat haasteeksi. Enkä sano tätä syyttelyn tai puolustelun vuoksi. Toivottavasti tämä ei kuitenkaan laimenna kenenkään motivaatiota oppia lisää tästä mielenkiintoisesta aiheesta.

Pidemmittä puheitta, noustaan laivaan nimeltä TCO ja lähdetään purjehtimaan monimutkaisten riippuvuussuhteiden merille ja päätöksenteon aalloille. Ankkuri ylös!

Toisen painoksen lisäys: Tämä on kirjan toinen, korjattu painos. Tämä toinen painos on seurausta erään lukijan tarkasta työstä löytäessään kirjoitusvirheitä ensimmäisestä painoksesta. Tämä puolestaan antaa minulle kirjan kirjoittajana oivan tilaisuuden soveltaa myös 'Kaizenin' hengessä suoritettavaa vaiheittaista jatkuvaa parantamista. Mutta tästä lisää jossain tulevassa kirjassani.

Lyhenteet ja sanasto

TCO = Total Cost of Ownership = Omistamisen kokonaiskustannus

KPI = Key Performance Indicator = Suorituskykymittari

OpEx = Operation Expense = Operatiivinen kustannus

CapEx = Capital Expenditure = Investointikustannus

OEM = Original Equipment Manufacturer = Alkuperäinen laitevalmistaja

Kustannus toimittajan näkökulmasta = Hinta, jonka se maksaa omille toimittajilleen tavaroista ja palveluista, ja mitä se maksaa sisäiselle ja ulkoiselle työvoimalleen näihin liittyvästä työstä.

Hinta toimittajan näkökulmasta = Kustannus + voittomarginaali (+ riskivara).

Alkukustannus (Initial cost) = Hintalappu sisältäen koko hintaerittelyn + sisäinen työ tarjousprosessin aikana + sisäinen työ, joka liittyy kaikkiin tämän osa-alueen työn osiin.

Käyttökustannukset (Cost of operation) = Kaikki asennukseen ja käyttöönottoon liittyvät kustannukset, kuten tähän liittyvät testit ja testimateriaalit, asennustyö ja asennusmateriaalit, henkilötyö ongelmien ja haasteiden ratkaisemiseksi sekä laadun kehittämisen eteen tehty työ. Lisäksi tähän kuuluu myös laitteiston tarvitsema energia, vesi, kaasu jne.

Ylläpitokustannukset = Kaikki kustannukset, jotka liittyvät hankittavan laitteen tai palvelun ennakoivaan, dokumentoivaan ja reagoivaan huoltoon.

Häiriökustannukset = Kaikki hankitun laitteen tai palvelun käytettävyyden katkoksista aiheutuvat kustannukset.

Tuotantokustannukset = Hankitun laitteen kapasiteetti, tekninen käytettävyys, toiminta-aste ja laaduntuottokyky sekä ympäristövaikutukset. Lisäksi tähän kuuluvat laitteen ympäristövaikutukset ja laitteen laaduntuottokykyyn liittyvät valmistettavan tuotteen korjaus- ja romutuskustannukset.

Jäännösarvo / Romutuskustannus = Mikä on kokonaiskustannusvaikutus laitteen tai valmistettavan tuotteen elinkaaren päättymisestä laitteen tai laitteistokokonaisuuden kohdalla? Voidaanko se esimerkiksi myydä edelleen tai käyttää uudelleen?

MTTR = Mean Time To Repair = Keskimääräinen korjausaika

MCTR = Mean Cost To Repair = Keskimääräinen korjauskustannus

Toimittaja = Tavaran tai palvelun tuottaja

ICT = Tieto- ja viestintäteknologia

HSE = Terveys, turvallisuus ja ympäristö

ESD = Sähköstaattinen purkaus. Tehdasympäristössä ESD-suojausta käytetään välttämään liiallisen sähköstaattisen varauksen syntyminen, koska tällöin voitaisiin vahingoittaa esimerkiksi arvokkaita tuotteen osia.

Sisällysluettelo

OSA A – TCO:N PERUSTEET, SOVELLUKSET JA KÄYTTÖÖNOTTO

Vaikka TCO:n useita osa-alueita pohditaankin työelämässä usein tiedostamatta tätä kokonaisuutta esimerkiksi hankintaprosessin yhteydessä, näitä pohdintoja ei useimmiten osata yhdistää yhdeksi kokonaisuudeksi. Pitäessäni työpaikallani koulutusta tästä aiheesta eräs osastomme päälliköistä kuvasikin TCO:ta hyvin: "Se antaa selkeän rakenteen kokonaisuudelle, jonka osia olemme jo ennestään miettineet." Ja kuten minkä tahansa suuren kokonaisuuden kohdalla, meidän täytyy aloittaa perusteista, alkaen TCO:n merkityksestä ja käytännön tosielämän esimerkistä, jotta tämän kirjan lukija voisi asettaa aiheen mahdollisesti tutumpaan asiayhteyteen. Tämän jälkeen syvennymme TCO:n elementteihin. Ja vaikka nämä elementit sisältävätkin paljon tietoa sisäistettäväksi, pelkkä teoria ei ole suureksi avuksi, jos sitä ei hyödynnetä tai osata hyödyntää. Tämän vuoksi teorian jälkeen käymme läpi eri näkökulmia TCO:n käytännön hyödyntämiseen. Jotta voimme hyödyntää TCO:ta onnistuneesti, meidän tulee ensin ymmärtää, millaisissa tilanteissa sitä voidaan käyttää. Lisäksi meidän täytyy ymmärtää tiettyjä perustermejä ja tyypillisiä kokonaisuuksia *cost engineeringin* eli kustannussuunnittelun sekä johdon laskentatoimen aloilta. Eikä parane unohtaa erästä tärkeimmistä asioista, joita tarvitaan missä tahansa *transformatiivisessa* eli toimintatapoja muuttavassa muutoksessa onnistumiseen työympäristössä: *johdon sitoutumista*. Yritysjohto on näet elintärkeässä asemassa työajan allokoinnin ja tarvittavien resurssien järjestämisen sekä yhteistyöhön ohjaamisen kannalta, jotta TCO voidaan ottaa käyttöön yrityksessä onnistuneesti. Nostetaanpa purjeet ja käydään tälle kiehtovalle yhteiselle matkalle.

1   TCO:N PERUSTEET

"Mikään hyöty ei ole niin varma kuin se, joka seuraa, kun käytät taloudellisesti sitä, mitä sinulla jo on", sanoo latinankielinen sananlasku (Forbes, 2015). Latinan kielessä on yleensäkin paljon sananlaskuja, jotka ovat yksinkertaisia, mutta hyvin oivaltavia. TCO:n yhteydessä tämä sananlasku voidaan laajentaa jo omistamamme lisäksi siihen, mitä aiomme hankkia tai saavuttaa. Ja tästä TCO:ssa on pohjimmiltaan kyse: Pyrkimyksestä ymmärtää kokonaisvaltaisesti kaikki eri kustannukset, jotka liittyvät mihin tahansa hankintaan, käyttöomaisuusesineeseen, yrityksen toimintoon ja niin edelleen. Kun ymmärrämme koko ison kuvan, voimme tehdä parempia päätöksiä, mikä puolestaan parantaa toiminnan tehokkuutta ja kannattavuutta.

Käytännössä TCO koostuu perinteisesti seuraavista ryhmistä:

- ➢ alkukustannukset
- ➢ käyttökustannukset (asennus ja käyttöönotto)
- ➢ ylläpitokustannukset
- ➢ häiriöajan kustannukset
- ➢ tuotantokustannukset ja
- ➢ jäännösarvo ja/tai poistokustannukset.

Mutta tähän koko ajatusmalliin liittyy paljon enemmänkin kuin yllä oleva lista, sekä rahallisesti että ajallisesti. Vaikka TCO:n usein käsitetäänkin alkavan hankittavaan tavaraan tai palveluun liittyvistä tarjouksista tavaran- tai palvelun toimittajilta, ja niihin liittyvistä päätöksistä, tarjousten saamiseen mennessä on tehty jo paljon työtä. Tähän vaiheeseen liittyviä kustannuseriä voidaan kuvailla transaktiota, eli liiketointa tai kaupantekotapahtumaa, edeltävinä kustannuksina. Näihin kuuluvat esimerkiksi:

- ➢ hankintatarpeen tunnistaminen
- ➢ mahdollisten toimittajien kartoittaminen ja kontaktointi
- ➢ toimittajaehdokkaiden taustojen ja taloudellisen tilanteen selvittäminen
- ➢ asiakkaan ja toimittajan molemminpuolinen perehdytys toistensa toimintatapoihin ja molemminpuolinen tutustuminen
- ➢ tarjouspyynnön teknisten speksien laatiminen ja
- ➢ tarvittaessa valitun toimittajan lisääminen yrityksen tietojärjestelmiin.

Seuraavana hankintaprosessin aikajärjestyksessä ovat kaupantekotapahtumaan liittyvät kustannuserät. Nämä kustannuselementit ovat itse alkukustannus toimittajavalinnasta mukaan lukien tarjouksen sisältöön kuuluvat tavarat ja/tai palvelut sekä niiden toimittaminen tilaajalle, samoin kuin näihin liittyvät tarkastus- ja hyväksyntäkustannukset.

Näitä ovat esimerkiksi:

➢ hankintahinta

➢ ostotilauksen valmistelu ja lähettäminen

➢ tilatun työn seuranta ja valvominen sekä korjaukset tarvittaessa

➢ tarvittaessa tai sovittaessa tehtäviin väliaikaishyväksyntöihin liittyvät kustannukset

➢ fyysisen tavaran toimittamisen kustannukset sovellettavasta toimitusehdosta riippuen

➢ tullit ja tariffit

➢ laskutus- ja maksukustannukset

➢ saatujen palveluiden ja/tai tavaroiden tarkastus

➢ tarvittaessa reklamointiprosessiin ja korvaavien tuotteiden järjestämiseen liittyvät kustannukset

➢ fyysisten tavaroiden mahdollinen asennus ja käyttöönotto sekä

➢ tarvittavien pätevyyksien ja koulutusten järjestäminen (Ellram, 1993).

Jokainen näistä kustannuseristä voidaan ja pitäisi myös arvioida erikseen, mutta tämä arviointi on myös osa TCO-arviointityötä jokaisen hankinnan kohdalla. Suosittelen kuitenkin, että suurin työpanos käytetään suurimpien kustannusajurien vertaamiseen, mutta kannattaa tehdä kevyt vertailu myös pienemmille kustannusajureille. Jälkimmäinen toimenpide johtaa toisinaan tilanteeseen, jossa havaitaan koko hankinnan kannalta jotain oleellista, joka olisi jäänyt huomaamatta ilman tällaista vertailua tai vastaavaa ajatustyötä (kirjoittajan kokemus).

Kolmantena ja viimeisenä ryhmänä ovat kaupantekotapahtuman jälkeiset kustannuserät.

Näitä ovat:

➢ tilatun laitteiston tai palvelun laaduntuottokyky (Law Insider Inc., 2013–2024).

➢ valmiit lopputuotteet, jotka on hylätty tarkastuksessa ennen myyntiä

➢ ennakko- ja reaktiivinen huolto sekä häiriöaika

➢ hyväntahdon eleistä aiheutuvat kustannukset

➢ mahdolliset hyvästä tai huonosta toimitettujen lopputuotteiden laadusta ja/tai toimitustäsmällisyydstä johtuvat yrityksen mainevaikutukset

➢ energia- ja vesikustannukset

➢ laitteiston poistokustannukset laitteiston elinkaaren päättyessä (Ellram, 1993).

Tavallaan tämä kolmas ryhmittely on jopa paradoksaalinen. Koska se on usein kauimpana tulevaisuudesta hankinnan jälkeen, siihen usein kiinnitetään vähiten huomiota. Kuitenkin tämä kolmas ryhmä voi muodostaa suurimman osan koko laitteen tai jopa koko tuotantoprosessin elinkaaren kokonaiskustannuksista pitkän ajallisen kestonsa vuoksi. Tämä edelleen alleviivaa TCO:n tärkeyttä, kun verrataan kaikkia yksittäiseenkin hankintaan liittyviä kustannuksia.

1.1 Miksi TCO on tärkeä

Omistamisen kokonaiskustannuksen ymmärtäminen on erityisen hyödyllistä, kun pyritään parantamaan liiketoiminnan, sen toimintojen tai aktiviteettien kannattavuutta. Näin ollen TCO:ta voidaan hyödyntää hankintojen ja toimittajayhteistyön lisäksi esimerkiksi sisäisiin toimintaprosesseihin, laatuun, yritysstrategiaan, sidosryhmätyöskentelyyn sekä tarjousten tekoon nykyisille ja mahdollisesti tuleville asiakkaille. Ja vaikka tämä saattaakin kuulostaa pinnalliselta tai kyyniseltä, liiketoiminnassa käytännössä kaiken voi joko mitata tai arvioida rahassa, joko suoraan tai välillisesti. Enimmäkseen haasteena ei olekaan mitata asioita rahassa, vaan tunnistaa kustannuserien oikeat aiheuttajat. Toki monessa tapauksessa todellinen kustannustieto saadaan vasta toteuman perusteella. Lisäksi TCO:n avulla voidaan hahmottaa, miten eri kustannuserät ovat sidoksissa toisiinsa liiketoiminnassa.

Tämän lisäksi TCO tuo valtavaa lisäarvoa suunnittelutyössä. Tämä johtuu enimmäkseen siitä, että hyvin suoritettu TCO-vertailu vaatii suuria määriä selvitystyötä, tutkimista ja dataa silloin, kun halutaan saavuttaa kokonaisvaltainen kuva aivan kaikista kustannuksista, jotka liittyvät yksittäiseen hankintaan tai kokonaiseen toimintaprosessiinkin. Usein käykin niin, että tätä selvitystyötä tehtäessä hoksataan jotain sellaista, joka olisi jäänyt huomaamatta ilman tätä työtä (Spencer, 2024). TCO:lla on myös suuri merkitys taloudellisissa kannattavuustutkimuksissa sekä yleisesti taloudellisessa päätöksenteossa. Kun ymmärrämme yksittäisen hankinnan tai jopa kokonaisen projektin TCO:n hyvin, voimme tehdä tuotoista ja kustannuksista tarkempia taloudellisia ennusteita. TCO:ta voidaan myös soveltaa ohjelmanjohtamiseen, johon useiden muiden tehtävien lisäksi kuuluu projektien ja niissä tarvittavien resurssien asettaminen tärkeysjärjestykseen (Fernandes. 2023).

TCO-malli myös edistää päätöksentekoa yleisellä tasolla sekä auttaa hahmottamaan täyden arvion hankintoihin liittyvistä menoista ja tuloista. Tällöin voidaan joissain tapauksissa jopa päätyä tilanteeseen, jossa halvimman hankintahinnan vaihtoehto muuttuu kokonaiskuvassa kalliiksi esimerkiksi sen valitsemisesta seuraavan varastointi- ja käsittelykulujen kasvun myötä (Logistiikan maailma, 2024). Omistamisen kokonaiskustannus sopii sisäisen päätöksenteon ja sisäisten prosessien lisäksi myös yritysten väliseen kaupantekoon ja sidosryhmätyöskentelyyn. Useat yritykset esimerkiksi vaativat täyden TCO-analyysin avaintoimittajiltaan, jotta nämä yritykset voivat tehdä parempia päätöksiä esimerkiksi toimittajavalinnan suhteen (Fishman Corporation, 2024). TCO:lla on myös useita muita etuja ja käyttökohteita, joita käsitellään tässä kirjassa. Mutta nyt jätetään teoria hetkeksi sivuun ja keskitytään tosielämän käytännön esimerkkiin.

1.2   Käytännön esimerkki

Kuvittele, että olet päättänyt ostaa auton. Joillekin meistä tämä on jännittävää, joillekin vain välttämätön "paha", jotta pärjäämme elämässä ilman kunnollista julkista liikennettä tai jotta saisimme vapauden kiinteistä julkisen liikenteen aikatauluista. Kummin päin asia onkin, toivon, että tästä esimerkistä olisi käytännön hyötyä. Tästä huolimatta pyydän kuitenkin suhtautumaan varovasti tämän käytännön esimerkin soveltamiseen yrityselämässä: Useat auton osa-alueet saattavat olla enemmän tunteen kuin järjen kysymyksiä, mitä tulisi välttää yrityksen päätöksenteossa. Tämän vuoksi sovellamme tässä osiossa jotain, mitä jotkut kutsuvat "kylmäksi bisnekseksi" ja pitäydymme omistamisen kokonaiskustannuksen näkökulmassa. Ja jotta tämä esimerkiksi ei veisi puolta tästä kirjasta, pyrin yksinkertaistamaan asioita.

Useimmiten arkikäyttöön tulevan auton hankinta alkaa pohdinnalla siitä, millainen auton tulisi olla. Ja kuten tämän kirjan avausluvussakin kuvattiin, TCO alkaa tästä vaiheesta, vaikka tämä pohdinta onkin tarpeen riippumatta siitä, millaisen auton päädymme lopulta hankkimaan. Vaikka tähän vaiheeseen käytetty aika ja vaiva saattaakin olla sama riippumatta siitä, millaiseen vaihtoehtoon päädymme, tässä vaiheessa tehdyt päätökset vaikuttavat suuresti lopulta valittavan auton omistamisen kokonaiskustannuksiin. Jollei kyseinen päätös ole jo ilmeinen, useat meistä aloittavat pohtimalla auton korimallin valintaa; valitako porrasperä, farmari, viistoperä vai ehkä katumaasturi? Kaikilla näillä korimalleilla on omat hyvät puolensa ja syyt, miksi ihmiset niitä ostavat, mutta pelkällä järjellä ajatellen valinta alkaa usein siitä, kuinka paljon ja millaista kuormankantokykyä ja tilaa tarvitaan. Käytännössä tämä tarkoittaa sitä, kuinka monta ihmistä ja paljonko tavaroita tai mahdollisesti myös eläimiä autossa yleensä on. Ihmisten määrän lisäksi myös heidän kokonsa vaikuttaa siihen, miten iso auto tarvitaan. Omistamisen kokonaiskustannusten näkökulmasta suosittelen huomioimaan, että auton tarpeeton paino ja korkeus lisäävät polttoainekustannuksia, vaikkakin myös muut tekijät vaikuttavat auton omistamisen kokonaiskustannuksiin.

Kun auton korimalli on päätetty, on aika arvioida niin kutsuttua ajoprofiilia: Kuinka paljon autolla ajetaan vuosittain ja ajetaanko valtaosa näistä kilometreistä kaupungissa, taajamassa vai maantiellä? Ajetaanko usein huonokuntoisilla teillä? Tällöin korkea maavara saattaa puoltaa paikkaansa. Ajoprofiili ohjaa päätöksentekoa myös auton käyttövoiman valinnassa. Pääasiallisen tarpeen lisäksi myös mahdolliset rajoitteet on kuitenkin pidettävä mielessä. Näitä ovat esimerkiksi käyttövoiman ja auton koon ja/tai painon rajoitukset suurissa kaupungeissa. Usein myös riittävän, mutta ei ylimitoitetun tehokkaan ja kookkaan moottorin valinta on eduksi ajoneuvon omistamisen kokonaiskustannuksille.

Näiden pohdintojen jälkeen on aika ajatella budjettia sekä alkukustannuksen että käyttökustannusten suhteen. Ja tässä valinta voi tapahtua esimerkiksi sen välillä, ostetaanko uudempi ja kalliimpi auto, jonka ylläpito on mahdollisesti halvempaa, mutta rahoituskustannukset mahdollisesti korkeammat, vai ostetaanko vanhempi ja halvempi auto, joka saattaa vaatia korjaamista ja huoltoa suuremmalla rahamäärällä saman käyttöiän aikana. Tässä yhteydessä on hyvä myös pohtia siitä, kuinka suuren osan huolloista ja korjauksista voimme tehdä itse, voiko joku ystävistämme huoltaa auton vai pitääkö kaikki huollot ja korjaukset ulkoistaa ammattilaisille. Lisäksi tulee huomioida, kuinka usein ja kuinka mittavaa ylläpitoa tarvitaan. On myös tärkeää selvittää, millaisia tyyppivikoja harkitsemissamme autoissa on, kuinka kalliita nämä viat ovat korjata ja voivatko nämä viat mahdollisesti pysäyttää matkanteon, aiheuttaen matkan katkeamisen myötä yllättäviä lisäkuluja. Myös auton arvoa ja sen alenemaa tulee miettiä omistamisen kokonaiskustannuksen kannalta. Auton rahallinen arvo alenee usein 30–50 % ensimmäisen 2–3 vuoden ja ensimmäisen noin 50 000 kilometrin aikana, riippuen useasta eri tekijästä, kuten auton kunnosta, kilometreistä ja kyseisen automallin arvostuksesta asiakkaiden keskuudessa. Samoin auton valinnaiset lisävarusteet menettävät rahallista arvoaan ajan oloon. Toisaalta tämä tarkoittaa myös, että on mahdollista ostaa paremmin varusteltu 2–3 vuotta vanha auto vastaavan, vähemmän varustellun uuden auton myyntihintaa halvemmalla.

Seuraavaksi meidän tulee pohtia vakuutus- ja verokustannuksia. Riippuen kansallisesta tai alueellisesta lainsäädännöstä, nämä saattavat riippua voimakkaastikin esimerkiksi auton moottorin koosta, käyttövoimasta sekä polttoaineen kulutuksesta. Nämä erot voivat olla satoja tai jopa tuhansia euroja, muodostaen merkittävän eron auton omistamisen kokonaiskustannuksissa. Lisäksi polttoaineen kulutus itsessään saattaa tehdä merkittävän eron käyttökuluissa, riippuen polttoaineen hinnasta ja keskimääräisestä vuosittaisesta ajomäärästä.

Lisäksi meidän tulee miettiä, kuinka kauan aiomme omistaa kyseisen auton, koska tällä on suuri vaikutus autolta vaadittavaan käyttöikään. Saatamme esimerkiksi suunnitella pitävämme auton yhden vuoden tai vaikkapa kymmenen vuoden ajan. Usein tämä vaikuttaa myös siihen, päätämmekö ostaa vähemmän ajetun ja uudemman auton vai halvemman, vanhemman ja enemmän ajetun auton.

Ellemme aio ajaa autolla pidempään kuin on taloudellisesti järkevää, viimeisenä mietintäkohteena on mahdollinen jälleenmyyntiarvo. Mitä pidempään pidämme auton, sitä hankalampaa on ennustaa sen tulevaa jälleenmyyntiarvoa sitten, kun päätämme luopua siitä. Tähän vaikuttavat esimerkiksi erilaiset trendit myynnin hetkellä, mutta yleisenä "nyrkkisääntönä" voimme valita arvostetun merkin ja varusteita, jotka todennäköisesti nostavat jälleenmyyntihintaa. Usein luotettavana pidetyt automerkit ja -mallit myös kestävät pidempään, mutta tätä ei voida pitää itsestäänselvyytenä. On parempi turvautua omaan selvitystyöhön koskien juuri sitä kyseistä automallia, jonka haluaisimme hankkia. Luonnollisesti auton jälleenmyyntiarvoon vaikuttaa myös se, kuinka hyvin pidämme autosta huolta. Jos meillä ei ole aikomustakaan huolehtia edes öljynvaihdosta tai teettää sitä ajallaan ammattilaisella, en olisi murheissani jälleenmyyntiarvosta. Huonosti pidetty auto on joka tapauksessa erittäin haastava myydä markkinan keskihinnalla. Lisäksi säännöllisen huollon jättäminen väliin säästää kyllä rahaa juuri sillä hetkellä, kun se jätetään väliin, mutta usein tämä kostautuu myöhemmin hyvin kalliinakin vikoina, joiden korjaaminen voi maksaa moninkertaisesti huoltotoimenpiteiden väliin jättämisellä saavutettuihin säästöihin nähden.

Autoharrastajana voisin jatkaa tästä aiheesta kokonaisen viikon tai vaikka kokonaisen kirjan verran, minkä saatankin tehdä joku päivä, mutta se on parempi jättää toiseen kertaan. Palataan takaisin itse asiaan, eli omistamisen kokonaiskustannukseen ja siihen liittyviin elementteihin.

1.3 TCO:n elementit

Omistamisen kokonaiskustannukset voidaan luokitella useammalla eri tavalla. Tässä kirjassa seurataan perinteisempää luokittelua, joka sisältää:

- ➢ alkukustannukset
- ➢ käyttökustannukset
- ➢ ylläpitokustannukset
- ➢ häiriöajan kustannukset, jotka joskus luokitellaan mukaan ylläpitokustannuksiin
- ➢ tuotantokustannukset
- ➢ jäännösarvon (Graco Inc., 2024).

Tähän kirjaan on valittu tämä luokittelu, koska suurin osa TCO-aiheisesta kirjallisuudesta ja tutkimuksesta vaikuttaa seuraavan tätä tai erittäin samankaltaista luokittelua, ja koska tämä luokittelu on selkeä. Lisäksi avausosiossa kuvatut TCO:n osat (Ellram, 1993) sisällytetään tähän luokitteluun, sillä ne ovat olennainen osa omistamisen kokonaiskustannusta. On kuitenkin olemassa myös muita tapoja luokitella omistamisen kokonaiskustannus, joista yksi tapa on kuvattu seuraavasti esimerkkien avulla:

- Alkukustannus
    - Hankintahinta sisältäen kustannuksen ja toimittajan katteen
- Aiheutunut kustannus
    - Pakkaaminen ja kuljetus
    - Maksuehto
    - Tullit ja tariffit
- Hankintakustannus
    - Hankintaosaston toiminnan kustannukset
- Omistuskustannus
    - Varastonhallinta
    - Arvon alenema
- Ylläpitokustannus
    - Varaosat
    - Huolto
- Käyttökustannus
    - Käyttöarvo
    - Käyttö
    - Palvelut
- Huonon laadun kustannukset
    - Toimitusaikojen pitävyys
    - Laiminlyönnin tai teknisen määrittelyn vastaisuuteen liittyvät prosessit
- Hävityskustannukset
    - Kierrätys
    - Jälleenmyynti
    - Romutus (Manutan, 2024).

Tämä on aivan yhtä oikea tapa luokitella omistamisen kokonaiskustannukset. Oman kokemukseni perusteella voin sanoa, että on parasta valita sellainen luokittelu, joka auttaa huomioimaan kaikki kustannuselementit, on selkeä ja sopii sen toimintaympäristön kulurakenteeseen, jossa tätä TCO-työtä toteutetaan. Tämä on välttämätöntä, koska silloin meidän ei tarvitse ihmetellä piilokuluja, kun analysoimme yrityksen taloudellisen suorituskyvyn kehittymistä. Toinen tärkeä huomio TCO-arvioinnista on, että se tulee tehdä kokonaisvaltaisena analyysinä sen sijaan, että se tehtäisiin vaiheittain esimerkiksi jokaisen työvaiheen aikana. Jos luotettavaa dataa ei ole saatavilla ennakkoon, on silti parempi estimoida eli arvioida euromääräisesti kaikki vaiheet sen sijaan, että ne jätettäisiin huomiotta. Tämä tehdään, jotta omistamisen kokonaiskustannukset voidaan ymmärtää ennakkoon, koska vain siten TCO:ta voidaan hyödyntää päätöksenteossa jo suunnitteluvaiheessa. Tästä huolimatta on tärkeää suorittaa myös TCO:n jälkilaskenta, koska näin voidaan saada arvokasta kustannustietoa ja saavuttaa ymmärrys kokonaiskustannusrakenteesta liittyen tuotantolinjan pystyttämiseen ja operointiin sekä tuotantolinjan poistamiseen sen elinkaaren päättyessä. Pidemmittä puheitta, aloitetaan useimmiten tunnistetulla kustannusluokalla, alkukustannuksilla.

1.3.1 Alkukustannus

Hankintoihin liittyen alkukustannus on hankittavien tavaroiden tai palveluiden hintalappu (Graco Inc., 2024). Riippuen kunkin hankinnan monimutkaisuudesta alkukustannus voi koostua useista kustannuselementeistä. Teollisen laitteiston tapauksessa tarjous voi sisältää esimerkiksi projektinhallinnan tai yleiskustannukset, laitteiston suunnittelun ja valmistamisen, toimittamisen, asentamisen ja käyttöönoton. Se, onko kaikki nämä kustannuselementit ja esimerkiksi tuotannon alkuvaiheiden kenttätuki sisällytetty tarjoukseen, riippuu siitä, millaista toimitussisältöä mahdolliselta palvelun tai tavaran toimittajalta on pyydetty.

Mutta omistamisen kokonaiskustannus ei ala vasta tästä. Kuten kuvailin tämän kirjan luvun 1 ensimmäisessä osiossa, omistamisen kokonaiskustannus alkaa hankintatarpeen tunnistamisesta (Ellram, 1993). Pohjimmiltaan tämä tarkoittaa sitä, että meidän tulee tunnistaa, mitä meidän tulee hankkia, jotta pääsemme haluttuun lopputulokseen esimerkiksi yksittäisessä tuotantoprosessin vaiheessa. Riippuen kunkin aiheen monimutkaisuudesta, tähän vaiheeseen voi liittyä hyvin erilainen määrä työvaiheita. Eräs yksinkertaisimmista tapauksissa on esimerkiksi tuotantolaitteen korvausinvestointi, jossa tavoitteena on säilyttää tuotannon läpimeno, joka heikkenee ajan myötä laitteiston kulumisen ja tuotteiden romuttamisen seurauksena (Fedelstein &

Rotschild, 1974). Jos ehdot tai vaatimukset eivät ole muuttuneet, tässä tapauksessa tarvitaan useimmiten uusi laite, joka on hyvin samankaltainen kuin korvattava laite. Tästä huolimatta usein vaaditaan tarjouskilpailu uuden laitteen toimittamiseksi. Käytännössä tämä tarkoittaa, että toimittajaehdokkailta pyydetään kilpailevat tarjoukset hankittavasta tavarasta tai palvelusta.

Toisaalta, jos tarvittava tavara tai palvelu on hyvin monimutkainen, tarvittavan hankinnan määritysvaihe voi olla hyvin laajakin. Esimerkiksi kokonainen setti saman tyypin prosessilaitteita, jotka kuitenkin eroavat toisistaan, saattaa vaatia paljon yhteistyötä teknisen tiimin ja hankintahenkilöstön välillä, sekä toimittajan kanssa. Näin täytyy toimia erityisesti silloin, kun laitteisto tai koko siihen liittyvä teknologia on uutta sen hankkivalle yritykselle. Vaikka tämä saattaakin kuulostaa siltä, että tässä vaiheessa tehtävä työmäärä ei riipu valittavista toimittajista, joista vain yksi voidaan valita, suosittelen huomioimaan tämän vaiheen omistamisen kokonaiskustannuksissa. Tämä johtuu siitä, että tässä ja muissa kaupantekotapahtumaa edeltävissä vaiheissa tehdyt valinnat ja päätökset vaikuttavat suuresti hankittavan tavaran tai palvelun kokonaiskustannuksiin. Jos hankittava tavara tai palvelu on hyvin uuden tyyppistä sitä hankkivalle yritykselle, kokemukseni pohjalta suosittelen aloittamaan mahdollisten toimittajien kartoittamisen ja kontaktoinnin mahdollisimman varhaisessa vaiheessa, jotta niiden asiantuntemusta voidaan hyödyntää täysimääräisesti laitevalinnassa, mikä puolestaan auttaa hankittavan tavaran tai palvelun kokonaiskustannusten optimoinnissa.

Jos tässä vaiheessa vaaditaan laajaa selvitystyötä, usein tarvittavan laitteiston tai palvelun tekninen määrittely laaditaan ainakin osittain tämän työn rinnalla, jotta tarvittava hankinta voidaan määrittää täysin oikein. Kunnollisen teknisen määrittelyn laatiminen parantaa onnistumisen mahdollisuuksia missä tahansa teknisessä hankinnassa. Eikä vain hankintavaiheen aikana, vaan myös hankittavan laitteiston tai palvelun koko elinkaaren ajan (Cooper, 2020). Teknisen määrittelyn muoto ja sisältö voi vaihdella suurestikin hankintakohteen mukaan. Se voi olla esimerkiksi tarkka tekninen kuvaus siitä, mitä toimittajalta tarvitaan, sisältäen kuvauksen ja tuotantoprosessista, johon se asennetaan sekä tarkat tekniset kuvaukset itse hankittavasta laitteesta. Nämä kuvaukset sisältävät esimerkiksi laitteistolla valmistettavan tuotteen 3D-mallin ja piirustukset mittoineen ja toleransseineen (kirjoittajan kokemus).

Teknisen osuuden lisäksi määrittelydokumentaation tulee sisältää hankintaan liittyvä projektointityö, kuten hyväksynnät, sekä aikataulun (Cooper, 2020). Tarkan ja selkeän teknisen määrittelyn laatiminen on todella tärkeää siihen liittyvän hankinnan onnistumisen, ja sen omistamisen kokonaiskustannusten optimoinnin kannalta. Yksi tässä onnistumisen suurimmista ja välittömimmistä myönteisistä seurauksista on se, että mitä tarkempia, realistisempia ja oikeellisempia tekniset määrittelyt ovat, sitä helpompaa toimittajan on pysyä ennakkoon sovitussa hinnassa ja aikataulussa läpi suunnittelu-, valmistus-, asennus ja käyttöönottovaiheiden. Eikä tämä myönteinen vaikutus toteudu ainoastaan toimittajan aikataulu- ja hinta-arvion pitävyyden kautta, vaan näin saadaan myös minimoitua erilaisten korjaavien toimenpiteiden tarve läpi prosessin sekä vähennettyä tilaavan henkilöstön tarvetta käyttää niin paljon työtunteja suunnittelun, valmistuksen ja muiden vaiheiden seurantaan kuin jouduttaisiin käyttämään puutteellisen teknisen määrittelyn myötä. Tästä seuraa suora tähän liittyvä työtuntien säästö, sekä epäsuora säästö, joka on seurausta tilaavalle henkilölle vapautuvasta ajasta ja energiasta muihin työtehtäviin keskittymiseen, mikä puolestaan vähentää virheen riskiä näissä töissä. Kaikki tämä johtaa uusiin suoriin säästöihin pienemmän työtuntimäärän ja parantuneen työn laadun myötä sekä edelleen epäsuoriin säästöihin ja mahdollisesti myös kasvaneeseen myyntiin, koska parantunut työn laatu ja nopeutunut aikataulu edistävät asiakastyytyväisyyttä myös tavaran tai palvelun tilaajan omien asiakkaiden taholta (kirjoittajan kokemus).

Tämän, ehkä ilmeisemmän työvaiheen lisäksi mahdollisten toimittajien taloudellinen tausta tarkistetaan, etenkin suurten hankintojen tapauksessa. Näin pyritään pienentämään toimitusketjun häiriöiden riskiä esimerkiksi toimittajan vararikon muodossa (Moody's, 2024). Tämän selvitystyön lisäksi useat suuret yritykset, mukaan lukien useat autonvalmistajat, vaativat nykyisin toimittajiltaan täyden TCO-analyysin (Fishman, 2024). Ja vaikka tämän vaatimuksen pääasiallisena tarkoituksena onkin pyrkimys pienentää tilaavan yrityksen taloudellista riskiä, TCO-analyysi auttaa suuresti myös tavaran tai palvelun toimittajaa ymmärtämään tarjottavaan tuotteeseen liittyvät kustannuselementit ja niiden suuruuden kokonaisuudessaan, mikä puolestaan alentaa myös toimittajan taloudellista riskiä (kirjoittajan kokemus). Kun tarjoukset on saatu ja toimittajaehdokkaiden kanssa on varmistettu, että toimitussisältö, pyydetty toimitusaika ja muut yksityiskohdat on ymmärretty oikein molempien osapuolten kesken, ja toimittajat on valittu, myöhemmät työvaiheet sujuvat jouhevammin kuin ne sujuisivat ilman kunnollista teknistä määrittelyä jo hankintaprosessin alkuvaiheessa.

Määrittelydokumentaation laatimisen ja muun tekniseen hankintaan liittyvän työn lisäksi on välttämätöntä ymmärtää alkukustannuksen elementit omistamisen kokonaiskustannuksen suhteen. Nämä kustannuselementit vaihtelevat suuresti riippuen siitä, mitä ollaan hankkimassa, mutta esimerkiksi useiden prosessilaitteiden tapauksessa hyvä hintaerittely sisältää seuraavat asiat:

➢ suunnittelun, jonka toimittaja saattaa ilmoittaa yhtenä hintana tai eritellä toimitussisällön laajuuden mukaan esimerkiksi seuraavien työvaiheiden välillä:

  o työkalusuunnittelu

  o simulointi

  o pohjapiirroksen laatiminen

  o ergonomiasuunnittelu

➢ valmistus, joka saattaa olla jaettu esimerkiksi seuraavien asioiden välillä:

  o osat, komponentit ja tarvikkeet; mekaaninen ja sähkö/automaatio

  o valmistustyö

    ▪ tämä vaihe voi olla edelleen eritelty eri työvaiheisiin, kuten leikkaaminen, koneistus, pinnoitus tai maalaus jne.

➢ toimituksen sisältäen toimitusehdon, jota käsitellään jäljempänä tässä kirjassa

➢ asentamisen ja käyttöönoton

➢ varaosat

➢ muut työvaiheet, joita on mahdollisesti pyydetty alkuperäisessä tarjouspyynnössä

➢ muut mahdolliset, valinnaisina lisätyt osat, tavarat tai palvelut.

Kuten mainittu ennen tätä listaa, tämä on vain yksi esimerkki, joka riippuu suuresti siitä, mitä ollaan tilaamassa. Ja vaikka tämä onkin vasta alkukustannus, asennus ja käyttöönotto mukaan lukien tämä TCO:n osa voi kestää ajallisesti pitkäänkin. Tämä vaihe yksinään on kuitenkin kaukana koko totuudesta liittyen teknisen hankinnan omistamisen kokonaiskustannuksiin. Kun laitteisto on toimitettu, asennettu, testattu ja käyttöönotettu, tulemme seuraavaan osa-alueeseen, käyttökustannuksiin.

1.3.2 Käyttö

Voisimme helposti olettaa, että kun laitteisto on asennettu, käyttöönotettu ja testattu, se olisi heti valmis täystahtiseen tuotantoon. Tämä on kuitenkin ainakin lähellä totuutta lähinnä korvausinvestointien tapauksessa silloin, kun uusi laitteisto on vähintäänkin hyvin samankaltainen kuin edeltäjänsä. Mutta mitä enemmän asiat muuttuvat koko tuotantolinjalla tämän yksittäisen laitteiston ympärillä, sitä kauemmaksi tämä olettamus lipuu todellisuudesta. Ennen kuin sukellamme syvemmälle tähän aiheeseen, haluan kuitenkin selittää, miksi olen tässä kohti poikennut kustannuselementtien jaosta, jollainen esiteltiin luvun 1.3 alussa. Päätin tehdä näin, koska kokemukseni perusteella asennus ja käyttöönotto ovat usein osa alkukustannusta, osa hankittavaa laitteistoa koskevaa tarjousta. Mutta palataanpa nyt takaisin käyttökustannuksiin.

Laitteiston asennuksen jälkeinen käyttö, etenkin kun koko tuotantoprosessi on joko täysin uusi tai ainakin muokattu suuresti aiempaan nähden, sisältää kaksi pääkohtaa:

1. tuotannon ylösajo ja

2. tuotanto- ja kunnossapitohenkilöstön koulutukset.

Molemmilla näillä on oma roolinsa "suurella TCO:n näyttämöllä", koska näihin molempiin liittyy useita muuttujia. Tuotannon ylösajo sisältää valtavat määrät kustannuselementtejä, jotka voivat vaihdella suurestikin monen tekijän seurauksena. Mutta jotta välttäisimme toistoa, keskitytäänpä niihin kustannuselementteihin, jotka sisältyvät ainakin osittain tai täysin vain tuotannon ylösajon vaiheeseen ja vakautuvat, jahka päästään täysimittaiseen tuotannon ajamiseen.

Ensimmäisenä aiheena käsitellään testausta, laadunkehitystä ja tuotantokapasiteetin ylösajoa. Nämä ovat monimutkaisia aiheita ja vaativat paljon huolellista suunnittelua. Ensinnäkin, jotta tuotannon laatua ja kapasiteettia voidaan testata, varmentaa ja kehittää, tarvitaan paljon testiosia. Ja jos tuotantoprosessissa valmistettava tuote on vieläpä suunnittelun suhteen vielä kehitysvaiheessa, useat näistä osista ovat vielä prototyyppiosia. Nämä osat voivat maksaa kappaleelta jopa satakertaisesti sarjatuotteisiin nähden, jopa enemmänkin (Scholz, vuosi tuntematon). Käytännössä tämä tarkoittaa, että tuotesuunnittelun kypsyysaste täytyy huomioida tarkoin, kun pyritään minimoimaan omistamisen kokonaiskustannus. Tässä tulee kuitenkin huomioida myös keskeiset rajoitteet, kuten projektiaikataulu sekä vaadittu laatutaso ja prosessin kapasiteetti jokaisen tuotannon ylösajon vaiheen aikana ennen sarjatuotannon käynnistämistä.

Tästä pääsemmekin tämän vaiheen ydintavoitteisiin, joita ovat ylösajon eri vaiheiden ja ylösajon jälkeiset tuotantokapasiteetin ja tuotannon laadun tavoitetasot. Näillä tavoitteilla on myös moninaisia TCO-vaikutuksia suoraan vaadittuun työmäärän, jotta näihin tavoitteisiin päästään, sekä tarvittavien testiosien määrään. Lisäksi muuttuvat tai epäselvät laatuvaatimukset lisäävät omistamisen kokonaiskustannusta etenkin tässä vaiheessa. Tämän vuoksi on erittäin tärkeää, että prosessin sekä laatu- että kapasiteettivaatimukset ja niiden kiristyminen hiljalleen eri esituotantovaiheissa on linjattu ja sovittu ennakkoon asiakkaan kanssa hyvin tarkasti ja selkeästi. Eikä ainoastaan asiakkaan kanssa; sekä TCO- että organisaationäkökulmasta on aivan yhtä tärkeää, että kaikki sisäiset sidosryhmät ovat myös ymmärtäneet nämä vaatimukset samalla tavalla. Tällöin saavutetaan vakaa ja rakentava pohja, josta ponnistaa yhdessä tiiminä kohti näitä päämääriä ilman tarpeettomia yhteenottoja, jotka voivat seurata siitä, kun tiimin eri jäsenet ymmärtävät nämä vaatimustasot eri tavalla. Nämä turhat väittelyt tai jopa riidat maksavat koko tiimille ja koko organisaatiolle aikaa ja rahaa.

Tuotannon ylösajon lisäksi tulee huolehtia tuotanto- ja kunnossapitohenkilöstön kouluttamisesta, jotta vältytään turhilta tuotantokatkoksilta ja -viivästyksiltä, jotka johtuvat puutteellista perehdytystä seuraavista inhimillisistä virheistä. Olettaen, että suurin osa tuotanto- ja kunnossapitohenkilöstöstä työskentelee jo ennestään yrityksessä ja on työskennellyt aiemmilla tuotantolinjoilla, suurin yksittäinen vaikutus tarvittavan perehdytyksen määrään tulee uuden teknologian määrästä aiempiin tuotantolinjoihin nähden. Ja tämä uusi teknologia ei koske ainoastaan teknisiä kehitysaskeleita koko teollisuudessa, vaan esimerkiksi myös uusia tapoja käyttää olemassa olevaa teknologiaa sekä, etenkin automatisoitujen ratkaisuiden tapauksessa, myös mahdollisesti toimittajan vaihtoa suurimmissa kokonaisuuksissa. Esimerkiksi eri logiikkajärjestelmä- tai robottitoimittajat käyttävät toisistaan poikkeavia ohjelmistoja, mikä lisää tuotanto- ja kunnossapitohenkilöstön koulutustarvetta näiden osalta.

Näiden, usein yrityksen oman henkilöstön hoitamien työtehtävien lisäksi tuotannon ylösajon aikana saatetaan tarvita esimerkiksi toisten yritysten apua. Ja vaikka tämä lisääkin väliaikaisesti yrityksen työkustannuksia, tämä saattaa jopa alentaa omistamisen kokonaiskustannusta pitkällä aikavälillä jopa koko tuotantoprosessissa. Tämä johtuu siitä, että näillä erikoistuneilla yrityksillä on usein erityisosaamista ratkaista vaativiakin sekä "piileviä" ongelmia, jotka saattaisivat muutoin jäädä piiloon perimmäiseksi juurisyyksi jopa varsin kalliiden tuotantoviivästysten ja -katkosten taustalle (kirjoittajan kokemus).

Viimeisenä, mutta ei suinkaan vähäisimpänä, saavumme sellaisiin kuluihin, jotka ovat vain osittain ainutlaatuisia juuri tälle omistamisen kokonaiskustannuksen vaiheelle. Koska esituotantovaiheet kestävät huomattavasti lyhyemmän aikaa kuin sarjatuotanto, nämä kustannukset ovat paljon suurempia sarjatuotannon aikana kuin esituotantovaiheissa. Nämä kustannuserät sisältävät:

- tuotanto- ja kunnossapitohenkilöstön palkat

- tuotannon energia- ja vesikustannukset sekä

> ➤ tuotantotilat, jotka yritys joko omistaa tai vuokraa itselleen

> ○ myös näiden tilojen ylläpito ja korjaaminen.

Omistamisen kokonaiskustannusten, ja kustannusrakenteen, näkökulmasta palkkakustannukset eivät sisällä vain työntekijöiden palkkaa, vaan myös palkan sivukulut, joiden suuruus riippuu kansallisesta ja/tai alueellisesta lainsäädännöstä. Näihin sivukuluihin kuuluvat muun muassa työnantajan osuus työntekijän eläkemaksuista, pakolliset vakuutusmaksut, työterveyden järjestäminen sekä luontoisedut. Lisäksi palkkakustannuksia kasvattavat esimerkiksi ylityöt. Lisäksi, riippuen lainsäädännöstä ja työehtosopimuksesta, ylityökustannukset yksinäänkin voivat olla niin suuret toteutuessaan, että on varsin kannattavaa verrata omistamisen kokonaiskustannusta henkilöstön minimimäärän ja esimerkiksi korvaajien lisäämisen välillä. Useimmiten työalan työehtosopimuksesta peräisin olevat erilaiset ylityölisät ovat syy, miksi ylityön teettämisestä todella kallista. Esimerkiksi täällä Suomessa teknologian työntekijöiden ja teknologian toimihenkilöiden työehtosopimuksessa työntekijöille on taattu 50 % palkan lisä jokaisen työpäivän kahdelle ensimmäiselle ylityötunnille, ja sen jälkeen 100 % lisä. Samoin saman työviikon aikana kertyneestä kahdeksasta ensimmäisestä ylityötunnista maksetaan 50 % palkan lisä, ei kuitenkaan päivittäisen ylityön lisäksi. Kun työntekijä on tehnyt saman viikon aikana enemmän kuin kahdeksan tuntia ylitöitä, jokaisesta seuraavasta ylityötunnista maksetaan 100 % ylityölisä riippumatta sen päivän päiväkohtaisen ylityön määrästä. Lisäksi maksetaan toiset 100 % korvausta työskentelystä sunnuntain tai arkipyhän aikana. Näiden lisäksi viikkolevon menettämisestä tai lyhenemisestä tulee maksaa 100 % korvaus niiltä osin, kuin yhtäjaksoisen vapaan kesto alittaa 35 tuntia. Näin ollen työntekijän tehtyä esimerkiksi maanantaista lauantaihin tasan 8 tuntia kunakin päivänä, sunnuntailta tulee maksaa nelinkertainen palkka (Ammattiliitto Pro, 2025). Kaikki nämä korvaukset ovat kuitenkin ansaittuja, koska tehdessään ylitöitä työntekijä uhraa lepo-, harrastus- ja perheaikaansa työnantajansa hyväksi, mutta käytännössä näin suuri ylityön teettäminen on niin kallista, että on varsin tärkeää mitoittaa tuotantoprosessi ja tuotantohenkilöstö oikein jo suunnitteluvaiheessa.

Käyttökustannuksiin kuuluu myös epäsuoria kustannuksia, kuten kirjanpito- ja lakimaksut, pankkimaksut ja toimistotarvikkeet (Kenton, 2024), mutta useimmat näitä lasketaan osittain tai kokonaan kiinteisiin kuluihin, koska ne maksetaan "joka tapauksessa" varsinaista tuotantoprosessia ympäröivän toiminnan seurauksena, joten niitä ei ole tarkoituksenmukaista sisällyttää yksittäisen laitteiston tai laitekokonaisuuden TCO-vertailuun. Yleensäkään en suosittele sisällyttämään TCO-vertailuun ja -arviointiin kustannuksia, jotka eivät millään tavalla vaikuta hankintapäätöksiin tai teknisiin ratkaisuihin, eli yleensä sellaiset maksut, jotka on joka tapauksessa maksettava, jotta esimerkiksi mitään tuotantolinjaa voitaisiin yleensäkään pystyttää. Lisäksi tarvitsemme prosessiin sähköä, lämpöä, jäähdytystä, vettä, jätteenkäsittelyä ja ilmanlaadun hallintaa (Chen ym., 2014). Se, kuinka paljon näistä mitäkin tarvitaan, riippuu suuresti siitä, millaisia määriä laitteistoa ja millaisia laitteita tarvitaan tuotantoprosessiin, sekä niihin liittyvistä teknisistä ratkaisuista. Tästä yksi esimerkki on se, käytetäänkö keskitettyä vai laitekohtaista jäähdytysratkaisua.

Tuotantotilat ovat tämän osa-alueen viimeinen suuri TCO-elementti. Tässäkin yhteydessä on monta asiaa pohdittavana ja monta päätöstä tehtävänä; mahtuuko suunniteltu tuotantoprosessi sille aiottuun tilaan? Jos uutta tuotantoprosessia suunnitellaan pystytettäväksi nykyisen tilalle, soveltuvatko nykyisin valmistettavan tuotteen tuotannon lopettamisen ja uuden tuotteen sarjavalmistuksen aloituksen ajoitukset tähän suunnitelmaan? Kuinka erilainen uusi tuotantoprosessi on nykyiseen nähden, eli kuinka laajoja muutoksia saatetaan tarvita esimerkiksi prosessin veteen, sähköön, jäähdytykseen ja niin edelleen?

Jos tuotantoprosessia ollaan pystyttämässä syystä tai toisesta pitkään käyttämättömänä olleeseen tuotantotilaan, lähtötilanne on myös TCO:n kannalta erilainen. Tällöin on välttämätöntä varmistaa, että kyseinen tuotantotila täyttää kaikki tuotanto-olosuhteiden vaatimukset, jotta aiottua kiinteistöä voidaan käyttää tuotantotilana turvallisesti. Kaikkien näiden selvitysten suorittaminen jo suunnitteluvaiheessa saattaa kuulostaa aikaa vievältä ja kalliilta, ja saattaa usein vaatia ulkopuolista, erittäin erikoistunutta osaamista, jotta saadaan luotettavat vastaukset kaikkiin kysymyksiin. Tämä voi olla kuitenkin erittäin halpaakin verrattuna mahdolliseen vaihtoehtoehtoiseen tilanteeseen: Projektin viivästymisiä, paniikkiratkaisuja, tarpeettomia terveys- ja turvallisuusriskejä sekä mainehaittaa yritykselle. Tämän takia tämä vaihe on välttämätön myös omistamisen kokonaiskustannusten alentamisen kannalta, kun suunnitellaan uutta tuotantolinjaa. Tästä pääsemmekin seuraaviin, valitettavasti toisinaan ylenkatsottuihin omistamisen kokonaiskustannusten osiin: Kunnossapidon ja häiriöajan kustannuksiin.

1.3.3 Kunnossapito

Se, miksi pidän tätä omistamisen kokonaiskustannuksen osa-aluetta ylenkatsottuna monessa organisaatiossa, johtuu siitä, koska olen kuullut nähnyt ja kuullut tämän monta kertaa: yrityksen ylimmän johdon ja/tai omistajien asettamien säästötavoitteiden johtamisen henkilöstön lomauttamiseen tai irtisanomiseen kunnossapidossa sekä meneillään olevien kunnossapidon rekrytointien jäädyttämisen. Kunnossapidon säännölliset työtehtävät yrityksestä riippuen kattavat muun muassa seuraavia asioita:

➢ rakennusten, järjestelmien ja/tai laitteiden säännöllinen tarkastus mahdollisten ongelmien ja vikojen havaitsemiseksi ja korjaamiseksi

➢ viallisten laitteistojen tai osien korjaaminen tai korjaamisen aikataulutus, jos korjaamiseen tarvitaan ulkopuolista asiantuntijaa

➢ rutiini- ja ennakkohuollon suorittaminen sekä

➢ kunnossapito- ja korjaustöiden rekisterin ylläpito (ServiceChannel, 2024).

Näiden lisäksi kunnossapito-osasto huolehtii esimerkiksi laitteiston säännöllisestä tarkastamisesta, voitelusta ja säätämisestä. (Graco Inc., 2024).

Ja sitten itse asian ytimeen eli miksi hyvin toteutettu kunnossapito on elintärkeää, kun pyritään vähentämään tuotantoprosessin omistamisen kokonaiskustannuksia: Jos emme esimerkiksi henkilöstöleikkausten myötä kykene ylläpitämään laitteistoa siten kuin se tulisi tehdä, näillä leikkauksilla tavoitellut säästöt muuttuvat pahimmillaan suuruusluokaltaan tavoiteltuja säästöjä paljon suuremmaksi menoeräksi. "Mutta kuinka tämä voisi olla mahdollista", saattamme kysyä. Ongelma ylläpidon väheksymisessä on siinä, että se lisää paljon kalliimpien tuotantokatkosten ja laiterikkojen riskiä. Havainnollistetaanpa tätä käytännön esimerkkilaskelmalla.

Esimerkki 1:

Vähentyneiden tuotantomäärien myötä yritys päättää lomauttaa kahdeksasta kunnossapitoasentajastaan kolme, ja lomautus kestää seitsemän kuukautta, jolloin yritys ottaa suuren tietoisen riskin, koska tuotantoprosessissa on ennestään suuri korjausvelka johtuen kunnossapitohenkilöstön vähyydestä. Tämän leikkauksen seurauksena palkkakustannukset alenevat seuraavasti: 3 henkilöä x 5 000 €/kk palkkakustannus sivukuluineen x 7 kuukautta = 105 000 €. Yllä mainittu riski toteutuu useaan kertaan tänä aikana, johtaen useisiin tuotantokatkoksiin, joista kuusi pystytään jäljittämään johtuvaksi juuri tästä henkilöstöleikkauksesta. Nämä tuotantokatkokset kestävät keskimäärin kuusi tuntia, jolloin menetetyksi työajaksi saadaan 36 tuntia. Yrityksen johto ei halua yrityksen maineen heikkenemisen pelossa ottaa riskiä tuotannon jäämisestä kuukausitavoitteesta, joten johto päättää laatia kiinniajosuunnitelman, joka sisältää neljä 9 h ylityöpäivää tehtäväksi lauantaisin. Koska tuotantokatkokset vaikuttivat koko tuotantoon, kaikki tuotannon 40 työntekijää tarvitaan näinä neljänä lauantaina töihin. Käyttäen aiemmin tässä kirjassa kuvailtua teknologiateollisuuden TESin mukaista ylityökorvauksen periaatetta ja olettaen, että kuukausittainen palkkakulu on 4 500 €/työntekijä (= keskituntihinta 28,13 €/h, kun kuukaudessa 160 h), voidaan osoittaa, että tämä kiinniottosuunnitelma maksaa suuremman määrän euroja kuin henkilöstöleikkauksilla säästettiin.

Työn keskikustannus = 28,13 €/h (keskituntihinta) x 8 h x 1,5 (viikon ensimmäisten 8 ylityötunnin palkkakerroin) + 28,13 €/h x 1 h x 2 (ylityön palkkakerroin ensimmäisen 8 ylityötunnin jälkeen) = 393,82 €.

- o Tämä työ tehdään sellaisena aikana, joka ei vähennä viikkolepoa alle 35 tunnin rajan, joten viikkolepokorvausta ei makseta.

- ➢ Tämä tarkoittaa, että tuotannon ajaminen kuukauden kaikkina lauantaina, 9 tuntia kunakin, maksaa: 4 lauantaita x 40 henkilöä, x 393,82 € / työntekijä / lauantai = 63 011,20 €.

Lisäksi kolmesta lomautetusta työntekijästä kaksi löysi muita töitä pian lomauttamisen jälkeen, mistä seurasi 7 500 € rekrytointikustannuksia.

Ja juuri kun yrityksen johto pääsi huokaisemaan helpotuksesta, kun kiinniajosuunnitelma oli saatu toteutettua onnistuneesti, eräs todella monimutkainen tuotantolaitteisto hajosi. Tämäkin olisi saatu estettyä, jos ammattitaitoista kunnossapitohenkilöstöä olisi ollut riittävästi huoltamassa prosessilaitteita. Pian selvisi, että tämän kyseisen laitteen huolto oli laiminlyöty niin kauan, ettei kukaan yrityksessä osannut enää tehdä vaadittavia korjauksia. Tästä syystä laitteiston alun perin toimittaneesta yrityksestä täytyi tilata kolme erityisosaajaa suorittamaan korjaukset. Korjausta varten tarvittiin kaksi käyntiä; ensin korjaustarpeen kartoitus ja toinen käynti laitteen korjaamista sekä laitteen käyttö- ja kunnossapitokoulutuksen järjestämistä varten. Kaikki tämä maksoi 55 000 €. Tämän kaiken myötä lomautukset maksoivat yritykselle säästyneet palkkakustannukset huomioiden 20 511,20 €, eli 125 511,20 € kuluista vähennettiin 105 000 € säästö palkkakuluissa.

On olemassa muitakin tapoja säästää ylläpitokustannuksissa, ja huomattavasti kestävämmin:

- ➢ varmistamalla selkeiden kunnossapito-ohjeiden ja -aikataulujen saatavuus kaikilla yrityksen virallisilla viestintäkielillä

- ➢ prosessilaitteiston suunnittelu siten, että se on suhteellisen helppo huoltaa. Tämä tarkoittaa esimerkiksi sitä, että huollot voidaan suorittaa ilman erikoistyökaluja tai erityisosaamista, ja että laitteen osat on asennettu siten ja sellaisessa järjestyksessä, että yhden osan vaihtaminen ei vaadi koko laitteiston purkamista.

Yllä olevan laskentaesimerkin luvut ovat viitteellisiä, mutta näin voisi hyvin käydä todellisuudessakin. Luvut ovat esimerkin omaisia, mutta suuruusluokaltaan totuudenmukaisia. Ja vaikka laskutoimituksen tuloksena saatiinkin "vain" noin 20 000 € menetys, nämä tuotantokatkokset olisivat voineet aiheuttaa pahempiakin tuotantomenetyksiä. Ja tästä päästäänkin seuraavaan osaalueeseen, eli häiriöaikaan.

1.3.4 Häiriöaika

Useat TCO-luokittelut laskevat häiriöajan osaksi kunnossapitoa. Mutta kunnossapitoa varten suunnitellut tuotantokatkokset- ja seisakit ovat kustannukseltaan hyvin pieniä verrattuna mittaviin suunnittelemattomiin tuotantokatkoksiin, jotka voivat johtua esimerkiksi laitteiston puutteellisesta ylläpidosta. Tämän vuoksi tässä kirjassa pääosin käytetty TCO-luokittelu jakaa häiriöajan omaksi luokakseen (Graco Inc., 2024). Teollisessa tuotantoprosessissa suunnittelematon katkos johtuu useimmiten joko inhimillisestä virheestä tai laitteiston toimintahäiriöstä tai viasta tai vaihtoehtoisesti toimitusketjun häiriöstä. Ja vaikka ongelmaan johtanut välitön syy saattaakin olla ilmeinen, silti useimmiten tarvitaan juurisyyanalyysin tekoa, jotta voidaan tunnistaa perimmäinen syy, joka johti tähän ongelmaan. Tällöin voidaan toteuttaa pitkäkestoisia ratkaisuja, jotka estävät saman kaltaisen vian tai ongelman ilmenemisen sekä samassa että muissa vastaavissa prosessivaiheissa yrityksen sisällä (SixSigma.us, 2024). Ja tämä juurisyyanalyysi vie siihen osallistuvien ammattilaisten työaikaa, joka myös maksaa rahaa.

Toiseksi tuotantohenkilöstön työ viivästyy, mikä usein tarkoittaa sitä, että tuotannon jättämän kiinni ottaminen vaatii ylityötä, joka puolestaan maksaa enemmän kuin normaalina työaikana tehty työ. Kolmanneksi joitain tuotantokatkoksia ei kyetä ratkaisemaan yrityksen sisältä löytyvällä osaamisella, vaan tarvitaan ulkopuolista erityisosaajaa, joko laitteiston alun perin toimittaneesta yrityksestä tai jostain muusta yrityksestä. Tämä nopeasti saatavilla oleva päivystystuki voi olla erittäin kallista, eikä tällaisen palvelusopimuksen ylläpitokaan yleensä ihan ilmaista ole. Neljänneksi kaikki menetetty tuotanto maksaa yritykselle rahaa, sekä suoraan että välillisesti. Ehkä ilmeisin suora kustannus on menetetty liikevaihto vähennettynä katkoksen myötä "säästyneillä" tuotantokustannuksilla. Käytännössä nämä niin sanotut säästöt muuttuvissa kustannuksissa ovat merkityksettömiä, koska paikalla olevan henkilöstön määrää ei ole mahdollista suunnitella ennakkoon yllätävän tuotantokatkoksen ajaksi. Näin ollen tämä kustannuserä voidaan johtaa suoraan menetetty työaika x menetetty tuotto €/tuote. Tätä menetystä voidaan luonnollisesti paikata kiinniottosuunnitelman ja sen onnistuneen toteuttamisen avulla, mutta kuten edellisen osion esimerkistä käy ilmi, tämä ei ole aina niin yksinkertaista kuin voisi kuvitella. Tästäkin huolimatta useimmiten kerrannaisvaikutukset huomioiden on halvempaa yrittää ottaa menetetty tuotanto kiinni kuin olla yrittämättä. Ja tämä johtuu mahdollisesti suurimmasta taloudellisesta menetyksestä, joka voi liittyä suuriin tuotantokatkoksiin: Jos niistä tulee niin suuri ongelma, että ne alkavat haitata tuotetoimitusten laatua ja täsmällisyyttä, yritykselle syntyy suuri mainehaittariski, joka puolestaan saattaa heikentää sekä nykyisten että tulevien tuotteiden myyntiä. Näin ollen jatkuvat tuotantokatkokset voivat jopa kaataa yrityksen (Yadav, 2023).

1.3.5 Tuotanto

Seuraavaksi käsittelemme tuotantokustannuksia. Joissain TCO-luokitteluissa nämä sisällytetään samaan luokkaan käyttökustannusten kanssa. Mutta käytännössä tässä osa-alueessa keskity- tään tuotannon ajamisen kustannuksiin. Samaan tarkoitukseenkin suunnitelluilla eri laitteilla on erilainen kapasiteetti, erilainen laaduntuottokyky ja erilaiset ympäristövaikutukset (Graco Inc., 2024). Tämä vertailu on syytä tehdä useiden erilaisten hankintapäätösten tapauksissa:

1. useamman eri vaihtoehdon vertailu, kun vaihtoehtoiset ratkaisut ovat toteutusperiaat- teeltaan saman kaltaisia

2. saman ongelman tai haasteen ratkaisemiseen tarkoitettujen erilaisten teknisten ratkai- sujen vertailu sekä

3. kun halutaan päättää, nykyaikaistetaanko jokin tekninen ratkaisu vai pitäydytäänkö jo käytössä olevassa ratkaisussa.

Missä tahansa näistä vertailuista on varsin merkityksellistä pohtia ja selvittää eroja laaduntuot- tokyvyn ja kapasiteetin suhteen, sekä myös ympäristövaikutusten suhteen, koska nämä vaikut- tavat koko tuotantoprosessin omistamisen kokonaiskustannuksiin. Nämä vaikutukset tulee huo- mioida myös investoinnin takaisinmaksulaskelmassa.

Näiden kustannuselementtien lisäksi kulutusosat ja suora prosessimateriaali kuuluvat tähän luokkaan. Näitä ovat esimerkiksi pistehitsauksessa käytettävät elektrodikärjet ja kaarihitsauk- sessa käytettävä hitsilanka.

Lisäksi tuotantoprosessin omistamisen kokonaiskustannuksia voidaan alentaa käyttämällä moni- käyttöistä laitteistoa aina, kun mahdollista. Näin voidaan tehdä esimerkiksi teollisuusrobotilla, jota saatetaan käyttää useaan eri tarkoitukseen. Tällöin tulee kuitenkin olla varovainen sen suhteen, mitä käyttötarkoituksia yhdistellään samalle robotille (kirjoittajan kokemus).

1.3.6 Jäännösarvo

Omistamisen kokonaiskustannusten viimeinen osuus on jäännösarvo, joka TCO:ta laskettaessa vähennetään muista TCO:n osista. Jäännösarvolla viitataan rahalliseen arvoon, joka käyttöomaisuusesineellä, eli usein aineellisella omaisuudella, on sen suunnitellun elinkaaren päättyessä (Tuovila, 2024). Periaatteessa tämä luku voi olla 0 € tai suurempi tai alle 0 €. Positiivinen luku tarkoittaa, että yritys odottaa voivansa myydä laitteen edelleen sen elinkaaren päättyessä yrityksen käytössä. 0 € tarkoittaa, että yritys joko käyttää laitteen uudelleen sellaisenaan tai antaa sen pois. Negatiivinen luku puolestaan tarkoittaa, että laite romutetaan, mistä yritykselle seuraa lisää kustannuksia. Positiivisen ja negatiivisen arvon erotus voi olla tuhansia euroja tai enemmänkin, minkä vuoksi on tärkeää pohtia ja suunnitella useita eri vaihtoehtoja, mitä laitteistolle tehdään sen aiotun käyttöiän päättyessä. Ja tämä suunnittelu kannattaa tehdä hyvissä ajoin ennakkoon.

Laitteiston myynti edelleen ei välttämättä tarkoita sen myyntiä toiselle yritykselle tai yksityishenkilölle, jotka sitten edelleen käyttäisivät laitteistoa. Myynti voi myös tarkoittaa laitteen myyntiä romuttamolle esimerkiksi rauta- tai alumiiniromuna. Toisinaan tämä onkin ainoa vaihtoehto, jotta voitaisiin tehdä edes vähän rahaa laiteistolla, joka ei ole yritykselle käyttökelpoista, mutta tämä ei kuitenkaan saa olla niin sanottu oletusvaihtoehto, koska romumetallin hinta on usein alle 200 € tonnilta riippuen metallin laadusta ja sen hetkisestä markkinahinnasta (kirjoittajan kokemus).

Nyt, kun olemme käyneet läpi omistamisen kokonaiskustannuksen perusteet, meillä on hyvät eväät ymmärtää, kuinka TCO otetaan käyttöön ja kuinka sitä hyödynnetään työympäristössä ja työyhteisössä, alkaen yleisen tason aiheista ja siirtyen edempänä tässä kirjassa sen erilaisiin käyttökohteisiin ja liiketoimintoihin, joihin sitä voidaan soveltaa. Suunnataanpa laivamme tällä kiehtovalla matkalla kohti seuraavaa satamaa.

2 TCO:N KÄYTTÖÖNOTTO JA SOVELTAMINEN

Perusteiden teorian jälkeen pääsemme seuraavaan osuuteen, eli perusteiden käytäntöön. Mielestäni tämä on osa TCO:n perusteita, koska mitä hyötyä on teoriaosaamisesta, jos sitä ei sovelleta käytäntöön eikä sitä yritetä viedä osaksi yrityksen toimintaa?

Tässä luvussa käsittelemme sellaisia aiheita, kuten TCO:n yleisimmät käyttökohteet, kustannussuunnittelu (engl. cost engineering) ja arvosuunnittelu sekä -analyysi. Olen sisällyttänyt nämä konseptit tähän kirjaan, koska ne ovat erittäin hyödyllisiä työkaluja TCO:n soveltamisessa etenkin muilla yrityksen toiminnan alueilla kuin hankinnassa ja toimitusketjussa, etenkin tuotekehityksen, yhtäaikaisen suunnittelun (SE, Simultaneous Engineering) ja organisaation haasteiden suhteen. Tämän lisäksi TCO on, tai ainakin pitäisi olla, yksi tärkeimmistä kokonaisuuksista mille tahansa kustannussuunnittelijalle.

Tämän jälkeen siirrymme TCO:n käytännön soveltamiseen

- ➢ miten laskea TCO, sisältäen esimerkkejä
- ➢ aiheeseen liittyviä suorituskykymittareita (KPI, Key Performance Indicator)
- ➢ johdon sitoutuminen ja sen tärkeys, kun TCO:ta otetaan käyttöön työyhteisössä
- ➢ kuinka TCO otetaan käyttöön työyhteisössä
- ➢ TCO:n edut, erityishuomiot ja näkökulmat koko tämän osan A lopuksi.

Joten nostetaanpa ankkuri ja lähdetään matkaan.

2.1 Millaisissa tilanteissa TCO:ta voidaan soveltaa

Perustuen tiedonhakuun, jota olen suorittanut tämän kirjan kirjoittamisen aikana, perinteisesti TCO:ta on valmistavassa teollisuudessa sovellettu enimmäkseen hankinnan, toimitusketjun hallinnan ja ICT:n osa-alueilla. Lisäksi TCO vaikuttaa olevan laajalti käytössä rakennusteollisuudessa, mutta se ei ole tämän kirjan aihe enkä ainakaan tällä hetkellä omaa aiheesta riittävää ymmärrystä, että voisin siitä mitään kirjoittaakaan. Tavallaan näiden valikoituminen TCO:n yleisimmiksi käyttökohteiksi on varsin ymmärrettävää, koska ne ovat laajoja kokonaisuuksia, joihin usein sisältyy useita eri kustannuselementtejä, ja jotka muodostavat varsin merkittävän osan yrityksen kokonaiskustannuksista. Hankinnassa TCO:ta hyödynnetään hankintapäätöksen yhteydessä, esimerkiksi vertailtaessa saman kaltaisia teknisiä ratkaisuja eri toimittajaehdokkailta, jolloin TCO-vertailu voi olla suhteellisen suoraviivaista.

Näin ei kuitenkaan useinkaan ole silloin, kun verrataan erilaisia teknisiä ratkaisuita samaan haasteeseen, koska tällöin vertailtavat vaihtoehdot voivat sisältää hyvin erilaisia kustannuselementtejä, tai ainakin kustannuselementtien keskinäiset suhteet voivat olla todella erilaisia. Etenkin tällöin on erittäin tärkeää tehdä yhteistyötä useiden eri sidosryhmien välillä, jotta osattaisiin huomioida kaikki oleelliset kustannuselementit vertailussa. Tätä vertailua ja sen yhdenmukaistamista tulee edesauttaa laatimalla kokonaisvaltaiset TCO-vertailupohjat täytettäväksi joko toimittajan taholta tai sisäisesti, riippuen lähestymistavasta ja yrityksen toimintatavasta. Mutta tästä lisää osiossa 12.2.

Toinen hankintaan liittyvä TCO:n varsin hyödyllinen käyttökohde on valmista/hanki (engl. make or buy) -päätöksenteko. Tämäkin voi olla varsin monimutkainen aihe, joka vaatii laajaa teknistä ja kaupallista ymmärrystä, jotta tunnistetaan kaikki kustannuselementit ja molempiin vaihtoehtoihin (valmista tai hanki) liittyvät riskit. Myös valmistussijainnin siirrot ovat eräs hieman samankaltainen TCO:n käyttökohde (Cephas, 2022).

Näiden kenties perinteisempien omistamisen kokonaiskustannuksen käyttökohteiden lisäksi sitä voidaan hyödyntää varsin tehokkaasti kustannussuunnittelussa, tuotekehityksessä ja yhtäaikaisessa suunnittelussa. Se, miksi nämä aiheet "ansaitsevat" tulla käsitellyksi TCO:n yhteydessä, johtuu siitä, että niissä on valtava säästöpotentiaali. Voidaankin varsin paikkansa pitävästi yleistää, että mitä aiemmassa vaiheessa tuotteen elinkaarta jokin päätös tehdään, sitä suurempia ovat tehtyä päätöstä seuraavat säästöt tai tappiot, koska jokaiseen päätökseen liittyy myös valtavat määrät suoria ja epäsuoria kustannusvaikutuksia läpi tuotteen elinkaaren (Collins & Hull, 2002). Tuotekehitysvaiheen aikana tehtyjen päätösten kustannusvaikutus voikin olla jopa 80 % tuotteen koko elinkaaren kustannuksista (Advice-Manufacturing, 2024).

Kuten mainitsin tämän luvun avausosiossa, TCO on vahvasti sidoksissa myös arvosuunniteluun (engl. Value Engineering, VE) ja arvoanalyysiin (engl. Value Analysis, VA). Periaatetasolla nämä kaksi konseptia ovat hyvin samankaltaisia keskenään, mutta niitä sovelletaan eri vaiheissa tuotteen elinkaarta; arvosuunnitelua sovelletaan uusille tuotteille tuotekehitysvaiheessa, kun arvoanalyysi puolestaan keskittyy olemassa oleviin tuotteisiin. Nämä molemmat vaativat tiimityöskentelyä ja keskittyvät kustannusten alentamiseen, toiminnallisuuden parantamiseen, tai molempiin (Advice-Manufacturing, 2024). Kuten näiden määritelmätkin osoittavat, näiden yhdistäminen TCO:n kanssa on erittäin hyödyllistä myös silloin, kun rakennetaan työyhteisön rakennetta ja toimintamalleja tai kehitetään olemassa olevaa työyhteisöä tai sen toimintamalleja.

Ja lopuksi, ehkä "kauimpana" TCO:n perinteisistä käyttökohteista ovat yritystoiminnan sisäiset ja ulkoiset sidosryhmät, sekä vieläkin kauempana kaikkein merkittävin näkökulma: Ihmiset. Tämä viimeksi mainittu näkökulma on kaikista tärkein, koska nimenomaan me ihmiset johdamme työyhteisöjä ja työskentelemme niissä.

2.2 Arvosuunnittelu ja arvoanalyysi

Arvosuunnittelu ja arvoanalyysi kulkevat "käsi kädessä" omistamisen kokonaiskustannusten kanssa. Tämä johtuu siitä, että tuotteen elinkaaren omistamisen kokonaiskustannusten hyvä ymmärrys auttaa meitä ymmärtämään päätöksenteon kustannusvaikutuksen kokonaiskuvan koskien sekä uuden tuotteen kehittämistä että olemassa olevia tuotteita. Mutta ennen kuin sukellamme syvemmälle tähän kiehtovaan aiheeseen, meidän tulee ymmärtää, mitä nämä kaksi konseptia tarkoittavat käytännössä.

Arvosuunnittelu on prosessi, jonka tavoitteena on tunnistaa mahdollisuuksia vähentää tai jopa poistaa tarpeettomia kustannuksia varmistaen samalla, että tuotteen laatu, suorituskyky, luotettavuus tai muut kriittiset tekijät vähintään täyttävät tai jopa ylittävät asiakkaiden odotukset. Tässä onnistuminen vaatii usean toiminnon välistä yhteistyötä, johon osallistuu edustajia kaikista sidosryhmistä, sillä tämän perimmäisenä tavoitteena on alentaa kustannuksia uhraamatta esimerkiksi tuotteen laatua tai suorituskykyä (Dell'Isola, 1997). Arvoanalyysiä sen sijaan sovelletaan olemassa oleviin tuotteisiin ja niiden teknisiin määrittelyihin ja teknisiin vaatimuksiin (Reuter, 1968). Arvoanalyysi on suhteellisen vanha menetelmä; sen juuret ulottuvat toisen maailmansodan aikoihin, jolloin sotateollisuuden projektien ykkösprioriteetti oli alentaa kustannuksia vaarantamatta tuotteiden päätoiminnallisuuksia (van der Schans ym., 2001). Myös arvosuunnittelun alkuajat sijoittuvat toisen maailmansodan aikaan, tarkemmin sanottuna General Electricillä työskennelleen hankintainsinööri Larry Milesin töihin (Lane Davis, 2004).

Arvosuunnittelu ja arvoanalyysi ovat myös arvokkaita työkaluja ja keinoja omistamisen kokonaiskustannusten alentamiseen (van der Schans ym., 2001). Jotta voimme ymmärtää näiden kahden menetelmän ja TCO:n yhteyden, on tärkeää ensin määrittää, kuinka arvo mitataan. Tässä yhteydessä se määritellään seuraavasti:

$arvo = \frac{toiminnallisuus}{kustannukset}$. TCO soveltuu tähän yhteyteen erinomaisesti, koska sekä arvosuunnittelussa että arvoanalyysissä sekä toiminnallisuus että kustannukset tulee määritellä niiden koko laajuudessaan, jos halutaan saada parannettua kokonaisuuden arvoa. Ja mikäpä sen parempi menetelmä kustannusten määrittelemiseen koko laajuudessaan kuin omistamisen kokonaiskustannukset? Arvo ei tietenkään ole objektiivinen käsite, vaan se riippuu useista tekijöistä, kuten toiminnallisuudesta, aistikokemuksesta, tiedostamattomista mielleyhtymistä ja käyttömukavuudesta (EMyth, 2024). Lisäksi toiminnallisuus voidaan määrittää usealla tavalla, kuten:

> ➤ kapasiteetti

> ➤ tuotelaatu

> ➤ tuotannon joustavuus

> ➤ nopeampi tuotannon aloitus (van der Schans ym., 2001).

Arvoanalyysin ja arvosuunnittelun yhteydessä omistamisen kokonaiskustannusten ymmärtämisestä on suuresti apua, kun pyritään lisäämään kunkin kehityskohteen arvoa. Kuten useissa sen muissakin sovellutuksissa, tässäkin yhteydessä TCO:n vahvuus on se, että sen avulla pyritään kartoittamaan kaikki aiheeseen liittyvät toisiinsa vaikuttavat kustannuselementit. Tämä puolestaan auttaa koko poikkitoiminnollista tiimiä ymmärtämään, millaisia kustannusvaikutuksia heidän päätöksenteollaan saattaa olla, missä vaiheessa tuotteen elinkaarta ja kuinka suuria nämä kustannusvaikutukset voivat olla.

Vaikka arvosuunnittelu ja arvoanalyysi onkin useimmiten liitetty uusien ja olemassa olevien tuotteiden kehittämiseen, samaa periaatetta, *toiminnallisuus jaettuna kustannuksilla*, voidaan soveltaa myös luotaessa uutta tai kehitettäessä olemassa olevaa työyhteisöä sekä siinä suoritettavia rutiinitehtäviä. Jokaisella työprosessilla ja rutiinitehtävällä on omat tarkoituksensa, päämääränsä ja toiminnallisuutensa, jotka tulisi saavuttaa minimaalisista kohtuullisiin vaihtelevin kustannuksin. Käytännössä tämä tarkoittaa, että jokaisella rutiiniprosessilla ja toiminnolla esimerkiksi projektissa tulee olla selkeät tavoitteet ja suorituskykymittarit mittaamaan niiden arvoa koko projektille. Näiden suorituskykymittareiden avulla mahdollisten kehitystoimenpiteiden tehokkuutta ja toimivuutta voidaan arvioida ja parantaa edelleen. Esimerkiksi projektin talousseuranta sisältää tiettyjä tehtäviä, kuten rahavirran ja maksukyvyn ennusteet, jotka perustuvat ajalliseen ja määrälliseen tietoon tai ennakkoarvioon sisään tulevista ja ulos lähtevistä rahavirroista. Näiden ennusteiden laatimisen monimutkaisuus luonnollisesti riippuu niihin liittyvän projektin monimutkaisuudesta, mutta siihen vaikuttavat myös muut tekijät, kuten:

> ➤ kuinka monta päällekkäistä raporttia tarvitaan näiden ennusteiden luomiseksi

> ➤ kuinka hyvin projektihenkilöstö ja johto tuntevat näitä asioita

> ➤ kuinka helposti tähän tarvittava data on saatavilla

> ➤ kuinka luotettavaa data on

> ➤ kuinka hyvä ja selkeä datan rakenne on

➤ kuinka hyvin ja selkeästi vastuunjako toimintojen ja tiimien kesken on määritetty projektissa ➔ onko jotain "harmaalla alueella", jolloin jotain saattaa jäädä piiloon ja jotain tulla mukaan ennusteeseen useaan kertaan eri nimillä?

Tämä esimerkki on vain yksi monista arvoanalyysin ja arvosuunnittelun käyttötavoista projektiorganisaatiossa, perustuen omaan kokemukseeni projektityöskentelyssä. TCO:n soveltamiseen projekti- ja toimistotyössä syvennymme tarkemmin luvussa 4, mutta nyt siirrymme arvoanalyysin ja arvosuunnittelun laajempaan asiayhteyteen, joka on kustannussuunnittelu.

2.3   Kustannussuunnittelu ja TCO

Kasvava kilpailu markkinoilla, riskit ja epävarmuustekijät asettavat useita haasteita projektinhallinnalle. Yksi näistä haasteista on kustannusylitysten välttäminen, missä kustannussuunnittelun menetelmät ovat sureksi avuksi. Näihin kuuluvat muun muassa kustannusten estimointi, kustannusten kontrollointi, taloudelliset kannattavuustutkimukset ja taloudellisten riskien hallinta. Vaikka kustannussuunnittelu yksinään saattaakin rajoittua projektin elinkaarelle, (Macedo, 2024, s. 1), yhdessä TCO:n kanssa se voidaan ulottaa kattamaan koko tuotteen elinkaari "pelkän" projektin elinkaaren sijaan (kirjoittajan kokemus).

Kustannussuunnitteluun kuuluu useita peruskäsitteitä, joista useat ovat tärkeitä myös esimerkiksi johdon laskentatoimessa:

➤ kustannus vs. hinta

➤ työ

➤ materiaalit

➤ laitteet

➤ suorat ja epäsuorat kustannukset

➤ yleiskustannukset

➤ kiinteät, puolikiinteät ja muuttuvat kustannukset

➤ kustannuserittely sekä

➤ CAPEX ja OPEX (Macedo, 2024, s. 1).

Näiden kaikkien aiheiden ymmärtäminen on tärkeää myös omistamisen kokonaiskustannusten oikean laskennan kannalta. Näiden käsitteiden lisäksi kustannussuunnitteluun kuuluu myös esimerkiksi nopean kustannusarvion menetelmiä, kuten kustannus kapasiteetin tai fyysisten mittojen mukaan, kerroinlaskenta ja parametrinen yhtälö, sekä joitain yksityiskohtaisempia menetelmiä (Macedo, 2024, s. 32–52).

Kaikissa näissä menetelmissä omistamisen kokonaiskustannusten ymmärtäminen on suureksi avuksi, koska sen avulla kustannusarvioinnin yhteydessä voidaan tunnistaa eri kustannuselementtien riippuvaisuuksia toisistaan. Tämä puolestaan edistää parempaa kokonaiskuvan ymmärtämistä kustannusten optimoinnin suhteen esimerkiksi laadittaessa tarjouksia mahdollisille asiakkaille, koska TCO:n avulla on paljon helpompaa ymmärtää kustannusten kokonaiskuva. Eräs yksinkertaisimpia esimerkkejä on tasapaino automaatioasteen ja käsityön välillä. Kun jokin manuaalinen valmistusprosessin vaihe automatisoidaan, tarvitaan usein suurempia investointeja kuin käsityön tapauksessa, mutta vastaavasti saavutetaan säästöjä myöhemmin tuotannon aikana. Yksi tällainen esimerkki, sekä useita muita, käydään läpi TCO-laskelmaharjoitusten yhteydessä seuraavassa osiossa.

Kustannusarvioiden ja tarjouslaskennan ohella omistamisen kokonaiskustannusten ymmärtäminen on erittäin tärkeää esimerkiksi myös tuotannollistamisprojektien aikaisten kustannusennusteiden laatimisen yhteydessä. Tämän tärkeys korostuu erityisesti yritettäessä välttää projektin kustannusbudjetin ylitystä. Erityisesti vaikeassa taloudellisessa tilanteessa yritys saattaa kokea suuria paineita projektissa, jonka taloudellinen ennuste on yli budjetin. Tällöin suosittelen suorittamaan TCO-analyysin, jonka avulla voidaan saavuttaa todellisia säästöjä yksittäisten ja toisistaan erillisten säästötoimenpiteiden sijaan. Jälkimmäisten tapauksessa on nimittäin riski, että summittaisella kustannusten leikkaamisella vain kasvatetaan kustannuksia toisaalla enemmän kuin alun perin tavoiteltiin kustannussäästönä. Omistamisen kokonaiskustannusten arviointi ei kuitenkaan yksinään takaa todellisia kustannussäästöjä, vaan meidän tulee ymmärtää myös eri osa-alueiden ja toimintojen tekniset keskinäisriippuvuudet (kirjoittajan kokemus). Tämän vuoksi myös Cost Engineering Academyn sivuilla kerrotaan: "Hyvä kustannussuunnittelija on sydämeltään teknikko, mutta sellainen, joka kykenee jaottelemaan projektin eri vaiheisiin" (Cost Engineering Academy, 2024). Mutta ilman TCO:ta riski säästötavoitteiden kääntymisestä tappioksi on paljon suurempi.

2.4 TCO:n soveltaminen käytännössä

On olemassa useita tapoja soveltaa TCO:ta käytännössä. Näitä ovat esimerkiksi erilaisten teknisten ratkaisujen vertailu samaan hankintatarpeeseen vastaamiseksi, vertailu nykyisen ratkaisun ja korvaavan ratkaisun välillä sekä valmista/ulkoista -päätökset. Nämä kolme saavat toimia myös käytännön esimerkkeinämme, kun harjoittelemme laskemaan omistamisen kokonaiskustannuksia. Huomautan kuitenkin, että näissä laskelmissa käytettävät luvut ovat kuvitteellisia ja todellisuudessa ne tulee aina selvittää yrityksessä ennen näiden laskelmien suorittamista. Mutta ennen kuin voimme aloittaa ensimmäisen esimerkkilaskelmamme, meidän täytyy määrittää kaksi kenties hyvin teoreettista, mutta todella hyödyllistä käsitettä tässä asiayhteydessä: keskimääräinen korjausaika (Mean Time to Repair, MTTR) ja keskimääräinen korjauskustannus (MCTR). Näistä ensimmäinen lasketaan jakamalla korjauksiin käytetty aika korjausten määrällä (IBM, vuosi tuntematon) ja jälkimmäinen vastaavasti jakamalla korjauskustannukset korjausten määrällä. Tässä tulee kuitenkin huomioida, että näistä jälkimmäinen ei sisällä vain varaosia, vaan myös tuotannon ja/tai laadun menetykset korjaustyön aikana, laitevian aiheuttamat valmistettavan tuotteen romutukset, liittyvä työ ja muut mahdolliset kustannukset liittyen laitteen toiminnan palauttamiseen vikaa edeltäneelle tasolle (Schneider Electric, 2015).

2.4.1 Sama tekninen ratkaisu eri toimittajilta

Ensimmäisessä esimerkkilaskelmassa vertaamme kolmea eri laitetoimittajaa, joilta tilataan pistehitsauslaitteita automatisoituun prosessiin, jota "ajetaan" robottien avulla. Yksinkertaistamisen vuoksi oletamme, että kaikki pistehitsauslaitteet ovat keskenään samaa tyyppiä ja että tuotantoprosessi on hyvin samankaltainen eri prosessialueilla. Oletamme, että tarvitsemme yhden hitsausajastimen kahta pistehitsauslaitetta kohti. Tässä esimerkkilaskelmassa tämä tarkoittaa 186 laitetta ja 93 ajastinta.

Oletetaan myös, että pistehitsauslaitteiston käyttönopeus on sama kaikilla toimittajilla, jolloin tarvitsemme saman määrän laitteita toimittajavalinnasta riippumatta. Todellisuudessa tämä tulee kuitenkin aina selvittää laitetoimittajaa valitessa. Tuotanto pyörii kolmessa vuorossa viitenä päivänä viikossa, jolloin tehokas työaika on 7,3 tuntia vuoron keston 8 tunnista 230 päivää vuodessa. Valmistettavan tuotteen elinkaari tuotannossa on seitsemän vuotta ja pistehitsejä tehdään 4 000 kappaletta per valmistettava tuote vuosittaisen valmistusvolyymin ollessa 40 000 kpl/vuosi. Tuotantoprosessia suunnitellessaan tuotantotekninen tiimi on myös saanut kiinteistöosastolta tiedon, jonka mukaan sähköä, vettä jne. on saatavilla runsaasti prosessimuutosten tarpeisiin, joten tätä ei tarvitse huomioida laskelmissa. Käytännössä tämä täytyy kuitenkin aina selvittää suunniteltaessa uutta tuotantoprosessia uusiin tuotantotiloihin tai suunniteltaessa uutta tuotantoprosessia vanhan tilalle, mikäli uuden prosessin energiankulutus on suurempi kuin vanhan.

Toimittaja	Toimittaja A	Toimittaja B	Toimittaja C
Hitsauslaitteen hinta	14 000 € / kpl	10 000 € / kpl	11 000 € / kpl
Hitsausajastimen hinta	16 100 € / kpl	14 200 € / kpl	15 000 € / kpl
Energiankulutus, hitsauslaite	0,36 kWh	0,40 kWh	0,30 kWh
Energiankulutus, hitsausajastin	0,48 kWh	0,44 kWh	0,46 kWh
Sähkön hinta	0,09 €/kWh	0,09 €/kWh	0,09 €/kWh
Veden, kaasun jne. tarve	Ei	Ei	Ei
Toimitusaika + toimitusehto	12–16 viikkoa FCA	24 viikkoa DAP	16–20 viikkoa DDP
Lisämaksu aikataulun kirimisestä	10 % kaupan kokonaishinnasta per -1 viikko toimitus-ajasta	5 % kaupan kokonaishinnasta per -1 viikko toimitusajasta	10 % kaupan kokonaishinnasta per -1 viikko toimitusajasta
Sisältyykö toimitus hinta	Kyllä, jos kaikki laitteistot toimitetaan yhdellä kertaa	Kyllä, jos kaikki laitteistot toimitetaan yhdellä kertaa	Kyllä, jos kaikki laitteistot toimitetaan yhdellä kertaa
Ylimääräisten toimitusten hinta	3 000 € / toimitus	5 000 € / toimitus	2 000 € / toimitus

Hitsauslaitteiden tekniset vaatimukset ja muut tekniset määrittelyt, kuten laatumäärittelyt ja prosessikuvaukset lähetettiin kolmelle toimittajaehdokkaalle. Lisäksi heille annettiin tieto, että laitteisto tarvitaan asennettuna 21 viikkoa ostotilauksen lähettämisestä. Toimittajaehdokkaat lähettivät vastauksena seuraavat tarjoukset:

Laitteiston luvattu käyttöikä määritellyllä työaikamallilla	Kymmenen vuotta	Seitsemän vuotta	Kahdeksan vuotta
Tullimaksut (%)	Ei (EU-alueelta)	2,7 %	Ei (toimitus tullattuna)
ALV (%)	Ei (EU-alueelta)	12,0 %	12,0 %
Sisältyykö asennus ja käyttöönotto	Kyllä	Ei, mutta voidaan tarjota 90 €/h	Ei saatavilla
Erillisen asennus- ja käyttöönottopalvelun-tarjoajan hinta			75 €/h
Tuntiarvio asennus- ja käyttöönottotyöstä	Ei erillistä hintaa (sisältyy tarjoukseen)	2 hlö x 8 h / 2 hitsauslaitetta ja 1 ajastin = 16 työtuntia / 2 laitetta & 1 ajastin	2 hlö x 10 h / 2 hitsauslaitetta ja 1 ajastin = 20 työtuntia / 2 laitetta & 1 ajastin
Yritys voi myydä myös elektrodikärjet	Ei	Kyllä	Ei
Elektrodikärkien hinta	500 € / 10 000 kpl (toiselta yritykseltä	370 € / 10 000 kpl	500 € / 10 000 kpl (toiselta yritykseltä)
Elektrodikärkien sorvausväli	Joka viidennen työtahdin jälkeen	Joka kymmenennen työtahdin jälkeen	Joka viidennen työtahdin jälkeen
Tästä seuraava säästö elektrodisorvien hankinnassa		25 kpl x 6 000 €/kpl = 150 000 €	
Elektrodikärjen vaihtoväli	Jokaisen 150 työtahdin jälkeen	Jokaisen 250 työtahdin jälkeen	Jokaisen 150 työtahdin jälkeen

Taulukko 1. Tarjoukset hitsauslaitteistosta ja hitsausajastimista.

Lasketaanpa seuraavaksi selvyyden vuoksi välisummat ja kokonaishinta tarjouksista seuraavissa kahdessa taulukossa.

Kohde / Toimittaja	Toimittaja A	Toimittaja B	Toimittaja C
Laitekustannus (laitteisto + ajastin)	186 x 14 000 € + 93 x 16 100 € = 4 101 300 €	186 x 10 000 € + 93 x 14 200 € = 3 180 600 €	186 x 11 000 € + 93 x 15 000 € = 3 441 000 €
Toimitusmaksu ensimmäisestä toimituksesta	0 €	0 €	0 €
Lisämaksu aikataulun kirimisestä	Ei tarvita	5 % / viikko x 3 viikkoa x 3 180 600 € = 477 090 €	Ei tarvita
Tullimaksut	Ei (EU)	2,7 % x laitekustannus = 85 876,2 €	Ei (Toimitus tullattuna)
ALV	Ei (EU)	12,0 % x laitekustannus = 381 672 €	12,0 % x laitekustannus = 412 920 €
Asennus- ja käyttöönottokustannus	0 €	93 laitteistoa x 16 h/laitteisto x 90 €/h = 133 920 €	93 laitteistoa x 20 h/laitteisto x 75 €/h = 139 500 €
Laitekustannus yhteensä	4 101 300 €	4 125 238,2 €	3 993 420 €
Kustannus huomioiden säästö elektrodisorvien hankinnassa		4 125 238,20 € - 150 000 € = 3 975 238,20 €	

Taulukko 2. Hitsauslaite- ja -ajastinkustannukset

Toimittaja	Toimittaja A	Toimittaja B	Toimittaja C
Käyttötunnit valmistettavan tuotteen elinkaaren aikana	7,3 h / vuoro x 3 vuoroa / pvä x 230 pvä/v x 7 vuotta = 35 259 h	7,3 h / vuoro x 3 vuoroa / pvä x 230 pvä/v x 7 vuotta = 35 259 h	7,3 h / vuoro x 3 vuoroa / pvä x 230 pvä/v x 7 vuotta = 35 259 h
Sähkönkulutus yhteensä / h	2 x 0,36 + 0,48 kWh = 1,20 kWh	2 x 0,40 + 0,44 kWh = 1,24 kWh	2 x 0,30 + 0,46 kWh = 1,06 kWh
Sähkökustannukset yhteensä	35 259 h x 1,20 kWh x 0,09 €/kWh = 3 807,97 €	35 259 h x 1,24 kWh x 0,09 €/kWh = 3 934,90 €	35 259 h x 1,06 kWh x 0,09 €/kWh = 3 363,71 €

Työtahtien yhteis-määrä	186 x 40 000 x 7 = 52 080 000 kpl	186 x 40 000 x 7 = 52 080 000 kpl	186 x 40 000 x 7 = 52 080 000 kpl
Elektrodikärkien kulutus yhteensä	52 080 000 kpl / 150 tahtia / kpl x 2 kpl / laite = 694 400 kpl	52 080 000 kpl / 250 tahtia / kpl x 2 kpl / laite = 416 640 kpl	52 080 000 kpl / 150 tahtia / kpl x 2 kpl / laite = 694 400 kpl
Kustannus elektro-dikärjistä	694 400 kpl x 500 € / 10 000 kpl = 34 720 €	416 640 kpl x 370 € / 10 000 kpl = 15 415,68 €	694 400 kpl x 500 € / 10 000 kpl = 34 720 €
Keskimääräinen korjausaika	15 min	15 min	15 min
Keskimääräinen korjauskustannus	1 000 €	1 500 €	1 250 €
Korjauskustannuk-set yht. (4 huolto-koh-detta, 4 krt/v)	7 v x 1 000 € x 4 x 4 huoltokohdetta = 112 000 €	7 v x 1 500 € x 4 x 4 huoltokohdetta = 168 000 €	7 v x 1 250 € x 4 x 4 huoltokohdetta = 140 000 €
Käytön kokonais-kustannukset	3 807,97 € + 34 720 € + 112 000 € = 150 527,97 €	3 934,90 € + 15 415,68 € + 168 000 € = 187 350,58 €	3 363,71 € + 34 720 € + 140 000 € =178 083,71 €
Elinkaarikustannus yhteensä	4 251 827,97 €	**4 162 588,78 €**	4 171 503,71 €

Laskelma osoittaa toimittajan B olevan kokonaisuudessaan halvin. Mutta jos tuotantotekniikka-tiimi päättää aikaistaa laitteiston toimitusta yhdellä viikolla lisää, uusi kokonaishinta on 4 162 588,78 € + 5 % x 3 180 600 € = 4 321 618,78 €.

Tämä kuvastaa todellista liike-elämää, tasapainottelua hinnan ja aikataulun välillä.

Mitä muita säästöpotentiaaleja löydät tästä yhtälöstä? Voit käyttää omaa kokemustasi ja/tai eri-näisiä lähteitä vastausten löytämiseksi.

2.4.2 Prosessin kehittäminen

Prosessi-insinööri on ehdottanut yhden tuotantoprosessin vaiheen automatisointia, jotta yritys voisi parantaa kyseisen työvaiheen turvallisuutta, laatua ja ergonomiaa. Perustellakseen tätä hän on arvioinut yhdessä työterveyspalveluiden kanssa, että tämä automatisointi ehkäisisi kolme lievää ja yhden vakavan loukkaantumisen vuodessa. Lisäksi prosessi-insinööri on arvioinut, että tämän työvaiheen automatisointi toisi 20 000 € vuosittaiset säästöt alentuneiden romutuskustannusten muodossa.

Nykyisessä muodossaan työvaihe sisältää käsityönä tehtävää liimaamista, jota tekee kolme kokoaikaista työntekijää, joiden kuukausittaiset palkkakustannukset ovat 3 000 €. Koko tuotantoprosessi on ollut käytössä 1,5 vuotta 7 vuoden elinkaarestaan. Yhdessä tuotantoteknisen tiimin kanssa prosessi-insinööri on määrittänyt, että automatisointi kestää yhden vuoden sisältäen laitteiston muokkaukset, uudet laitteet, asennukset, käyttöönoton ja tuotannon muutoksen vaatiman laadunvarmistusprosessin. Tällöin muutoksen jälkeen tuotantoa pyöritetään vielä 4,5 vuotta uudella automatisoidulla työvaiheella. Tällä hetkellä ei ole näkyvyyttä, että nykyisiä tuotantolaitteita voitaisiin hyödyntää tämän ajanjakson jälkeen muuhun käyttöön, joten tehtaanjohtaja on ohjeistanut tekemään takaisinmaksulaskelmat perustuen tähän 4,5 vuoteen hankittavan laitteiston elinkaarena. Kirjoittajan sivuhuomiona todettakoon, että takaisinmaksuaikaan ja talouden suorituskykymittareihin perehdytään syvemmin osiossa 3.

Uuden prosessin investointikustannukset ovat yhteensä 370 000 € + ylimääräiset testiosakustannukset koekäytön ajalta 12 000 €. Lisäksi liimaa kuluu automatisoidulla työvaiheella saman verran kuin nykyiselläänkin, mutta sähkönkulutus nousee 4,5 kWh nykyisestä, 2,5 kWh → 7,0 kWh. Tällä hetkellä sähkön hinta on 0,09 €/kWh ja pitkän ajan ennusteen keskiarvo on samaa tasoa seuraavalle vuodelle. Koska sähkön hinnasta ei ole tämän pidemmälle ulottuvaa ennustetta, tehtaanjohtaja on ohjeistanut käyttämään tätä arvoa laskelmissa. Prosessin automatisoinnin myötä ylläpitokustannusten odotetaan nousevan 1 500 € vuodessa nykyisestä tuhannesta eurosta vuodessa, mutta kunnossapitopäällikkö on arvioinut, että lisää kunnossapitohenkilöstöä ei tarvita tämän prosessimuutoksen myötä. Lasketaanpa, onko tälle automatisoinnille takaisinmaksuaikaa ja voidaanko tähän vaikuttaa mitenkään.

Prosessimalli	Automatisoitu	Manuaalinen
Palkkakustannukset 4,5 v aikana	-	3 operaattoria x 4,5 vuotta x 12 kk/v x 3 000 € / kk = 486 000 €

Romutuskustannukset (nykytaso 30 000 €/v)	(30 000 - 20 000 €/v) x 4,5 v = 45 000 €	30 000 € / v x 4,5 v = 135 000 €
Investointikustannukset	370 000 €	0 €
Testiosat	12 000 €	0 €
Sähkönkulutus (230 työpvä / v, 1 vuoro; työaika 8 h / vuoro)	230 pvä/v x 8 h/vuoro x 7 kWh x 4,5 v x 0,09 €/kWh = 5 216,40 €	230 pvä/v x 8 h/vuoro x 2,5 kWh x 4,5 v x 0,09 €/kWh = 1 863,00 €
Ylläpitokustannukset	2 500 €/v x 4,5 v = 11 250 €	1 000 €/v x 4,5 v = 4 500 €
Elinkaaren kokonaiskustannukset	443 466,4 €	627 363,4 €
Takaisinmaksuaika (muutoksen kokonaiskustannus jaettuna vaihtoehtoisilla kustannuksilla)	= 443 466,40 € / (627 363,40 €/4,5 v) = 3,18 v = <u>3 v 2 kk</u>	
Johdon päätös	**Muutos hyväksytty**	

Koska takaisinmaksuaika yli 2 vuotta, joka on "nyrkkisääntö" joissain yrityksissä, tämän muutoksen toteuttaminen voidaan joutua perustelemaan. Kuinka perustelisit tämän muutoksen ylimmälle johdolle?

2.4.3 Valmista tai ulkoista (make or buy)

Kolmantena esimerkkinä käymme läpi toista yleistä investointipäätöstä: valmista vai ulkoista? Käytännössä tämä tarkoittaa päätöstä, tuotetaanko tuote tai palvelu tai niiden osa yrityksen omana tuotantona vai ostetaanko tämä tuotanto toiselta yritykseltä (Kenton, 2024). Tämä on hyvin perinteinen valmista tai ulkoista -vertailun käyttökohde, mutta pienellä soveltamisella sitä voidaan käyttää myös palvelutuotantoon, kuten projektityöskentelyyn. Tässä esimerkissä kuitenkin keskitymme fyysisen tuotteen valmistukseen.

Ydinkysymyksenä tässä esimerkissä on, valmistetaanko eräs kokoonpano yrityksessä vai ulkoistetaanko sen valmistus. Taustatietoa on saatavilla seuraavasti:

> ➢ Valmistusvolyymi on keskimäärin 45 000 kpl/v, 3 vuoden ajan.
> ➢ Yrityksessä pyöritetään tuotantoa yhdessä vuorossa, 5 pvä/vko.

- Tämän kokoonpanon valmistus sisältää pistehitsausta ja liimasaumoja.
- Kokoonpanoa tarvitaan 1 kpl per valmis tuote.
- Kokoonpanon valmistaja vastaa kyseisen kokoonpanon valmistuslaadusta oman asiakkaansa suuntaan. Koko tuotetta valmistava yritys puolestaan vastaa valmistettavan lopputuotteen laadusta omalle asiakkaalleen.
  - Tälle työlle tästä "valmista tai ulkoista" -päätöksestä ei oleteta olevan vaikutusta.
- Tämä kokoonpano on vain yksi monista, joita pohditaan ulkoistettavaksi tähän liittyvän tuotannollistamisprojektin yhteydessä.
  - Näin ollen alihankinnasta vastaava tiimi tarvitaan projektiin joka tapauksessa, joten tekniseen ja kaupalliseen työhön liittyvä työmäärä ei muutu merkittävästi riippumatta siitä, ulkoistetaanko tämä nimenomainen kokoonpano vai tehdäänkö se itse. Tämän vuoksi tätä työtä ei sisällytetä TCO-vertailuun.
  - Tämän kokoonpanon valmistamisessa on kuitenkin yhtäläisyyksiä joidenkin muiden kokoonpanojen kanssa, mikä näkyy suhteellisen matalina kokoonpanotoimittajan investointitarpeina tätä kokoonpanoa varten, mikäli tämä kokoonpano päätetään ulkoistaa. Koko lopputuotetta valmistavan yrityksen tuotanto ei ole yhtä joustava, koska se joudutaan suunnittelemaan huomioiden koko tuote, joten se ei hyödyntää näitä samoja yhtäläisyyksiä.
- Tämän kokoonpanon valmistaminen yrityksessä ei vaatisi lisää operaattoreita, eli tuotantoprosessin käyttäjiä tuotannossa. Tämä työvaihe on täysin automatisoitu, eikä kuormita sisäistä logistiikkaa merkittävästi.
- Kokoonpanon valmistusta varten tarvittavien osien toimittaminen kokoonpanotoimittajalle vaatii yhden rekkatoimituksen joka toinen viikko ja toimituskustannus on 350 € per rekkalasti.
- Tuotantoa ajetaan 46 viikkoa/vuosi.
- Sisäisen logistiikan kustannukset ovat samat riippumatta siitä, toimittaako se varastosta tämän kokoonpanon kokonaisena vai osina.

Seuraavalla sivulla olevassa taulukossa on kuvattuna itse valmistamisen ja ulkoistamisen kustannusvertailu.

Valmista / Ulkoista	Valmista	Ulkoista
Investointikustannukset	160 000 €	45 000 €
Valmistamisen ostohinta	-	2,6 € / kpl
Prosessisähkön kustannus lopputuotetta valmistavalle yritykselle	5 kWh x 8 h x 230 pvä/v x 3 vuotta x 0,09 €/kWh = 2 484 €	-
Rahtikustannukset	-	350 €/rekkalasti x 23 rekkalastia/vuosi x 3 vuotta = 24 150 €
Ylläpitokustannusten kasvu	1 000 €/vuosi	-
Kustannusvaikutus muihin kokoonpanoihin, jos tämä kokoonpano valmistetaan itse	1,60 €/tuote => 1,6 € x 45 000 kpl/vuosi x 3 vuotta = 216 000 €	
Elinkaarikustannus yhteensä	**381 484 €**	**420 150 €**
Johdon päätös	**Valmista**	

Taulukko 2. "Valmista vai osta" -laskelma 1.

Suorittaakseen herkkyysanalyysin tämän päätöksenteon tueksi, alihankintatiimi ja toimittaja ovat laskeneet, että jos tuotantovolyymi kasvaa 20 % 54 000 kappaleeseen vuodessa, toimittajan tarvitsemat investoinnit kasvaisivat 15 000 € ja itse valmistettaessa lisäinvestointitarve olisi 40 000 €. Tämän lisäksi tarvittaisiin 20 % enemmän osatoimituksia alikokoonpanoa valmistavalle yritykselle. Toisaalta tämän valmistusvolyymin kasvun myötä toimittaja voisi myydä tämän kokoonpanon valmistusta hintaan 2,45 €/kpl. Lisäksi tällä volyymillä tämän kokoonpanon itse valmistamisen hintavaikutus muihin kokoonpanoihin olisi 1,52 €/kpl. Energiakustannukset kasvaisivat 20 %, kunnossapitokustannukset pysyisivät ennallaan.

Valmista / Osta	Valmista	Osta
Investointikustannukset	200 000 €	60 000 €
Valmistuskustannukset	-	2,45 €/kpl
Prosessisähkön kustannukset lopputuotetta valmistavalle yritykselle	6 kWh x 8 h x 230 pvä/v x 3 v x 0,09 €/kWh = 2 980,80 €	-
Rahtikustannukset	-	350 €/rekkalasti x 28 lastia/vuosi x 3 vuosi =

		29 400 €
Ylläpitokustannusten kasvu	1 000 €/vuosi	-
Kustannusvaikutus muihin kokoonpanoihin, jos tämä kokoonpano valmistetaan itse	1,52 €/tuote => 1,52 € x 54 000 kpl/vuosi x 3 vuotta = 246 240 €	
Elinkaarikustannus yhteensä	**452 220,80 €**	**486 300,00 €**
Johdon päätös	**Valmista**	

Jatkopohdintoina voimme pohtia, millä toimenpiteillä toimittaja voisi tarjota kilpailukykyisemmän hinnan. Oletetaan tätä harjoitusta varten, että toimittajan voittomarginaali on alan keskiarvoa, se tarvitsee kaikki työntekijät voidakseen valmistaa vaaditun määrän kokoonpanoa ja se ei voi vaikuttaa rahtikustannuksiin, koska sillä on jo sitova rahtisopimus, joka perustuu aiemmin suoritettuun rahtiyritysten kilpailutukseen.

2.5 Liittyvät talouden suorituskykymittarit ja niiden laskenta

On useita talouden suorituskykymittareita, joiden avulla voidaan mitata yrityksen taloudellisia mittareita. Näiden mittareiden ymmärtäminen on tärkeää myös TCO-työn kannalta, koska niiden avulla TCO-työtä voidaan:

> "myydä" helpommin johdolle kehityskohteena, kun TCO ei ole vielä käytössä yrityksessä

> priorisoida yrityksen taloudellisten tavoitteiden ja näihin liittyvien strategisten valintojen mukaan

> tehostaa, kun ymmärretään, mitkä TCO-elementit vaikuttavat mihinkin talouden suorituskykymittariin (kirjoittajan kokemus).

Tästä huolimatta TCO:n perimmäinen tavoite tulee olla yrityksen taloudellisen tuloksen edistäminen yksittäisten suorituskykymittareiden välillä optimoimisen sijaan.

Ensimmäisiä yrityksen taloudellisen suorituskyvyn mittareita ovat liikevaihto ja sen muutos prosentteina edelliseen kirjanpitokauteen, esimerkiksi edelliseen vuoteen, verrattuna. Liikevaihto määritellään yrityksen varsinaisesta liiketoimesta tehtynä myyntinä, josta on vähennetty yritystuet, arvonlisävero ja muut suorat myynnin verotukset (Tilastokeskus, 2024). Liikevaihto yksinään on kuitenkin kyseenalainen talouden suorituskykymittari, mikäli sitä ei verrata kilpaileviin yrityksiin suuruudessa ja ajallisessa kehittymisessä. Vaikkei TCO-työ vaikutakaan liikevaihtoon suoraan, se liittyy liikevaihtoon kahdella tavalla:

1) Aktiivinen ja kokonaisvaltainen TCO-työ parantaa suuresti lisämyynnin mahdollisuuksia, koska sen avulla voidaan laskea tuotteen myyntihintaa säilyttäen saman liiketuloksen ja vaarantamatta tuotteen toiminnallisuutta, tai päinvastoin parantaa toiminnallisuutta säilyttäen myyntihinta nykyisellä tasolla. Näin ollen omistamisen kokonaiskustannusten periaatteet tuovat suurta lisäarvoa.

2) Kasvanut liikevaihto luo mahdollisuuksia investoida lisää kehittyneisiin ohjelmistoihin, laitteistoon ja niin edelleen, jolloin yrityksen TCO:ta voidaan parantaa entisestään.

Toinen yleinen talouden suorituskykymittari on katetuotto, eli käyttökate, joka useimmiten ilmoitetaan prosentteina liikevaihdosta. Tällöin se lasketaan kaavalla: $\frac{Liikevaihto - Muuttuvat\ kustannukset}{Liikevaihto}\ x\ 100\ \%$. TCO:n avulla tähän voidaan vaikuttaa vähentämällä muuttavia kustannuksia sekä edellä kuvaillusti luomalla hyviä mahdollisuuksia saavuttaa lisää myyntiä.

Kolmas yleisesti käytetty suorituskyky on EBIT, Earnings Before Interests and Taxes, eli tulos ennen korkoja ja veroja. Euroina tämä lasketaan vähentämällä käyttökatteesta kiinteät kulut, poistot ja investointien kuoletus. Jakamalla tämä liikevaihdolla saadaan puolestaan EBIT-%. Aiemmin mainittujen myönteisten vaikutusten lisäksi EBIT:iä voidaan parantaa TCO:n avulla useilla eri tavoilla, kuten vähentämällä hallinnon, markkinoinnin ja varastoinnin kuluja.

Neljäs yleisesti käytetty talouden mittari on kirjanpitojakson nettotulos, esimerkiksi koko vuoden (Järvenpää ym., 2013). Tämä ilmoitetaan yleisesti prosentteina liikevaihdosta ja lasketaan vähentämällä korkotuottojen ja korkokulujen erotus, muut kulut ja tuloksen verotus EBIT:istä. Aiemmin kuvailtujen etujen lisäksi tähän nimenomaiseen talouden suorituskyvyn mittariin omistamisen kokonaiskustannusten alentaminen vaikuttaa positiivisesti mahdollistamalla vähentyneen lainanottotarpeen mahdollisesti kasvaneen liikevaihdon ja madaltuneiden kustannusten myötä, jolloin omistamisen kokonaiskustannusten periaatteiden hyödyntämisellä on periaatteessa kaksinkertainen hyöty nettotulokselle.

Koska TCO-työ omaa suuren potentiaalin taloudellisen tuloksen parantamiseen vuodesta toiseen, sillä on myös suurta potentiaalia vaikuttaa myönteisesti myös muihin taloudellisen suorituskyvyn mittareihin, kuten sitoutuneen pääoman tuottoon (ROCE), käyttöomaisuusesineiden tuottoon (ROCE) ja happotestiin (quick ratio).

2.6   Johdon sitoutumisen merkitys

Ylimmän johdon sitoutuminen voi edistää yrityksen kilpailuetua. Onhan ylin johto keskeisessä asemassa vaikuttaakseen yrityksen menestykseen kilpailijoihinsa nähden (Jiwa ym., 2020). Johdon sitoutumisen merkitystä korostetaan myös yhdessä valmistavan teollisuuden päästandardeista, joka on ISO 9001 Quality Management Systems eli laadunhallintajärjestelmät. Noin 15 % kyseisen standardin tekstistä on omistettu johdon vastuille, koska koko järjestelmää ei voida toteuttaa onnistuneesti ilman ylimmän johdon sitoutumista. Standardissa sanotaan asiatarkalla käännöksellä muun muassa seuraavaa: "5.1 Johdon sitoutuminen

Ylimmän johdon tulee osoittaa todisteita sen sitoutumisesta laadunhallintajärjestelmän kehittämiseen ja käyttöönottoon sekä parantaa sen tehokkuutta jatkuvasti seuraavin keinoin:

a) kommunikoimalla organisaatiolle asiakkaan sekä lakien ja asetusten vaatimusten täyttämisen tärkeyttä,

b) luomalla laatuohjeistukset,

c) varmistamalla laatutavoitteiden saatavuuden,

d) suorittamalla johdon katselmointeja, ja

e) varmistamalla resurssien saatavuuden."

Tätä samaa sisältöä eri tavoin ilmaistuna löytyy myös esimerkiksi ympäristönhallintajärjestelmien vaatimusten standardista ISO 14001 sekä työterveyden hallintajärjestelmien standardista OHSAS 18001, mikä korostaa johdon sitoutumisen tärkeyttä edelleen. Lisäksi, jos ylin johto osoittaa sitoutumattomuutta siihen, mitä se itse vaatii yrityksen muulta organisaatiolta, työntekijöille voi helposti tulla tunne, että miksi heidänkään sitten pitäisi (GrowEQ, 2023).

Mihin johto sitten sitoutuu, kun yritys toteuttaa muutoksia työskentelytavoissaan, jotta se voisi onnistua TCO-työssä? Suunnitteluorganisaation työkokemukseni ja johtamis- ja organisaatiotieteiden opintojeni perusteella keskeistä eivät ole TCO-työlle asetettavat säästöjen saavuttamisen tavoitteet, vaan niiden saavuttamiseksi tarvittavien työskentelytapojen muutoksen mahdollistaminen. Käytännössä tähän kuuluu useita osa-alueita, joista suurin osa liittyy yrityksen organisaatioon ja siihen kuuluviin toimintoihin sekä yhteistyöhön näiden toimintojen sisällä ja välillä. Yksi tehokkaimmista keinoista estää omistamisen kokonaiskustannusten periaatteiden toteuttaminen onkin edistää siiloutunutta työyhteisöä. Koska siiloutuminen on merkittävä haaste TCO:n onnistuneelle käyttöönotolle, siihen syvennytään tarkemmin osiossa 8.10.

Lisäksi on erittäin tärkeää varmistaa, että eri johtoportaiden palkitseminen painottuu yrityksen kokonaistaloudelliseen tulokseen johtoportaiden omien kustannuspaikkojen tai omien budjettien tuloksen sijaan. Tällä pyritään rohkaisemaan yhteistyöhön yhteisten tavoitteiden saavuttamiseksi. Ja vaikka yleensä omien budjettien tai kustannuspaikkojen korostamisen takana on ajatusmalli "kun kaikki päälliköt ja johtajat saavat pidettyä omat kustannuspaikkansa kannattavina, liiketulos on positiivinen", tässä usein epäonnistutaan. Ja tämä johtuu siitä, että tällainen menetelmä on hyvin saman kaltainen kuin niin sanottu "juustohöylämenetelmä". Kun kustannuksia optimoidaan vain yksittäisten kustannuspaikkojen tai budjettien sisällä huolehtimatta isosta kuvasta, on olemassa suuri riski, että nämä säästötoimet aiheuttavat säästöjen sijaan saavutettuja säästöjä suurempia menoeriä toisaalla yrityksen toiminnoissa. Ja tämä on erityisen tärkeää tiedostaa johtotasolla, koska vaikka olemmekin kaikki aikuisia, työyhteisössä johtajien ja päälliköiden näyttämä esimerkki heijastuu heidän alaistensa toimintaan. Tämän vuoksi ylimmän johdon näyttämä esimerkki välijohdolle on hyvin tärkeässä asemassa, koska se siirtyy siitä alemmalle johdolle ja edelleen alemman johdon kautta "lattiatasolle".

Kaiken kaikkiaan suurin tekijä työpaikan työskentelytapojen muutoksen onnistumisessa tai epäonnistumisessa ovat ihmiset, jotka muodostavat työyhteisön ja he, jotka johtavat sitä. Tämän vuoksi ihmisnäkökulmalle onkin omistettu tässä kirjassa kokonainen luku.

2.7   Miten ottaa TCO käyttöön työyhteisössä

Omistamisen kokonaiskustannusten teorian ymmärtäminen on välttämätöntä, jotta tämä teoria voidaan muuttaa käytännön toiminnaksi oikein ja onnistuneesti. Tämän vuoksi ei olisi mitään järkeä aloittaa tätä kirjaa tällä osiolla. Omistamisen kokonaiskustannusten periaatteiden tuominen käytäntöön vaatii toimintatapojen muutosta, mikä tekee siitä transformatiivisen muutoksen. Tämä on syytä pitää mielessä, kun se pyritään saattamaan käyttöön työyhteisössä, etenkin koska kaikki transformatiiviset muutokset kohtaavat muutosvastarintaa jossain määrin. Jos organisaatiossa työskenteleviä ihmisiä ei tueta muutokseen sopeutumisessa, jotkut saattavat jopa päätyä irtisanoutumaan yrityksestä sen seurauksena. Ja vaikka kukaan ei lähtisikään yrityksestä pois, muutoksen vastustaminen voi olla työntekijöiden tunteita kuormittavaa. Tästä huolimatta kaikki muutosvastarinta ei ole kielteistä, vaan muutosvastarinta luo myös mahdollisuuksia avoimelle keskustelulle ja eriävien näkemysten vaihdolle ja näiden näkemyksien perusteluille (Robbins & Judge, 2022, s. 323). Tämä puolestaan saattaa paljastaa merkittäviä puutteita lähestymistavassa TCO:ta kohtaan tai lähestymistavassa transformatiivista muutosta kohtaan. Molemmissa tapauksissa tämä on loistava tilaisuus oppia uutta ja kehittää prosessia paremmaksi.

Sitä paitsi on olemassa useita tapoja "voittaa" muutosvastarinta, kuten:

- kommunikaatio
- työntekijöiden osallistaminen muutokseen
- tuen ja sitoutumisen saavuttaminen muutokselle
- myönteisten vuorovaikutussuhteiden kehittäminen organisaatiohierarkian eri tasojen välille ja
- muutosten tasapuolinen ja reilu toteutus.

On olemassa myös joitain malleja muutoksen toteuttamiseksi. Näistä tunnetuin lienee Kotterin kahdeksan askeleen malli:

1. Tuodaan esille kiehtovia syitä, miksi muutos tarvitaan.
2. Riittävän voimakkaan ryhmän luominen muutoksen johtamiseksi.
3. Luodaan uusi visio ohjaamaan muutosta ja strategioita, joiden avulla pyritään saavuttamaan tämä visio.
4. Kommunikoidaan tämä visio läpi organisaation.
5. Autetaan muita toimimaan poistamalla tai lieventämällä muutoksen esteitä ja kannustetaan riskinottoon ja luovaan ongelmanratkaisuun.
6. Suunnitellaan ja toteutetaan lyhyen aikavälin "voittoja", jotka tuovat organisaation lähemmäs tätä visiota, sekä palkitaan näistä voitoista.
7. Yhdistetään kehitystoimenpiteitä, arvioidaan muutoksia uudelleen ja tehdään tarvittavia muutoksia uusiin muutosohjelmiin.
8. Vahvistetaan muutoksia osoittamalla yhteys uusien käyttäytymismallien ja organisaation menestyksen välillä. (Robbins & Judge, 2022, pp. 324-328).

Muutosvastarinnan "voittamisen" lisäksi tulee huomioida itse TCO:n käytännön käyttöönotto työyhteisössä. Edellä kuvaillun mukaisesti tähän tarvitaan visio ja strategia. Lisäksi tarvitaan paljon järjestelmällistä työskentelyä tämän muutoksen liikkeelle saamiseksi. Tämä voidaan toteuttaa usealla eri tavalla, mutta oman kokemukseni pohjalta suosittelen huomioimaan muutaman asian, kun pohditaan, miten lähestyä tätä aihetta:

- Mikä on tämänhetkinen tilanne omistamisen kokonaiskustannusten käsittämisen suhteen yrityksen eri osa-alueilla muutostyötä aloitettaessa?
- Miten priorisoida tämä työ? Jos voidaan tunnistaa selkeästi kiireellisemmät osa-alueet ja jos omistamisen kokonaiskustannusten periaatteita voidaan soveltaa järkevästi näihin osa-alueisiin, on usein järkevää aloittaa näistä, etenkin jos niihin liittyy suuri mahdollinen säästöpotentiaali. Tämä säästöpotentiaali voi olla toinen mahdollinen priorisointiperuste.

> Koska TCO:n käyttöönoton suunnittelu ja toteutus vaatii usein paljon työtä, yksi ihminen ei voi tehdä kaikkea. Tämän vuoksi suosittelen ydintiimin muodostamista. Jos suinkin mahdollista, tämän tiimin tulisi sisältää joitain ihmisiä, joilla on relevanttia kokemusta TCO:sta ja joitain, joilla ei ole kokemusta TCO:sta itsestään, mutta joilla on kokemusta siihen läheisesti liittyvistä työtehtävistä. Näistä ensimmäinen joukko voi johtaa työtä samalla, kun jälkimmäinen tuo tärkeitä näkökulmia tähän työhön liittyvistä kehityskohteista sekä muodostaa ensimmäisen ihmisryhmän, jonka reaktioita tähän muutokseen voidaan tarkkailla. Tällöin tulee kuitenkin huomioida, että ellei näitä henkilöitä ole valittu hyvin autoritaarisella tavalla kysymättä heiltä itseltään mielipidettä TCO-ydintiimiin liittymisestä, he saattavat olla hyvinkin kiinnostuneita ja myötämielisiä TCO:n suhteen jo aluksi. Tällöin he todennäköisesti eivät osoita ollenkaan muutosvastarintaa, tai korkeintaan erittäin vähän.

Kumpi tahansa ylempänä kuvailluista priorisointiperusteista valitaankaan, on välttämätöntä ymmärtää yrityksen iso kuva ennen suunnittelun ja toteutuksen aloittamista, ja tähän on useita syitä. Näistä ensimmäinen on se, että isoon kuvaan keskittyminen mahdollistaa:

> sen varmistamisen, että omistamisen kokonaiskustannusten periaatteiden käyttöönotto on linjassa yrityksen vieläkin isomman kuvan, eli vision ja siitä johdetun strategian kanssa

> TCO-ydintiimin jäsenten motivoimisen auttamalla heitä ymmärtämään, kuinka heidän tämän asian eteen tekemä työ on sidoksissa yrityksen isoon kuvaan

> lyhyen aikavälin voittojen kuvailun aiempana esitetyn Kotterin mallin mukaisesti hahmottamalla TCO-työn iso kuva tavalla, joka mahdollistaa sen edistymisen selkeän seuraamisen ja mittaamisen

> alkuvaiheen muutosvastarinnan vähentämisen osoittamalla organisaatiolle, miksi TCO-kehitystyötä tehdään, mitä sen avulla voidaan saavuttaa ja miten se on sidoksissa organisaation jokaisen jäsenen työhön.

Toiseksi, kun TCO-kehitystyön iso kuva on muodostettu yrityksessä, on paljon helpompaa kohdentaa tehtäviä ja asettaa ne tärkeysjärjestykseen, mikä tekee työn suorittamisesta paljon tehokkaampaa. Oman kokemukseni perusteella on myös hyödyllistä rakentaa ison kuvan havainnollistamismalli siten, että sitä voidaan muokata matkan varrella, jolloin sen avulla voidaan ohjata koko TCO-kehitysprojektia ketterästi yrityksen toimintaympäristön mahdollisesti muuttuessa.

Ison kuvan muodostamisen sekä TCO:n suunnittelun ja käyttöönoton lisäksi sitä tulee seurata, jotta siitä voidaan tehdä standardoitu lähestymistapa. Tällöin tarvitaan suorituskykymittareita jokaiselle omistamisen kokonaiskustannusten osa-alueelle, alkaen alkukustannuksista ja päättyen hävittämiskustannuksiin tai jäännösarvoon. Esimerkiksi ylläpidon ja kenttätuen kustannuksia voidaan alentaa investoimalla ja panostamalla ennakkohuoltoon ja oman henkilöstön kouluttamiseen (Ignition, 2024). Onhan ennakkohuolto lähes aina merkittävästi halvempaa kuin reagoiva huolto, joka tarkoittaa järjestelmän tai laitteiston korjausta sen hajottua. Näitä suorituskykymittareita vasten toimintaa sitten mitataan, seurataan ja raportoidaan tavoitteisiin nähden. Kilpailukyvyn säilyttäminen vaatii myös jatkuvaa kehittämistä tälläkin osa-alueella. (Ignition, 2024).

Ja viimeiseksi mainittuna, mutta ei viimeiseksi toteutettavana asiana, tarvitaan koulutuksia, joiden avulla autetaan koko organisaatiota ymmärtämään, mistä TCO:ssa on kyse, miksi se on erittäin hyödyllinen työkalu ja miten sitä voidaan hyödyntää eri työtehtävissä koko organisaation laajuudella. Perustuen omaan kokemukseeni ja jo pitämissäni koulutuksissa saamaani palautteeseen, suosittelen lämpimästi koulutusmenetelmiä, jotka sisältävät osallistavaa tiimityötä osallistujien välillä. Osallistujia kannattaa valita samaan koulutusryhmään useista eri toiminnoista, sillä tämä on juuri sitä, mitä tosielämässä tarvitaan TCO-työssä onnistumiseksi ja todellisten kustannussäästöjen löytämiseksi.

2.8   TCO:n edut, erityishuomiot ja näkökulmat

Kuten kuvailtu aiemmissa osioissa, TCO:n hyötyjen, mahdollisten rajoitteiden ja näkökulmien ymmärtäminen on erinomainen myyntivaltti, kun pyritään auttamaan ylempää johtoa ymmärtämään, miksi TCO:n käyttöönotto ja hyödyntäminen koko organisaatiossa on eduksi monella tapaa. Tulee kuitenkin huomioida, ettei ole olemassa vain yhtä TCO:n mallia, jota voisi soveltaa sellaisenaan kaikille toimialoille (Gartner, 2018). Aiempana kuvailtujen yleisimpien käyttötapojen lisäksi sitä voidaan soveltaa paljon useammassa yhteydessä kuin vain sen "perinteisessä" käyttöympäristössä eli hankinnassa ja toimitusketjun hallinnassa.

Otetaan kuvitteellinen esimerkki, joka voisi tapahtua todellisessa elämässä: Projektissa on vaihe, jonka aikana ensimmäiset valmistettavat tuotteet tuotetaan koko prosessin läpi, ja tämän jälkeen ne tarkastetaan mahdollisten poikkeamien ja virheiden varalta. Nämä löydökset sitten esitellään ja niitä käsitellään työryhmässä, jossa on edustajia eri tuotanto-osastoilta, jotta voidaan määrittää vian todennäköisin alkuperä tuotanto-osastotasolla juurisyyn etsinnän kohdistamiseksi. Tähän projektin vaiheeseen liittyy tämän työryhmän kokouksia, joissa raportoidaan toimenpiteet, joita on suoritettu näiden virheiden ja poikkeamien poistamiseksi tai lieventämiseksi. Kokouksessa on edustajia jokaiselta tuotanto-osastolta, ja nämä edustajat koordinoivat tätä työtä tuotanto-osastoilla, mutta he eivät ole suoraan vastuussa varsinaisista teknisistä ratkaisuista näiden virheiden juurisyiden korjaamiseksi. Periaatteessa kaikki, sekä nämä työn koordinoijat että teknisistä ratkaisuista vastaavat henkilöt voitaisiin yhdessä kutsua näihin palavereihin raportoimaan edistymisestään. Tämä kuitenkin tarkoittaisi käytännössä, että samassa kahden tunnin palaverissa olisi esimerkiksi 20 ihmistä, kun 5–6 ihmistä riittäisi, jos vain tuotanto-osastojen ongelmanratkaisutyön koordinaattorit ja projektin tämän osa-alueen vetäjät olisivat paikalla.

Oletetaan, että työkustannus per henkilö tässä työryhmässä ja teknisten vastuullisten keskuudessa on keskimäärin 60 €/h. Tämä tarkoittaa tarpeetonta 1 800 euron palkkakustannusta per palaveri. Koska tämä palaveri on toistuva, kerran viikossa, esimerkiksi 10 viikon aikana näin tuhlataan 18 000 €. Vertailun vuoksi, tämä on yli viisinkertainen määrä siihen nähden, paljonko 1 kWh kuluttavan sähkölaitteen käyttö maksaa, jos sitä käytetään 7 vuoden ajan 22 h päivässä, 5 päivää viikossa, 47 viikkoa vuodessa, olettaen sähkön hinnaksi 0,09 €/kWh. Luvussa 4 syvennymmekin tarkemmin toimistotyön prosesseihin ja kustannustehokkuuden edistämiseen TCO:n periaattein.

Tämän lisäksi omistamisen kokonaiskustannusten periaatteita voidaan soveltaa esimerkiksi strategiatyöhön ja laadun kehittämiseen. TCO on erinomainen työkalu strategiatyössä yhdistettynä taloudelliseen skenaariotyöskentelyyn, mutta lisäksi sen avulla voidaan parantaa yrityksen taloudellista tilannetta, mikä edistää yrityksen strategisten investointien tekemistä. TCO sisältää myös matemaattisia malleja, jotka auttavat vähentämään toimittajavalinnan asenteellisuutta, sekä sitä voidaan hyödyntää herkkyysanalyysien teossa kustannusten hallinnan yhteydessä (Katholieke Universiteit Leuven).

Näiden lisäksi omistamisen kokonaiskustannusten periaatteita voidaan soveltaa hyvin esimerkiksi tuotekehityksen ja yhtäaikaisen suunnittelun (SE, Simultaneous Engineering) yhteydessä, kun tehdään kustannusanalyysejä erilaisista suunnittelun ja valmistuksen teknisistä ratkaisuista. Valmistamisesta puheen ollen, TCO:n yhdistäminen arvoanalyysiin, työntutkimukseen ja Kaizeniin tekee siitä erinomaisen työkalun olemassa olevien prosessien kehittämiseen. Omistamisen kokonaiskustannusten periaatteita voidaan soveltaa käytännössä mihin tahansa yrityksen toimintoon tavalla tai toisella. Ja vaikka tämä "tavalla tai toisella" saattaa kuulostaa kaukaa haetulta, aiempana tässä osiossa kuvailtu toimistotyöskentelyn optimointi on toteutettavissa missä tahansa toiminnossa. Ja tämä on vieläpä tehtävissä ilman toimintojen vastuualueiden tehtävien suorittamisen vaarantamista, kunhan ei mennä liian pitkälle esimerkiksi minimoimalla palaverien määrä niin paljon, että vaarannetaan hyvä sidosryhmähallinta, joka on myös yksi TCO:n näkökulmista. Tähän näkökulmaan syvennytään tarkemmin luvussa 7.

Kaikista näistä TCO:n hyvistä puolista huolimatta meidän tulee huomioida, että se tarvitsee myös perustan, jonka päälle rakentaa. Vaikka omistamisen kokonaiskustannusten periaatteita voidaankin soveltaa ainakin jossain määrin melkein mistä tahansa lähtökohdista, ideaalitulosten saavuttamiseksi tarvitaan esimerkiksi helposti saatavaa ja luotettavaa kustannusdataa päätöksenteon tueksi tarvittavia taloudellisia laskelmia varten. Usein yksi ensimmäisiä TCO:hon liittyviä aktiviteetteja voikin olla juuri tämän kustannusdatan järjestäminen. Markkinoilla on useita vaihtoehtoja ICT-järjestelmiksi helpottamaan tätä työtä, ja vaikka useat niistä ovatkin melko kalliita, niiden takaisinmaksu on silti erittäin hyvä verrattuna tilanteeseen, jossa kaikki näiden ohjelmistojen helpottama työ täytyisi tehdä täysin manuaalisesti. Jopa monissa keskikokoisissa organisaatioissa saattaa olla vain yksi tai vain muutama henkilö tekemässä tätä työtä, mikä tarkoittaa, että näiden tietokantojen perustaminen voi olla kuukausien työ, jopa kauemminkin, jos tämä työ tehdään muun työn ohessa. Kustannussuunnitteluun tarkoitettujen ohjelmistojen lisäksi esimerkiksi ERP-ohjelmistot (enterprise resource planning, yritysten resurssisuunnittelu) ovat erittäin hyödyllisiä tähän käyttöön. ERP-ohjelmistoja voidaan hyödyntää myös useisiin muihin tarkoituksiin, kaikki yhden kokonaisuuden sisällä, jolloin tiedonsiirto helpottuu huomattavasti. Kun ymmärretään tällaisen ohjelmiston mahdollisuudet ja yhdistetään hyvään ymmärrykseen TCO:sta, ERP-ohjelmiston hankkimisen myyminen ideana yrityksen johdolle ei todennäköisesti ole kovin vaikeaa, kunhan yrityksellä on tarvittavat varat hankkia sellainen. Lisäksi TCO:n soveltaminen manuaalisesti voi olla aikaa vievää ja haastavaa, ja siihen liittyvät matemaattiset mallit voivat olla vaikeasti käytettäviä, mikä sekin puoltaa ohjelmistoratkaisujen hyödyntämistä.

Suureksi avuksi olevien ICT-ratkaisujen lisäksi TCO:n onnistunut käyttöönotto ja ylläpito asettaa vaatimuksia myös työyhteisölle. Yksi keskeisiä osaamisvaatimuksia on ymmärtää teknisten ratkaisujen ja niihin liittyvien kustannusten ja kustannuselementtien yhteys. Käytännössä tämä tarkoitta sitä, että ymmärretään tämän lisäksi näiden kustannuselementtien suuruusluokan suhteellisuus sekä miten niiden kustannusrakenne muuttuu teknisten ratkaisuiden muuttuessa. Tämän lisäksi useat organisaation ja ihmisen toiminnan näkökulmat vaikuttavat omistamisen kokonaiskustannusten periaatteiden toteuttamisen onnistumiseen, ja näihin syvennytään luvuissa 4 ja 8. Seuraavia asioita pitäisin kuitenkin avaimina onnistuneeseen TCO-työhön:

- ➤ henkilöstön palkitsemisperiaatteet, jotka korostavat yhdessä menestymistä yksilön sijaan, etenkin budjetissa pysymisen suhteen
- ➤ terveen toimintojen välisen yhteistyön edistäminen, sekä muut organisaation siiloutumisen minimoimiseen tähtäävät toimenpiteet
- ➤ halu suunnitella pitkällä aikavälillä lyhyen aikavälin sijaan
- ➤ koko tiimin auttaminen löytämään motivaatiotekijöitä ja työskentelemään yhdessä sekä pitämään mielessä, että vain asiakkaalle myytävä valmis tuote tuo rahaa yritykselle, ei menestyminen omalla vastuualueella muiden kustannuksella, ikään kuin kaikki vastuualueet olisivat toisistaan erillisiä.

Tästä pääsemmekin omistamisen kokonaiskustannusten päänäkökulmiin, joiksi itse luokittelisin:

1. Rahallisen näkökulman
2. Työskentelyprosessien näkökulman
3. Laadun näkökulman
4. Strategisen näkökulman
5. Sidosryhmänäkökulman ja
6. Ihmisnäkökulman.

Näitä näkökulmia käsitellään tämän kirjan osiossa B, joka koostuu luvuista 3–8. Näiden näkökulmien ymmärtäminen auttaa meitä myös, kun syvennymme osion C aiheisiin, jotka liittyvät valmistusteollisuuden yrityksen toimintoihin. Joten siirrytäänpä toistaiseksi melko tutkimattomille alueille TCO:ssa, joista on tämän kirjan nimen loppuun johdettu *"ja enemmän"*. Ehkä löydämme hyödyllisiä "merikortteja" tälle tutkimusmatkallemme matkan varrelta.

OSA B – TCO:N NÄKÖKULMAT

Omistamisen kokonaiskustannusten perusteiden jälkeen syvennymme johonkin, mitä kutsun TCO:n näkökulmiksi. Näihin kuuluvat:

➢ Rahallinen näkökulma

➢ Työskentelyprosessien näkökulma

➢ Laatunäkökulma

➢ Strategianäkökulma

➢ Sidosryhmien näkökulma

➢ Ihmisnäkökulma.

Näistä rahallinen näkökulma on yleisimmin tunnustettu tai tunnistettu TCO-aiheisessa tutkimustyössä ja kirjallisuudessa. Käytännössä rahallinen näkökulma sisältää talouden ja hankinnan, jotka ovat eräitä perustavaa laatua olevia TCO:n asiayhteyksiä. TCO on kuitenkin todella hyödyllinen myös useissa muissa yhteyksissä. Työskentelyprosessien näkökulma sisältää sellaisia asioita kuin palaverit, suunnittelun ja resursoinnin tärkeyden sekä työskentelyprosesseissa ilmenevän hukan esimerkiksi palaveri- ja raportointikäytännöissä.

Laatunäkökulma puolestaan ohjaa meidät siihen, kuinka tärkeää hyvä laatu on omistamisen kokonaiskustannusten kokonaisvaltaisen optimoinnin kannalta. Esimerkiksi tuotannon ylösajo keskittyen pelkkään määrään laadun kustannuksella voi johtaa todella korkeisiin, jopa miljoonaluokkaa oleviin romutuskustannuksiin.

Tämän jälkeen käymme läpi strategian sekä sisäisten sidosryhmien ja TCO:n välistä yhteyttä. Onhan onnistunut sidosryhmien hallinta erinomaisen tärkeää omistamisen kokonaiskustannusten kokonaisvaltaisen optimoinnin kannalta, koska tällöin voidaan tehdä parempia päätöksiä ja vähentää huonosta sidosryhmien hallinnasta johtuvista virheistä seuraavaa ajan ja rahan hukkaa. Käymme läpi myös hyvän TCO-optimoinnin vaikutuksia eri sidosryhmille.

Ja viimeisenä, mutta ei vähäisimpänä, keskitymme TCO:n ihmisnäkökulmaan. Nimittäin me ihmiset johdamme työyhteisöjä ja työskentelemme niissä. Näin ollen jokaisella ihmisen tekemisellä on seurauksensa työyhteisöissä, ja nämä seuraukset voivat parantaa tai heikentää yrityksen tulosta. Me ihmiset olemme monimutkaisia olentoja, ja meillä on suurempi vaikutus yrityksen taloudelliseen tulokseen kuin ehkä osaamme käsittää. Vaikutamme tulokseen esimerkiksi sillä, kuinka tehokkaasti käytämme työaikamme, kuinka hyvin teemme yhteistyötä keskenämme ja kuinka hyvin ratkaisemme ongelmia yhdessä. Toisaalta työyhteisön sitoutumisen heikkeneminen esimerkiksi lomautusten ja organisaation siiloutumisen myötä voi estää juuri sitä, mitä TCO:n avulla pohjimmiltaan tavoitellaan – yrityksen liiketuloksen parantamista. Ja haluaisin vielä lisätä: liiketuloksen parantamista kestävästi, mikä minulle tarkoittaa sitä, että käytämme tehokkaammin sitä, mitä meillä jo on, teemme investointeja, joilla on hyvä takaisinmaksu sekä käytämme resurssejamme yleisesti ottaen järkevästi ja vältämme hukkaa. Uskon hyvin vahvasti, että toimimalla tällä tavoin yritykset voivat säästää paljon enemmän rahaa kuin minkään mittaluokan lomautuksilla tai irtisanomisilla. Tämä on myös yksi keskeisiä motiivejani tämän kirjan kirjoittamiseen: Valaisemalla muita tapoja säästää rahaa kuin lomauttamalla tai irtisanomalla työntekijöillä, vaikuttaen heidän toimeentuloonsa ja merkityksellisyyden tunteeseen kielteisesti. Pidemmittä puheitta, nostetaan purjeet ja suunnataan tähän kiehtovaan "saaristoon", jota kutsun *TCO:n näkökulmiksi.*

3   RAHALLINEN NÄKÖKULMA

Koska TCO tarkoittaa suomeksi omistamisen kokonaiskustannuksia, saatamme erehtyä luulemaan, että se kattaa vain ilmeisimmät, kuten hankinnan ja toimitusketjun sopimukset. TCO:n päätarkoitus on kuitenkin laajentaa ymmärrystämme liiketoiminnan kustannuksista näkyvien kustannusten tuolle puolen. On kuitenkin tärkeää käydä läpi myös ehkä se kaikkein ilmeisin näkökulma. Ja tärkein syy tälle ainakin minun mielestäni on, että ymmärtämällä TCO:n rahallisen näkökulman laajasti ja osaamalla selittää sen hyödyt hyvin, on paljon helpompaa kertoa, miksi tarvitaan niin paljon työtunteja ja ehkä joitain investointejakin TCO:n suunnitteluun, käyttöönottoon ja vakiointiin yrityksessä. Ja tämä pitää paikkansa jopa taloudellisen laskusuhdanteen aikana. Ja johtoajatus tämän näkökulman asettamisessa ensimmäiseksi on koko "jutun juoni", eli kokonaiskustannusten optimointi sen sijaan, että optimoitaisiin eri kustannusten välillä.

3.1   Kustannusrakenne ja TCO

Kustannusrakenne määritellään kiinteiden ja muuttuvien kustannuksen jakaumana, jotka muodostavat yrityksen kokonaiskustannukset. Vaikka yritykset hyödyntävätkin usein kustannusrakennettaan hinnoitteluun sekä mahdollisten säästökohteiden tunnistamiseen (Gartner, 2024), tämä ei yksinään riitä kummassakaan onnistumiseen. Yksi tunnetuimmista kustannussäästöjen menetelmistä, joka hyödyntää "sokeasti" yksittäisiä mahdollisia säästökohteita, on niin sanottu juustohöylämenetelmä. Tässä menetelmässä kustannusleikkauksia tehdään tasaisesti kaikilla alueilla pyrkien saavuttamaan säästötavoitteet. Nämä säästöt voivat olla yksinkertaisia suunnitella ja toteuttaa (Berger, 2011), mutta ne voivat helposti jäädä jälkeen säästötavoitteista tai jopa tuoda vain lisää kuluja todellisten säästöjen sijaan. Ja usein tämä johtuu siitä, että juustohöylämenetelmässä ei tunnisteta tai tunnusteta eri kustannuselementtien keskinäisiä riippuvuussuhteita, mikä puolestaan johtaa helposti tilanteeseen, jossa säästetään yhtäällä, mutta toisaalla jopa kaksinkertaistetaan kustannukset. Tällöin kokonaiskustannus vain kasvaa. Päinvastainen vaikutus voidaan kuitenkin saavuttaa kokonaisvaltaisen TCO-analyysin avulla, jossa eri kustannuselementit ja niiden keskinäinen suhde ensin analysoidaan. Tällöin säästötavoitteiden saavuttaminen tapahtuu paljon todennäköisemmin, joskin ei vielä täysin varmasti johtuen kustannussäästöohjelmiin liittyvistä muista muuttujista.

Kustannusrakenteesta puhuttaessa kustannukset voidaan jakaa myös suoriin ja epäsuoriin kustannuksiin. Näistä ensimmäinen kustannusryhmä voidaan kohdistaa varsin helposti tietylle valmistettavalle tuotteelle, kun taas jälkimmäisen tapauksessa tämä on haastavampaa. Epäsuorat kustannukset kun muodostuvat esimerkiksi myynnin ja markkinoinnin sekä johdon kustannuksista (Schmidt, 2015–2024). Usein suorat kustannukset on helpompi tunnistaa tietyn tuotteen yhteydessä, mikä voikin tehdä niistä näkyviä kustannuksia, kun taas epäsuorat kustannukset useimmiten pysyvät "piilokustannuksina".

TCO:lla onkin monia hyötyjä kustannusrakenteen yhteydessä, joita käsitellään tarkemmin luvussa 6, koska useat näistä liittyvät yritysstrategiaan sekä myyntistrategioihin. Esimerkiksi yrityksen tai sen asiakkaan taloudellinen tilanne tai yrityksen poliittinen makroympäristö voivat ohjata kohti tietyn kaltaista kustannusrakennetta eri tilanteissa. Joskus tämä rajoite voi olla niin voimakas, että se "ajaa ohi" TCO-näkökulmasta katsottuna parhaasta vaihtoehdosta, mutta näissäkin tilanteissa täydestä TCO-analyysistä on silti paljon hyötyä. Luodaanpa esimerkki: Mahdollinen asiakas on lähestynyt yritystä, pyytäen tarjousta heidän tuotteensa valmistamisesta. Kyseinen yritys ei kuitenkaan voi maksaa tarvittavia investointeja ennakkoon, vaan on ehdottanut, että 80 % investoinneista kuoletettaisiin tuotteen valmistushinnassa. Tässä tilanteessa täysi TCO-analyysi nousee oikeastaan entistä tärkeämpään asemaan tuotetta tarjoavassa yrityksessä, koska valmistuskustannusten ja investointien kuolettamisen laskeminen oikein on keskeisessä asemassa, kun pyritään selvittämään tällaisen sopimuksen kannattavuutta. Ja jos tuotteen valmistamista tarjoava yritys itse on taloudellisesti haastavassa asemassa, väärä hinnoittelu voi saattaa tämän yrityksen jopa vararikkoon. Mutta palataan tähän luvussa 6. Lisäksi kustannusrakenteen ja TCO:n välisen yhteyden ymmärtäminen on tärkeää kustannuslaskennassa, johon perehdymme seuraavaksi.

3.2   Kustannuslaskenta ja TCO

"Kustannuslaskenta on laskentatoimen muoto, jossa arvioidaan organisaation tuotantotoiminnan kokonaiskustannuksia tutkimalla sekä muuttuvia että kiinteitä kustannuksia tuotannon jokaisessa vaiheessa" (Indeed Editorial Team, 2024). Erilaisten kustannuslaskentamenetelmien hyvä tuntemus on suureksi avuksi kustannuslaskennassa ja hinnoittelussa, jotka puolestaan ovat tärkeitä yrityksen voitollisuuden kannalta. On olemassa useita kustannuslaskentamenetelmiä, joista jokaisen onnistunut käyttö vaatii hyvää ymmärrystä siitä, miten ne soveltuvat eri tilanteisiin oikean kustannusten kokonaiskuvan luomiseksi. Näitä käsitellään paljon tätä kirjaa laajemmin johdon laskentatoimen kirjallisuudessa ja koulutuksessa, joten suosittelen lämpimästi tämän aiheen syvällisempää opiskelua, mikäli Te, hyvä lukija, koette tämän mielenkiintoisena aiheena ja/tai tärkeänä työllenne tai tavoitteillenne.

Kaikki nämä kustannuslaskentatekniikat tuovat suurta lisäarvoa TCO-työhön; jotkut omistamisen kokonaiskustannuksiin kokonaisuudessaan, toiset TCO:n yksittäisiin elementteihin. Emmekä tietenkään saa unohtaa itse kustannuslaskentaprosessin TCO:ta. Kustannuslaskennan ja -seurannan prosessit eivät saa olla suhteettoman kalliita ja samaan aikaan niiden pitää kyetä tuottamaan päätöksenteon tueksi tarvittava tieto (Järvenpää ym., 2013, p. 121). Elinkaarikustannuslaskenta on esimerkiksi todella hyödyllinen työkalu omistamisen kokonaiskustannusten laskemiseen joiltain osin, mutta tämä kustannuslaskentamenetelmä yksinään ei kykene täysin kattamaan omistamisen kokonaiskustannuksia useimmissa tapauksissa. Tilanne on sama myös tavoitekustannuslaskennan tapauksessa, jota sovelletaan enimmäkseen tuotekehitysvaiheessa. Tässä vaiheessa tuotteen elinkaarta voidaan myös saavuttaa suurimmat säästöt vaikuttamalla tuotteen suurimpiin kustannustekijöihin aikaisessa vaiheessa. Ja tämän vuoksi tässä kirjassa tuotekehitysprosessille on omistettu kokonainen luku.

Tämä kustannuslaskentamenetelmien ja TCO:n välinen suhde toimii myös toisin päin, jolloin TCO tuo suurta lisäarvoa kustannuslaskentaan. Onhan piilokustannusten oikea tunnistaminen ja rahallinen arvottaminen elintärkeää kustannuslaskennassa onnistumiselle. Esimerkiksi tavoitekustannuslaskennassa joko tuotteelle asetettavaa tavoitehintaa tai tuotteen suunniteltuja ominaisuuksia voidaan joutua arvioimaan uudelleen, jos TCO-laskelmat osoittavat, että suunnitellulla myyntihinnalla ja suunnitelluilla ominaisuuksilla varustettuna tuotteella ei päästä kannattavuustavoitteeseen, tai että tuote on jopa kannattamaton.

Ja vaikka suuri osa kustannussäästöistä voidaankin saavuttaa optimoimalla tuotteen suunnittelua ja valmistusmenetelmiä, on myös useita muita tekijöitä, joista voidaan löytää kustannussäästöjä. Näiden avulla voidaan tuotestrategiasta riippuen parantaa tuotteen kannattavuutta tai myydä tuotetta aiempaa alemmalla hinnalla. Näitä muita tekijöitä käsitellään tämän kirjan useissa eri osiossa, koska ne ovat usein tuotekehityksen ja valmistuksen piilokustannuksia, jotka yhteenlaskettuna vaikuttavat suuresti yksittäisen tuotteen sekä jopa koko yrityksen taloudelliseen tulokseen.

Tuotekehitystä käsitellään tarkemmin luvussa 9, mutta seuraavaksi käsittelemme hyödyllisimpiä pareja TCO:n ja johdon laskentatoimen eri käsitteiden välillä, sekä niiden oikeaoppista käyttöä.

3.3 Takaisinmaksuaika ja omakustannemäärä & TCO

Takaisinmaksuaika ja omakustannemäärä ovat molemmat hyvinkin kelvollisia aiheita TCO:n yhteydessä monellakin tapaa. Takaisinmaksuaika on se ajanjakso, jonka investoinnin kustannusten saavuttaminen tuottona, tai säästönä, kestää (Kagan, 2024). Käytännössä takaisinmaksuaika voidaan määrittää lisääntyvän myynnin tai saavutettavien kustannussäästöjen ennusteena sekä myöhemmin todentamalla nämä ennusteet toteumista. Havainnollistetaan tätä ensin esimerkillä ilman TCO:ta ja sitten toisella esimerkillä, jossa hyödynnetään TCO:n periaatteita

Yritys harkitsee automatisoivansa osan valmistusprosessistaan ja on pyytänyt tästä tuotantoalueesta vastaavaa prosessi-insinööriä suorittamaan investoinnin takaisinmaksulaskennan. Insinööri laskee tarvittavat investoinnit tämän automatisoinnin suunnittelemiseksi ja toteuttamiseksi. Laskelmien lopputulokseksi saadaan 250 000 €, ja prosessi-insinööri pitää tätä investointia kannattavana, koska se mahdollistaa kahden tuotantoprosessin käyttäjän, operaattorin, vähentämisen tällä alueella. Tämä tuo 140 000 € vuosittaiset säästöt palkkakustannuksissa, mistä saadaan takaisinmaksuajaksi 1,79 vuotta eli 1 vuosi ja 9 kuukautta. Mutta kun sama laskelma suoritetaan hyödyntäen omistamisen kokonaiskustannusten periaatteita, keskittyen piilokustannuksiin, havaitaan laiteinvestointien ja niihin liittyvien ohjelmistoinvestointien lisäksi tarvittavan seuraavat asiat:

➢ Tuotantohenkilöstön koulutus

➢ Lisää varaosia varastoon

➢ Laitteiston sähköliitännät.

Näiden myötä kokonaisinvestoinniksi lasketaan 295 000 €, minkä lisäksi kasvava kulutusosien määrä lisää vuosittaisia kustannuksia 1 500 € ja kasvanut ylläpidon tarve toiset 700 €/vuosi. Toisaalta tämä automatisointi myös parantaa tämän tuotantoprosessin vaiheen laaduntuottokykyä, mikä puolestaan johtaa 5 000 € säästöön vuosittaisissa romutuskustannuksissa sekä 11 200 € säästöön vuosittaisissa valmistettavan tuotteen korjaustyön kustannuksissa. Näiden tietojen avulla takaisinmaksuajaksi saadaan 295 000 € / (140 000 - 1500 - 700+5 000 + 11 200) €/vuosi = 1,92 vuotta = 1 vuosi 11 kuukautta.

Molempia näistä takaisinmaksuajoista voidaan pitää kohtuullisina, kunhan yrityksellä on tarvittavat varat investointien toteuttamiseksi, mutta tämä laskelma osoittaa TCO:n hyödyntämisen tärkeyden tässä yhteydessä. Lisäksi, jos yrityksellä ei olisi tarvittavia varoja omassa pääomassa, laskelmaan tulee lisätä myös vieraasta pääomasta maksettava korko. Ja tämä on vain yksinkertaistettu esimerkki. Edellä mainittujen kustannuselementtien lisäksi saattaa olla myös muita kustannuselementtejä joko piilokustannuksina tai kustannussäästöinä, kuten:

> käsityöhön soveltuvaksi suunniteltujen osatelineiden korvaaminen automatisoituun prosessiin suunnitelluilla

> vähentyneistä sairaspoissaoloista kertyneet säästöt

> lisäkustannukset tai säästöt, kun sisäinen logistiikka käsittelee erilaisia telineitä kuin aiemmin.

TCO on erittäin tärkeä myös omakustannemäärän laskennassa. Käytännössä omakustannemäärä on se määrä myytyjä tuotteita, joka kattaa tarkalleen kaikki tuotteen valmistamisesta ja siihen liittyvistä aktiviteeteista aiheutuvat kustannukset (Järvenpää ym., 2013, s. 102). Tämä laskelma on yksi tärkeimpiä laskelmia tuotteen kannattavuutta määritettäessä, ja siksi onkin hyvin tärkeää, että tämä laskelma suoritetaan oikein. Kuten takaisinmaksuajankin tapauksessa, myös tässä yhteydessä omistamisen kokonaiskustannusten periaatteet paljastavat sekä piilokustannuksia että mahdollisia säästöjä, joita voidaan saavuttaa tuotantoprosessia muokkaamalla. Joissain tapauksissa lopputulosten ero omakustannemäärän laskennassa TCO:lla ja ilman voi olla pienikin, jos huomioiduissa kustannuselementeissä on mukana riittävä riskivara tai yliarvotus kattamaan myös huomiotta jääneet piilokustannukset, mutta tämä ero voi olla suurikin. Onkin kohtuullista väittää, että mitä korkeammalla käyttöasteella, eli mitä lähempänä sen suurinta kapasiteettia tuotantoa ajetaan, sitä tärkeämmäksi tämä laskelma tulee. Esimerkkinä:

Valmistusprosessin suurin vuosittainen valmistusmäärä on 80 000 kappaletta vuodessa. Nopea laskelma omakustannemäärästä antaa tulokseksi 60 000 kappaletta, mitä ylin johto pitää vielä kohtuullisena. Mutta kun sama laskelma tehdäänkin hyödyntäen TCO:n periaatteita, saadaan tulokseksi 73 000 kappaletta. Tämä yhdistettynä tuotantoprosessin laaduntuottokyvyn ja tuottavuuden vaihteluihin voi johtaa jopa tuotannon tappiollisuuteen. Koska kyseessä on suursarjatuote, jonka rinnalla ei valmisteta muita tuotteita, yritys päättää tämän laskelman myötä käynnistää kustannussäästökampanjan.

3.4 Rahavirrat ja taloudellinen päätöksenteko & TCO

Takaisinmaksuajasta ja omakustannemäärästä saavumme seuraavaan omistamisen kokonaiskustannusten rahalliseen näkökulmaan: rahavirrat ja talousperustainen päätöksenteko yleensäkin. Rahavirroilla tarkoitetaan nettokäteisen ja vastaavien virtaa yritykseen sekä yrityksestä ulos (Hayes, 2024). Rahavirtaennusteet koostuvat pohjimmiltaan kahdesta pääelementistä: rahasummat ja niiden ajoitus kalenterissa. Näiden molempien ennustamisessa TCO:sta on suuri apu. Mahdollisten piilokustannusten tunnistaminen ja arvottaminen ennakkoon oikein vähentää ikävien yllätysten riskiä esimerkiksi yllättävien prosessikustannusten, kulutus- tai varaosien tarpeen kasvun tai tuotemuutoksesta johtuvien pakkauskustannusten kasvun seurauksena. Lisäksi näiden mahdollisten piilokustannusten joukossa on useita erilaisia kustannuselementtejä, joiden oikea tunnistaminen parantaa rahavirtaennusteen tarkkuutta sekä rahasummien että ajoituksen suhteen. Toisaalta nämä piilokustannukset voivat yhdessä muodostaa suuriakin summia, millä puolestaan saattaa olla suuriakin vaikutuksia vaikkapa yksittäisen projektin kannattavuudelle. Ja jos nämä kustannusvaikutukset tulevat täytenä yllätyksenä, jolloin ei juurikaan jää aikaa reagoida niihin, ne saattavat asettaa jopa suuria haasteita koko yrityksen taloudelliselle tilanteelle. Tämän vuoksi on tärkeää, että nämä tekijät tunnistetaan ja sisällytetään taloudellisiin päätöksenteon perusteisiin niin aikaisin kuin mahdollista.

Yrityksen taloudellinen päätöksenteko perustuu talousosaston tuottamiin ja yrityksen käyttämiin talousraportteihin. Nämä päätöksentekotilanteet liittyvät yrityksen toiminnan suunnitteluun, ohjaamiseen ja seurantaan, sisältäen esimerkiksi seuraavia aiheita:

➢ investoinnit

➢ rekrytoinnit

➢ hinnoittelu

➢ markkinointikampanjat

➢ toimittajan valinta

➢ strategiatyö ja

➢ prosessien kehittäminen (Järvenpää ym., 2013, s. 36–38).

Jokaiseen näistä tilanteista sisältyy suuri joukko luonteeltaan erilaisia kustannuselementtejä, joihin sisältyy erilaisia kustannuseriä. TCO:ta voidaan soveltaa kaikkiin näistä, jolloin voidaan parantaa ennusteita koskien päätöksenteon taloudellisia vaikutuksia edellä kuvaillun mukaisesti. Tällöin yrityksen ylin johto saa käytettäväkseen luotettavampaa ja oikea-aikaisempaa taloudellista tietoa käytettäväksi päätöksenteon perustana, mikä puolestaan johtaa hyvin todennäköisesti parempiin strategisiin valintoihin ja parantuneeseen kannattavuuteen. Ja, kuten luvussa 8 selostetaan, tällä tavalla saavutettu kannattavuuden paraneminen on usein paljon pitkäkestoisempaa kuin mitä voidaan saavuttaa lyhytaikaisten kustannussäästöjen tavoittelulla, kuten lomautuksilla.

3.5 Budjetointi ja TCO

Budjetti on yrityksen toiminnan rahaksi muutettu suunnitelma, joka pyrkii mahdollisimman hyvään lopputulokseen. Budjetti luodaan suunnitelmallisessa ja ohjatussa prosessissa, jota kutsutaan *budjetoinniksi*, ja se on välttämätön prosessi yrityksen pitkäaikaisen suunnittelun ja strategisten tavoitteiden saavuttamisen kannalta.

Budjetoinnin päämääriä ovat:

- ➤ tavoitteiden asetanta ja niiden viestittäminen organisaatiossa
- ➤ resurssien kohdentaminen
- ➤ organisaation kehittäminen ja koordinointi
- ➤ päätöksenteko-oikeuden delegointi ja vastuualueiden selventäminen
- ➤ kannattavuuden, maksuvalmiuden ja vakavaraisuuden ohjaaminen
- ➤ toiminnan tehokkuuden parantaminen
- ➤ johdon suorituskyvyn arviointi
- ➤ työyhteisön jäsenten rohkaiseminen toimimaan sekä
- ➤ yrityksen taloudellisen tulevaisuuden varmistaminen (Järvenpää ym., 2013, s. 235–236).

Budjetointiprosessi sisältää useita näkökulmia ja vaiheita:

- ➤ yleiskustannusten budjetointi, esimerkiksi
    - o yleinen johto
    - o kirjanpito ja lakiosasto
    - o tukitoiminnot
- ➤ myyntibudjetti, esimerkiksi
    - o vastaanotetut tilaukset
    - o myyntiennusteet
- ➤ markkinointibudjetti, johon sisältyvät esimerkiksi
    - o markkinointikampanjat
    - o yrityskuvan kehittäminen
- ➤ varastobudjetti, johon kuuluu esimerkiksi seuraavien asioiden varastointikustannukset:
    - o raaka-aineet ja valmistettavan tuotteen osat
    - o väli- ja alikokoonpanot
- ➤ valmistusbudjetti, johon kuuluvat esimerkiksi
    - o valmistustoiminnan henkilöstökustannukset
    - o budjetoitu valmistusmäärä

- o valmistuksen yleiskustannukset
- ➢ suunniteltujen investointien toteuttamiseksi varattava investointibudjetti
- ➢ ostobudjetti, johon kuuluvat muun muassa
  - o tuotteen valmistamiseen tarvittavien osien ja raaka-aineiden hankintabudjetti
  - o epäsuorat raaka-aineet (Järvenpää ym., 2013, s. 240).

Näiden budjettien välillä tapahtuu myös keskinäistä tiedonvaihtoa muodostaen ensin yrityksen alibudjetteja, ja niistä pääbudjetteja, joista jälkimmäisiä ovat yrityksen tulosbudjetti, rahoitusbudjetti ja budjetoitu tase (Järvenpää ym., 2013, p. 240).

On myös todella tärkeää ymmärtää nämä budjetit omistamisen kokonaiskustannusten näkökulmasta. Määrittelevähän nämä budjetit kullakin toiminnolla käytettävissä olevat varat tavoiteltuun kokonaistulokseen pääsemiseksi, millä puolestaan on suuri vaikutus siihen, millainen kustannusrakenne on ihanteellinen budjetissa pysymisen tai jopa sen alittamisen kannalta kussakin toiminnossa. Ihannetilanteessa TCO:n periaatteita sovelletaan jo budjetointiprosessin aikana sekä siihen liittyvässä suunnittelussa, mikä lisää sen todennäköisyyttä, että näin laadittavat budjetit heijastavat mahdollisimman totuudenmukaisesti yrityksen tarpeita ja toimintaa sekä rahasummien että niiden ajoituksen suhteen. Toki taloudellisen tulevaisuuden arviointiin ja ennustamiseen liittyy aina jonkin verran epävarmuutta, mikä puolestaan johtaa siihen, että jopa TCO:ta soveltamalla toteutuvat luvut voivat poiketa budjetoiduista luvuista. Näin ollen TCO:n onnistunutkaan soveltaminen ei ole mikään "ihmelääke", joka poistaisi ennustamiseen liittyvät epävarmuustekijät. Mutta jos omistamisen kokonaiskustannusten periaatteita ei sovelleta budjetoinnissa, otetaan paljon suurempi virheriski sekä rahasummien että niiden ajoittamisen suhteen, sekä suurempi riski siitä, että jotkin kustannuserät jäävät huomioimatta kokonaan. Toisin sanoen onnistunut TCO:n soveltaminen budjetoinnin yhteydessä vähentää suuresti budjeteissa, ennusteissa ja taloudellisissa arvioissa ilmenevien ikävien yllätysten riskiä. Ja vaikka alkuperäistä budjettia ei olisikaan laadittu hyödyntäen TCO:n periaatteita, tavoiteltu kokonaistulos voidaan silti saavuttaa budjetoidusti. Tässä onnistuminen kuitenkin edellyttää, että eri sisäiset sidosryhmät asettavat etenkin useita toimintoja koskevat budjetit tärkeysjärjestyksessä toimintojen omien alibudjettien edelle. Tämä puolestaan tapahtuu paljon todennäköisemmin lujasti yhteisen tavoitteen eteen työskentelevässä, korkean suorituskyvyn työyhteisössä kuin työyhteisössä, joka on hyvin siiloutunut ja joissa päätökset tehdään sen perusteella, miten ne vaikuttavat yksittäisiin tiimeihin ja näiden tiimien yksittäisiin jäseniin. Mutta perehdytään näihin aiheisiin syvällisemmin luvussa 8. Seuraavaksi keskitymme aiheeseen, joka on TCO-työn perimmäinen tavoite, eli kannattavuuden parantaminen.

3.6   Kannattavuus ja TCO

Koska tämä aihe on TCO-työn perimmäinen tavoite, voisimme käyttää tätä kirjan tiivistelmänä, tai jopa päättää yhteinen matkamme tähän. Mutta eipä olisi Kolumbuskaan saapunut Amerikan mantereelle kääntymällä takaisin kotiin päästyään Atlantin valtamerelle, emmekä mekään ymmärtäisi TCO:n täyttä potentiaalia lopettamalla tähän osioon. Joten keskitytäänpä sen sijaan siihen, miksi on tärkeää ymmärtää omistamisen kokonaiskustannusten ja kannattavuuden yhteys. Omaahan onnistunut TCO-työ valtavan potentiaalin parantaa yrityksen kannattavuutta merkittävästi.

Aiempana tässä kirjassa kuvaillun juustohöylämenetelmän vastakohtana TCO:n avulla pyritään ymmärtämään erinäisten kustannuselementtien keskinäisiä riippuvuussuhteita läpi tuotteen elinkaaren sekä siihen liittyvien yrityksen toimintojen ja niissä suoritettavien aktiviteettien ja tehtävien päätösten välillä. Näin voidaan valita säästötoimenpiteet, jotka oikeasti parantavat yrityksen kannattavuutta. Tämä ei kuitenkaan tarkoita sitä, etteikö säästöjä voitaisi saavuttaa ilman TCO:n hyödyntämistä oikein, mutta sillä on kuitenkin suuri vaikutus merkittävässä ja kestävässä kannattavuuden suotuisassa kehittämisessä. Esimerkiksi luvuissa 4 ja 8 syvennytään siihen, miten yrityksen päivittäisen toiminnan kannattavuutta voidaan parantaa ilman valtavia investointeja tai turvautumatta edes väliaikaisiin lomautuksiin. Näistä jälkimmäiset kun eivät useinkaan saavuta niille asetettuja kustannussäästötavoitteita, kuten ilmenee luvussa 8.

Miksi sitten kannattavuuden parantaminen ja TCO kulkevat käsikkäin luoden suotuisan kierteen yrityksessä? TCO:n onnistunut käyttöönotto ei ainoastaan paranna yrityksen kannattavuutta kokonaisuudessaan, vaan se myös vaatii paljon yhteistyötä osastojen ja toimintojen välillä, jotta voidaan tunnistaa kaikki oleelliset kustannuselementit ja optimoida näihin liittyviä kokonaiskustannuksia onnistuneesti. Tämä puolestaan auttaa niin sanotusti rakentamaan siltoja toimintojen ja osastojen välille, mikä tekee yhteistyöstä muissakin aiheissa tehokkaampaa. TCO omaa myös valtavan potentiaalin parantaa yksittäisen toiminnon kannattavuutta, mikä saattaa olla yksi kyseisen toiminnon johtajan suorituspalkitsemisen maksuperusteista. Ja vaikka joissain tapauksissa tämä saattaakin kannustaa näitä johtajia lisäämään keskinäistä yhteistyötä, itse kehottaisin välttämään tällaista palkkionmaksuperustetta. Ja perustelen tämän kokemuksellani; useissa tapauksissa tällainen palkkionmaksuperuste pikemminkin vähentää kuin lisää yhteistyötä koko yrityksen hyväksi.

Toinen tämän positiivisen kierteen näkökulmia on useiden eri työtehtävien asiantuntijoiden osallistaminen. Lisäksi parantunut kannattavuus parantaa yrityksen mahdollisuuksia selvitä haastavimmistakin ajanjaksoista (Jansson, 2018). Parantunut kannattavuus myös vähentää paineita lomauttaa henkilöstöä edes väliaikaisesti, kunhan tätä parantunutta kannattavuutta ei kanneta yksinään yrityksen omistajien taskuun jakamalla tämä saavutettu etu ulos esimerkiksi osinkoina.

3.7   Kustannusten kehitys ja TCO

Viime vuosien valtava inflaatio, joka alkoi kesällä 2021 (Eurostat, 2024), on korostanut entisestään kustannuskehityksen seurannan merkitystä yritysten kannattavuudelle. Yrityksellä, joka hankkii paljon samoja raaka-aineita tai osia vuosittain, tai jopa useamminkin, on hyvät mahdollisuudet pysyä kartalla näiden raaka-aineiden ja osien historiallisesta hintakehityksestä seuraamalla ja dokumentoimalla tätä kehitystä järjestelmällisesti. Useille yleisille raaka-aineille, kuten raakaöljylle, on myös saatavilla hintakehityksen ennusteita, jopa erilaisten hintakehitykseen vaikuttavien skenaarioiden pohjalta tehtyjä erilaisia kehityskäyriä.

Mutta jos yritys esimerkiksi toteuttaa yhden suuren projektin muutaman vuoden välein tai jopa harvemmin, projektien välissä tapahtuvien kustannustason muutosten seurannan lisäksi on tärkeää seurata kustannustason muutoksia projektien aikana (kirjoittajan kokemus). Tämä auttaa myös yrityksen kustannussuunnittelua monin tavoin, kuten tarkentamalla taloudellisia arvioita ja ennusteita pitkien projektien aikana, sekä edistämällä yrityksen oikeaa ymmärrystä projektien toteuttamiseen tarvittavien tavaroiden ja palveluiden hintatasosta. Ja koska elämme maailmanlaajuisen kilpailun aikaa, pelkästään kotimaan kustannustason kehityssuunnan ymmärtäminen ei riitä. Maailmanlaajuista ymmärrystä tarvitaan useisiin tarkoituksiin, kuten:

- ➢ mahdollisten kustannussäästökohteiden tunnistaminen
- ➢ valmistussijainnin määrittäminen
- ➢ ymmärrys siitä, onko toimittajien tuotteistaan pyytämä hinta perusteltu
- ➢ miten ajoittaa raaka-aineiden ja osien hankinta
  - o onko yrityksellä mahdollisuus ylläpitää suurta varastonarvon vaihtelua?
  - o aiheuttaako tämä enemmän kustannuksia kuin mitä säästetään ostamalla suuria määriä alhaisten markkinahintojen aikaan?
- ➢ toimittajasopimukset: kuinka sisällyttää suuretkin vaihtelut raaka-aine- ja osakustannuksissa hinnoittelusopimuksiin?

➤ tarjouslaskenta: varmistamalla tavaroiden ja palveluiden hintojen ajantasaisuus laskennan aikana voidaan pienentää esimerkiksi tarjottavan kokonaisuuden yli- tai alihinnoittelun riskiä.

Kustannustason kehityssuunnat ovat kaiken kaikkiaan todella tärkeä aihe omistamisen kokonaiskustannusten kannalta, etenkin silloin kun valtaosa hankintakustannuksista aiheutuu suoraan tai välillisesti energiakustannuksista, kuten voidaan havaita esimerkiksi Eurostatin kuvaajista (Eurostat, 2024).

3.8   Hinnoittelu ja tarjouslaskenta & TCO

Hinnoittelu ja tarjouslaskenta ovat eräitä yritysten kannattavuuden tekijöistä. Hinnoittelu vaikuttaa suoraan yrityksen liikevaihtoon, ja sitä kautta myös yrityksen kannattavuuteen, minkä vuoksi on tärkeää tuntea myös todellinen kokonaiskustannusten taso. Täytyyhän liikevaihdon olla kokonaiskustannuksia suurempi, jotta yritys voisi olla kannattava (Järvenpää ym., 2013, s. 212–213). On useita menetelmiä hinnoittelun suorittamiseksi, kuten:

➤ kustannusperusteinen hinnoittelu

➤ markkinahinnoittelu

➤ tavoitehinnoittelu

➤ arvoperustainen hinnoittelu sekä

➤ sopimushinnoittelu.

Kaikki nämä hinnoittelumenetelmät hyötyvät suuresti onnistuneesta TCO-työstä, koska sen avulla yritys voi ymmärtää, miten tuotteet pitäisi hinnoitella, jotta ne voitaisiin valmistaa kannattavasti. Tämä yhdistettynä oikeaan tietoon hintatasosta markkinoilla osoittaa, toimiiko yritys hyvän kannattavuuden mahdollistavalla kustannustasolla. Oikean hinnoittelun lisäksi yksittäiset tarjoukset asiakkaille ovat tärkeitä yrityksen kannattavuudelle. Kulloiseenkin tarjoukseen sisältyvät kustannuselementit riippuvat esimerkiksi tarjottavan työsisällön monimutkaisuudesta sekä työn alasta ja tyypistä, sekä useista muista seikoista, kuten siitä, kuka omistaa käyttöomaisuuden investointien käyttöönotosta alkaen. Tästä huolimatta TCO:n elementit tarjouslaskennassa sisältävät aina tai ainakin lähes aina sekä rahallisia että ei-rahallisia osa-alueita. Rahalliset elementit voivat sisältää esimerkiksi seuraavia asioita:

➤ henkilötyön yksikkökustannukset ja tarvittava kokonaistyömäärä

➤ kulujen ja investointien yksikkö- ja kokonaiskustannukset

➤ tarjottavan tuotteen valmistuskustannukset ja valmistushinta sekä

➢ erilaisia olettamuksia tuotantomääristä.

TCO:n ei rahalliset elementit puolestaan voivat sisältää esimerkiksi seuraavia asioita:

➢ kokonaishinnan maksujaksotus ja tähän liittyvät maksuperusteet ja maksuehto

➢ toimitusehto, eli INCOTERMS

➢ laskennan aikana saatavilla oleva tieto

➢ olettamukset asioista, joista tietoa ei ole saatavilla

➢ lakiasiat ja sopimusehdot

➢ tarjousvaiheessa sekä sitä mahdollisesti seuraavassa projektissa työskentelevä henkilöstö taitoineen ja osaamisineen

➢ asiakkaan kanssa sovittu työsisältö (kirjoittajan kokemus) sekä

➢ sisäinen työsisältö, eli työsisällön erittely (WBS, Work Breakdown Structure), jonka suorittamalla voidaan toteuttaa asiakkaan kanssa sovittu työsisältö (Hermarij, 2021, s. 35).

TCO voi edistää tätä työtä monella tapaa, sekä koko työsisällön ja siihen liittyvien kustannuselementtien ymmärtämisessä että mahdollisten kustannussäästökohteiden löytämisessä ja hyödyntämisessä. Seuraamalla kustannustason kehitystä säännöllisesti nykyinen ja tuleva kustannustaso voidaan arvioida tarkemmin oikein, ja eri työerittelyn osiin liittyvien TCO-elementtien hyvä ymmärrys tarjoaa elintärkeää tietoa sekä kustannuslaskentaan että resurssointiin. Jos tarjottava projekti esimerkiksi sisältää paljon yritykselle teknisesti uutta tuotantolaitteistoa ja sitä ympäröivää teknologiaa, kuten automaatiota, on tärkeää ottaa esimerkiksi kunnossapitosuunnittelija mukaan projektiin jo alkuvaiheessa. Mutta resurssoinnissa ei saa keskittyä pelkkään projektiin tarjouslaskentavaiheen kustannuksella. Mitä monimutkaisempi tarjottava kokonaisuus on, sitä enemmän eri alojen erikoisosaajia tulee ottaa mukaan jo tarjousvaiheessa. Tämä on täysin tätä seuraavien kustannusten ja työmäärän arvoista vaikkei tarjous johtaisikaan sopimukseen, koska jokainen tarjoustiimin jäsen oppii jotain uutta jokaisesta tarjousvaiheesta. Ja tämä karttunut osaaminen voi osoittautua korvaamattomaksi jossain muussa projektissa. Oppimiskäyrän lisäksi joukko tarjottavan työsisällön hyvin tuntevia ammattilaisia voi löytää useita mahdollisia säästökohteita jo tarjousvaiheen aikana sekä ymmärtää tähän liittyvän kustannusrakenteen kokonaisuudessaan. Tällöin voidaan vähentää kustannuksia ja parantaa kannattavuutta läpi koko projektin ja läpi koko projektiin liittyvän tuotteen elinkaaren. Jos yritykseltä puuttuu tietoa, jota tarvitaan jonkin työerittelyn osan kustannusten arviointiin, myös tämän aihealueen hyvin tuntevan ulkoisen konsultin palkkaaminen tarjousvaiheen ajaksi voi olla hyvin kannattavaa.

Projektiin ja itse tuotteeseen liittyvien suorien ja epäsuorien kustannusten lisäksi itse tarjous-vaihe on oma kustannuselementtinsä. Mitä laajempia ja monimutkaisempia tarjousvaiheeseen, sitä mahdollisesti seuraavaan projektiin sekä projektissa tuotannollistettavaan tuotteeseen liit-tyvät työsisällöt ovat, sitä tärkeämpää on, että yrityksellä on vakioitu lähestymistapa itse tar-jousvaiheeseenkin. Suunnittelutyön ja kustannuslaskennan lisäksi tämän vaiheen "askelmerkit" voivat sisältää esimerkiksi:

> sisäisiä välikatselmuksia tärkeimpien sidosryhmien kanssa

> tehtyjen olettamusten paikkansapitävyyden ja toteuttamiskelpoisuuden varmistaminen sekä asiakkaan että sisäisten sidosryhmien kanssa

> näihin liittyvän datan säännölliset päivitykset, jos uutta dataa saadaan tarjousprosessin aikana.

Yleensäkin hyvin jäsennelty tarjousvaihe parantaa tarjouslaskentatyön sujuvuutta. Tämä puoles-taan näkyy jätetyn tarjouksen laadussa, joka antaa ensivaikutelman mahdolliselle asiakkaalle ja asiakkaan hankintatoimen edustajalle (kirjoittajan kokemus). Ja tämä prosesseihin suuntautu-nut päätös tälle luvulle ohjaa meidät kohti seuraavaa lukua, joka on *työskentelyprosessien te-hokkuus ja TCO*.

4 TYÖSKENTELYPROSESSIEN TEHOKKUUS & TCO

Seuraavaksi syvennymme aiheeseen, joka ei vaikuta olevan kovinkaan laajasti käsitelty TCO:hon liittyvässä kirjallisuudessa ja verkkolähteissä, eli työskentelyprosessien tehokkuuteen. Tuntuu yleensäkin siltä, että toimintaprosessien tehokkuus tunnustetaan usein tuottavuuden lähteenä vain suorassa tuotteen valmistavassa työssä, eikä valmistusta tukevassa toiminnassa. Onhan 100 000 € säästö yhden hankintakohteen elinkaaren aikana paljon konkreettisempaa kuin 100 000 € säästö esimerkiksi järkeistämällä palaveri- ja raportointikäytäntöjä. Yleisesti ottaen arvosuunnittelun ja arvoanalyysin periaatteita voidaan soveltaa myös tässä yhteydessä: Voimmeko saavuttaa saman toiminnallisuuden nykyistä pienemmin kustannuksin tai parantaa toiminnallisuutta säilyttäen nykyisen kustannustason?

Arvoisa lukija, kuten oletkin saattanut havaita tämän kirjan sisällysluettelosta, tämä luku on melko pitkä, mutta niin on aihekin. Tässä luvussa sekä kirjan lopussa esiintyvien lähdeviitteiden sisältämien tietojen lisäksi tämän luvun sisältö perustuu minun omaan 9 vuoden kokemukseeni projektityössä. Tämän vuoksi useat tässä luvussa esitetyt näkökulmat ovat "projektimaailmasta", mutta siitä huolimatta sovellettavissa mihin tahansa toimistotyöhön. Tällöin tulee kuitenkin luonnollisesti huomioida työympäristö ja olosuhteet, joihin näitä periaatteita pyritään soveltamaan. Näiden 9 vuoden aikana olen havainnoinut toimistotyöskentelytapoja sekä opiskellut johtamis- ja organisaatiotieteitä. Tämän vuoksi suosittelenkin vastaavia opintoja sekä arvosuunnitteluun ja arvoanalyysiin perehtymistä kenelle tahansa, joka haluaa ymmärtää tästä aihealueesta enemmän, luonnollisesti itse TCO:hon perehtymisen lisäksi.

4.1 Mittaa kolmesti, leikkaa kerran – prosessin TCO:n parantaminen suunnittelemalla

Kun olin vähän yli 20-vuotias, katsoin paljon auto-ohjelmia. Yhdessä niistä, nimeltä The Wheeler Dealers (ei maksettu mainos, vain muisto), mekaanikko sanoi *"mittaa kolmesti, leikkaa kerran"*. Sama periaate soveltuu myös suunnitteluun, etenkin monimutkaisemmissa tapauksissa. Projektialan oppikokonaisuudessa IPMAssa projektisuunnitelma määritellään seuraavasti: *"suunnitelma, joka kuvaa toimitettavat tuotteet, niiden budjetin, niiden toimittamisen ajallisen keston sekä niihin liittyvät laatuvaatimukset"* (Hermarij, 2021, s. 183). Tämä asettaakin ensimmäisen haasteen projektin onnistumiselle: Jos tämä näkökulma tulkitaan ja jalkautetaan organisaatioon väärin, käsittäen että jokaisella vastuualueella on täysin omat, toisistaan riippumattomat ajalliset kestonsa, toimitussisältönsä, budjettinsa ja laatuvaatimuksensa, tästä seuraa todella siiloutuneita toimintamalleja. Mutta nämä eri vastuualueiden keskinäiset riippuvuussuhteet voidaan kuvata työsisällön erittelyssä (WBS). Suosittelenkin korostamaan tätä eri vastuualueiden keskinäistä riippuvuutta kaikissa yhteyksissä, joihin se on luontevaa liittää, kuten projektiaikataulussa. Siiloutuneet toimintamallit ovatkin yksiä suurimmista TCO-työn hidasteista, minkä vuoksi tällaisiin toimintamalleihin perehdytään jäljempänä luvussa 8.10.

Yleisesti ottaen projektin elinkaaren suurimmat kustannusvaikutukset tulevat juuri suunnitteluvaiheesta. Ja vaikka keskittyminen projektiin omana kokonaisuutenaan sotiikin jollain asteella koko omistamisen kokonaiskustannusten ideaa vastaan, ne eivät ole kuitenkaan kaksi vastakkaista näkökulmaa. Onhan etenkin erillisen projektiorganisaation tapauksessa ensiarvoisen tärkeää, että se ymmärtää projektin asetantaan, suunnitteluun ja toteutukseen liittyvän päätöksentekonsa TCO-vaikutukset. Lisäksi onnistuneen TCO-työn edellyttämä yhdessä tehtävä selvitystyö ohjaa kaikkia projektiorganisaation jäseniä tunnistamaan kaikki ne kustannuselementit, joihin he vaikuttavat suoraan tai välillisesti.

Suunnitteluvaihe sisältää useita työvaiheita, kuten:

> täyden projektisuunnitelman laatiminen perustuen toivottavasti jo projektin tarjousvaiheessa luotuun ensimmäiseen versioon

> projektin täyden pääaikataulun luominen samoin kuin edellisessä kohdassa

> rutiinien luominen projektin vaatimusten täyttämiseksi johtamalla nämä asiakasvaatimuksista sekä sisäisistä ohjeistuksista

> toimitussisältöön liittyvien ensimmäisten konseptien laatiminen

> useita erilaisia oheissuunnitelmia, jotka kaikki ovat välttämättömiä projektin onnistumisen kannalta.

Onnistuminen kaikissa näissä suunnittelun osa-alueissa yhdessä ja erikseen vaatii tärkeiden sidosryhmien tunnistamista ja huomioimista jokaisessa aiheessa, sekä kaikkien oleellisten tehtäväkokonaisuuksien etukäteissuunnittelua. Tämä säästää koko organisaation aikaa, rahaa ja hermoja vähentämällä yhtäkkisten kielteisten yllätysten riskiä, vähentämällä valtavan paineen alla tehdyistä huonoista päätöksistä seuraavia yhteenottoja sekä vähentämällä projektin aikataulusta myöhästymisen riskiä. Hyvä etukäteissuunnittelu omaa myös valtavan potentiaalin edistää hyviä toimittajasuhteita, koska tällöin toimittajat saavat kohtuullisesti aikaa suunnitella ja toteuttaa oman työnsä oikein. Ja kaikista näistä myönteisistä vaikutuksista seuraa myös myönteistä kehitystä yrityksen koko toiminnan omistamisen kokonaiskustannuksiin. Fiksu organisaatio myös huolehtii projekteissa opittujen asioiden säännönmukaisesta jalkauttamisesta käytäntöihinsä. Tällöin parhaiden käytäntöjen hyödyntäminen ja pahimpien virheiden välttäminen eivät riipu siitä, ovatko projektiorganisaation jäsenet työskennelleet aiemmissa projekteissa vai eivät.

4.1.1 Aikatauluttaminen

Aikatauluttaminen on yksi haastavimmista ja ärkeimmistä monimutkaisen projektin tehtäväalueista. Hyvä projektin pääaikataulu sisältää:

1. toimitussisällöt
2. tehtävät
3. tehtävien alku- ja loppuajankohdat
4. tehtävien keskinäiset riippuvuussuhteet
5. projektin kalenterin
6. työkokonaisuudet
7. tehtävien kestot ja projektin aikajänteen
8. budjetit
9. resurssien saatavuuden
10. analyysin aikatauluriskeistä (ProjectManager.com, 2024).

Tämä lista on peräisin aikataulutusohjelmistoon liittyvän palveluntarjoajan verkkosivuilta, enkä ole koskaan käyttänyt kyseistä ohjelmistoa, joten en tiedä, onko se hyvä vai ei. Tämän listan asiakohdat ovat kuitenkin hyvin tärkeitä; budjetteja saatetaan joissain työyhteisöissä hallita eri yhteyksissä kuin projektiaikatauluja, mutta kaikki muut kohdat ovat hyvinkin oleellisia. Ja omiin havaintoihini sekä omaan kokemukseeni perustuen haluaisin erityisesti tähdentää listan kolmea kohdetta: Tehtävien keskinäisiä riippuvuussuhteita, resurssien saatavuutta sekä analyysiä aikatauluriskeistä. Näistä ensimmäinen, tehtävien keskinäiset riippuvuussuhteet, ohjaa koko projektiorganisaation kaikkia jäseniä ymmärtämään, kuinka heidän työnsä riippuu muiden jäsenten työstä sekä päinvastoin. Tällä puolestaan on suuri ohjaava vaikutus siihen, että koko organisaatio työskentelee yhteisten tavoitteiden eteen. Toisena kohtana resurssien saatavuus on myös tärkeä TCO-aihe projektin aikataulun kannalta. Onhan halvempaa suorittaa tarvittava työ kokonaisuudessaan säännöllisellä työajalla ylityön sijaan. Tämä ei tietenkään ole aina mahdollista, etenkään jos projekti on myyty asiakkaalle liian kireällä aikataululla ja/tai liian pienellä resurssoinnilla. Aliresursointi on mielestäni kuitenkin enemmänkin lisäkustannus kuin säästö, koska jatkuva ylityö ei ainoastaan lisää palkkakustannuksia, vaan myös lisää jokaisen projektiorganisaation jäsenen henkistä kuormitusta. Tämä puolestaan lisää heidän virheherkkyyttään (Rian & Disman, 2023), mikä puolestaan lisää entisestään työkuormaa ja ylityön tarvetta näiden virheiden korjaamiseksi, jotta projektin jokainen työvaihe saataisiin suoritettua. Tämä puolestaan saattaa johtaa tilanteeseen, jossa joitain tärkeitä tehtäviä joudutaan siirtämään myöhemmäksi, mikä lisää painetta projektiorganisaatiota kohtaan entisestään, ja näin syntyvä "pahan kierre" voi jopa pilata koko projektin ja johtaa useisiin loppuun palamisiin.

Viimeisenä on aivan yhtä tärkeää ymmärtää aikatauluriskit. Mikäli esimerkiksi yksittäisten tehtäväkokonaisuuksien aikataulua luetaan ymmärtämättä tärkeitä käsitteitä, kuten kriittinen polku ja liikkumavara, koko projekti saatetaan ajaa kaaokseen, jossa mitään ei aseteta tärkeysjärjestykseen eikä mitään saada valmiiksi laadukkaasti. John Hermarij määrittää IPMAan liittyen kriittisen polun seuraavasti: "pisimpänä projektiaikataulua määrittävänä tehtäväkokonaisuuksien ketjuna" ja liikkumavaran "ajankestona, jonka verran yksittäinen tehtäväkokonaisuus voi viivästyä pidentämättä projektin ajallista kestoa" (Hermarij, 2021, s. 58). Nämä molemmat käsitteet ovat tärkeitä myös toimistotyöskentelyn prosessien TCO:n kannalta, koska näiden ymmärtäminen auttaa koko projektiorganisaatiota työskentelemään tehokkaasti ja suorittamaan tehtävänsä laadukkaasti annetussa aikataulussa, kunhan aikataulu on lähtökohtaisesti kohtuullinen.

4.1.2 Budjetointi ja kustannusten hallinta & TCO

Budjetointi ja kustannusten hallinta ovat myös tärkeä osa projektityöskentelyn TCO:ta. Tässä yhteydessä budjetointi voi olla hyvinkin erilaista verrattuna osiossa 3.5 kuvailtuihin menetelmiin. Isoissa projekteissa on muutamia pääbudjetteja, jotka yhdessä muodostavat projektin kokonaisbudjetin. Nämä pääbudjetit puolestaan jaetaan alibudjetteihin saman projektin sisällä, muodostaen näin esimerkiksi henkilöstön budjetoidun työkuorman, kulubudjetin ja investointibudjetin yksittäisen aliprojektin osalta. Näihin verrattavia taloudellisia arvioita ja ennusteita laaditaan koko projektin ajan sekä rahasummien että ajoituksen suhteen, jotta voidaan ennustaa, ylittääkö vai alittaako projekti sille myönnetyn budjetin ja kuinka varojen käyttö jakautuu projektin aikajänteelle.

Ja tässä on ensimmäinen mahdollinen uhka projektin TCO:n optimoinnille tämän aihepiirin osalta: Jos projektihenkilöstön palkitseminen perustuu näihin yksittäisiin alibudjetteihin ja niihin liittyviin ennusteisiin, tämä yhdistettynä tietynlaisiin persoonallisuuden piirteisiin voi johtaa erittäin siiloutuneeseen ja yksilökeskeiseen toimintaan (Robbins & Judge, 2022, s. 197), mikä aiheuttaa enemmänkin lisäkustannuksia kuin säästöjä. Toisaalta hyvä ymmärrys projektin toimitussisällön toteuttamiseen tarvittavien tavaroiden ja palveluiden omistamisen kokonaiskustannuksista auttaa meitä jakamaan alkuperäiset budjetit siten, että ne vastaisivat mahdollisimman hyvin jokaisen vastuualueen tarpeisiin. On kuitenkin olemassa tiettyjä rajoitteita sille, miten vapaasti voimme jaotella budjettia uudelleen sen jälkeen, kun se on kertaalleen vahvistettu. Nämä rajoitukset saattavat liittyä esimerkiksi yrityksen sisäisiin ohjeistuksiin sekä valmistettujen tuotteiden ja tuotantoprosessin investointien omistussuhteisiin. Usein helpoin lähtökohta on se, että yritys itse omistaa pystyttämänsä tuotantoprosessin kokonaisuudessaan ja yrityksen sisäiset ohjeistukset mahdollistavat kokonaisbudjetin uudelleen jaottelun suhteellisen vapaasti, kunhan pysytään jo sovitussa kokonaisbudjetissa. Projektitiimin hyvän yhteistyön varmistamiseksi projektitiimi tulee osallistaa tähän uudelleenallokointiin. Ja vaikka tämä lähestymistapa lisääkin tähän aiheeseen liittyvien palaverien osallistujamäärää aluksi merkittävästi, tämän toimintamallin avulla voidaan saavuttaa jokaisen vastuualueen sitoutuminen yhdessä sovittuun budjettiin sekä muutoinkin edistää yhteistyötä, edistäen myönteisten TCO-vaikutusten luomista. Tämä myönteinen vaikutus on peräisin toimintamallin oikeudenmukaisuuden tunteesta, mikä tarkoittaa "havainnoitua prosessin reiluutta" (Robbins & Judge, 2022, s. 141). Sen lisäksi, että omistamisen kokonaiskustannusten periaatteiden avulla voidaan merkittävästi parantaa projektin taloudellisten ennusteiden tarkkuutta, niiden avulla voidaan myös löytää arvokkaita mahdollisuuksia toteuttaa prosessiin teknisiä parannuksia pysyen kuitenkin hyväksytyn budjetin sisällä. Tämä puolestaan hyvin todennäköisesti alentaa tuotannon ajamisen kustannuksia tuotteen elinkaaren myöhemmissä vaiheissa.

Toisaalta TCO:ta voidaan hyödyntää myös takaisinmaksulaskelmissa. Näiden avulla voidaan osoittaa esimerkiksi, että vaikka projektin taloudelliset ennusteet ennakoisivatkin budjettiylitystä, tiettyjen investointien toteuttaminen on silti hyvin järkevää, vaikkei niitä olisikaan sisällytetty asiakkaan tai toimittajien kanssa sovittuun toimitussisältöön. Tämä voi koskea esimerkiksi yksinkertaista korjaus- tai laaduntarkastustyökalua, joka ei maksa kymmeniä tuhansia euroja, mutta säästää paljon työaikaa kuukausittain ja vieläkin enemmän vuosittain. Yleensäkin suosittelisin suorittamaan takaisinmaksulaskelman tällaisen lisäinvestoinnin kannattavuuden tarkastelemiseksi sen sijaan, että siitä kieltäydytään oletusarvoisesti tiukan budjetin myötä. Takaisinmaksulaskelman tarkkuuden ja oikeellisuuden varmistamiseksi suosittelen kuitenkin noudattamaan sitä laatiessa TCO:n periaatteita.

Teollisissa projekteissa, ja liiketoiminnassa yleensäkin, budjetointi kulkee käsikkäin kustannusten hallinnan kanssa. Sitä, kuinka tiukasti kustannuksia hallitaan kulukurilla, tulee ohjata seuraavien kriteerien pohjalta:

> ➢ mikä on projektin kokonaisbudjetin ja kokonaisennusteen suhde ➔ ylitys vai alitus
>
> ➢ mikä on projektin ja yrityksen strategia
>
> ➢ millainen on yrityksen taloudellinen tilanne
>
> ➢ tuovatko ehdotetut hankinnat säästöjä muualla ➔ kokonaiskustannusvaikutus
>
> ➢ onko projektin tämänhetkinen toimitussisältö sama kuin budjetin laatimishetkellä
>
> ➢ onko projektin muutoshallinta suoritettu oikein, eli onko kaikkia asiakkaan aloitteista suoritettuja, alkuperäisen toimitussisällön ulkopuolelta tulleita muutoksia käsitelty lisämyyntinä (Ranganath, 2024)?

Mikä tahansa onkin asianlaita näiden näkökulmien suhteen, kulukuria, kuten TCO:takin, tulee tarkastella kokonaisvaltaisesti. Loppujen lopuksi koko projektiorganisaation kaikille jäsenille maksetaan koko projektin onnistuneesta suorittamisesta. Isossa kuvassa ketään ei hyödytä se, että jotkin yksittäiset vastuualueet saavat työnsä valmiiksi annetussa aikataulussa ja budjetissa jonkin toisen alueen kustannuksella. Toisaalta yhta vähän hyötyä on siitä, jos tarvittavia hankintoja yhdellä vastuualueella aletaan rajoittaa aluekohtaisen budjetin ylityttyä, jos projektin taloudellinen kokonaisennuste osoittaa edelleen budjetin alitusta, eli on *ylijäämäinen*. Tällainen toimintatapa vain luo tarpeetonta kitkaa ja yhteenottoja projektiorganisaation sisällä, mikä puolestaan haittaa työskentelyä koko projektissa, ja pahimmillaan jopa estää projektin onnistuneen suorittamisen loppuun. Ja projektin epäonnistumisesta tai myöhästymisestä mahdollisesti aiheutuvat sanktiomaksut voivat ylittää yksittäiset vastuualueiden budjettiylitykset moninkertaisesti. Tämän takia koko kulukurin aihe on herkkä, minkä vuoksi tätä varten yrityksissä tarvitaan yleiset ja yhteisesti ymmärrettävät ohjeistukset (kirjoittajan kokemus).

4.1.2 Projektin aloituspalaveri ja TCO

John Hermarij määrittelee IPMAan liittyvässä työssään projektin aloituspalaverin seuraavasti: *"palaveri koko projektin tai jonkin sen osan aloittamiseksi, pyrkien edistämään tehokasta ja tuottavaa työtä läpi koko projektin tai sen vaiheen"* (Hermarij, 2021). Tässä kohdassa haluan kuitenkin lisätä: Tehokas ja tuottava eivät ole sama asia kuin kiirehtiä töihin ilman kunnollista valmistautumista ja suunnittelua. Huonosti toteutetulla projektin aloituspalaverilla voi pahimmillaan olla katastrofaalisia vaikutuksia projektiorganisaation työmoraaliin muun muassa seuraavin tavoin:

➢ projektin toimitussisältö ja tehtäväkokonaisuudet jäävät epäselviksi

➢ projektin eri osa-alueista ei tarjota riittävästi tietoa

➢ projektitiimi jää epätietoiseksi kunkin vastuualueen keskeisistä sidosryhmistä

➢ yleensäkin projektitiimi jätetään omilleen selvittämään, mitä heidän tulisi tehdä projektissa ja miten (Ruslanova, 2024).

Tämä on kaikkea sitä, mihin hyvin suoritettu projektin aloituspalaveri ei johda. Näiden näkökulmien lisäksi projektin aloituspalaverilla on myös valtava psykologinen vaikutus. Aloituspalaverin pitää tyypillisesti koko projektin ja/tai aliprojektin päällikkö tilanteesta riippuen, ja vaikka me kaikki projekteissa työskentelevät olemmekin yleensä aikuisia ihmisiä, ihmismielellä on tapana seurata johtajien asettamaa esimerkkiä (Robbins & Judge, 2022, s. 146). Käytännössä tämä tarkoittaa sitä, että hyvin suoritettu aloituspalaveri tarjoaa loistavan mahdollisuuden motivoida projektitiimi tekemään työnsä hyvin, laadukkaasti sekä hyvässä keskinäisessä yhteistyössä. Sen sijaan huonosti toteutettu aloituspalaveri voi johtaa päinvastaisiin tuloksiin, osoittaen, että projektipäällikkö ei arvosta sitä vaikutusta, joka aloituspalaverilla voi olla tiimiin, ja että aloituspalaveri on vain "pakollinen paha, joka täytyy hoitaa pois alta". Minä itse esimerkiksi tunnen usein suurta innostusta projektin alkaessa, ja voin aistia saman työkavereissani. Tämä innostus ja innokkuus voi kuitenkin hiipua merkittävästi, jos johtajien asenne on "ihan sama" (kirjoittajan kokemus).

4.2   Resursointi ja henkilöstö & TCO

Seuraava osa toimiston työskentelyprosesseista on resursointi. Pohjimmiltaan koko tämä osio pohjautuu matalimman kokonaiskustannuksen valintaan alimman yksikkökustannuksen sijaan sekä siihen, miten henkilöstö- ja resurssisuunnittelu voidaan tehdä tällä periaatteella. Haluan kuitenkin tähdentää eroa henkilöstön ja muiden resurssien välillä, koska ihmiset eivät ole rinnastettavissa muihin resursseihin. Me ihmiset olemme eläviä, hengittäviä ja ajattelevia olentoja, joilla on tunteet, arvot ja tarpeet. Kuten liiketoiminnan etiikan yhteydessä opetetaan (Crane ym., 2019, s. 291), Kantilaisen teorian mukaan meidän tulee aina kohdella ihmisyyttä itse tarkoituksena, ei vain keinona. Onhan ihmisillä perusoikeudet, ja ihmiset ansaitsevat tulla kunnioitetuksi. Siksi tässä kirjassa pyrkin käyttämään sanoja *ihmiset, henkilöstö, työntekijät ja niin edelleen* sanan *resurssi* sijasta. Mitä tulee ihmisiin työyhteisössä, tässä luvussa keskitymme osaamisen, yhteistyön ja tehokkuuden näkökulmiin. Muita ihmisnäkökulman osa-alueita käsittelemme luvussa 8. Ihmisten lisäksi tarvitaan myös aineellisia resursseja sekä esimerkiksi ohjelmistoja. Näistä käytän sanaa *resurssi*.

Projektiorganisaatiota muodostettaessa on pohdittava useita asioita. Pohjimmiltaan projektiorganisaatiossa on yleensä yhtä tai useampia seuraavista henkilöstöryhmistä: pysyvä organisaatio, ulkopuolinen palveluntarjoaja sekä vapaa ammatinharjoittaja (Hermarij, 2021, s. 147), joista ulkopuolisia palveluntarjoajia tai vapaita ammatinharjoittajia palkataan yleensä väliaikaisesti joko koko projektin tai sen joidenkin osien ajaksi. Pysyvän organisaation henkilöstö on yrityksen sisäistä henkilöstöä, kun puolestaan palveluntarjoajat ja vapaat ammatinharjoittajat ovat yrityksen ulkopuolista henkilöstöä. *Strategisessa henkilöstösuunnitelmassa* (strateginen resurssisuunnitelma tässä käytetyssä tietolähteessä) kuvaillaan seuraavat asiakohdat:

> Tarvittava henkilöstö ja kuinka heidät esitellään tiimille.

> Mitkä menettelytavat soveltuvat sisäisen ja mitkä ulkoisen henkilöstön tapauksessa.

> Millä ajanjaksolla näitä ihmisiä tarvitaan projektissa, ja kuinka he tämän jälkeen palaavat omille osastoilleen tai omiin organisaatioihinsa.

> Jos osa projektiorganisaatiosta työskentelee projektissa osa aikaisesti, tarvitaan yhteenveto heille suunnitellusta työkuormasta projektissa.

> Selostetaan muut mahdolliset työnteon rajoitteet.

> Kuvataan, mitä koulutusta henkilöstölle tarvitaan, jolla he voivat oppia projektissa tarvittavat tiedot ja taidot.

> Projektin yhteydessä sovellettava lainsäädäntö ja miten varmistetaan, että sitä noudatetaan.

> Poikkeuksellisen hyvästä suorituksesta palkisemisen periaatteet sekä kuinka tästä suoritustasosta kerrotaan linjaorganisaation esihenkilöille (Hermarij, 2021, s. 148).

Lisäksi projektin henkilöstösuunnitelman tulee sisältää kullekin projektitiimin jäsenelle suunniteltu työkuorma kuukausitasolla, sekä jokaisen jäsenen rooli projektissa. Tämä tuo selkeyttä esimerkiksi organisaation uudelleen järjestelemiseen sekä tilanteisiin, joissa joku projektitiimin jäsenistä jättää projektin tai koko yrityksen ennen projektin päättymistä, koska tällöin voidaan helposti havaita, mikä rooli jää täyttämättä.

TCO-näkökulmasta on virhe vain "tuijottaa" henkilöstön yksikkötyökustannuksia. Jos yksittäisten jäsenten palkkakustannusten pienuus asetetaan tärkeysjärjestyksessä ensimmäiseksi, päädytään hyvin helposti henkilöihin, jotka kykenevät juuri ja juuri suorittamaan tehtävänsä eivätkä omaa riittävää osaamista suoriutuakseen hyvin tiiminä. Tämä puolestaan lisää projektin toteuttamiseksi tarvittavaa työtuntien määrää, mikä puolestaan "imee kuiviin" sen säästöpotentiaalin, jota palkkakustannuksista tinkimällä yritettiin tavoitella. TCO:n yhteydessä ei useinkaan voida vain "tuijottaa" henkilöstön yksikkötyökustannuksia. Koska etenkin monimutkaisissa projekteissa on myös useita erilaisia tehtäviä ja tehtäväkokonaisuuksia suoritettavana, tarvitaan myös keskenään erilaisia ihmisiä, jotka ovat hyviä eri osaamisalueilla (kirjoittajan kokemus). Tämä puolestaan tuo monimuotoisuutta projektitiimiin. Itse pidän tätä hyvänä asiana, vaikka tämä usein vaatiikin huomiota erilaisille tavoille käsitellä ristiriitatilanteita (Browaeys & Price, 2019, s. 406) sekä esimerkiksi eri kulttuurien painopisteille tehtäväkeskeisyyden ja ihmissuhteiden rakentamisen välillä (Mujtaba, 2008). Näistä jälkimmäinen näkökulma tulee huomioida etenkin, jos projektitiimin jäsenet tulevat eri alueellisista kulttuuritaustoista.

Yleensäkin omistamisen kokonaiskustannusten näkökulmasta ihannetilanteessa projektitiimissä on osaavia ihmisiä, jotka tekevät yhteistyötä sujuvasti ja suorittavat tehtävänsä annetussa aikataulussa ja hyvällä laadulla. Olemme tietysti kaikki ihmisiä ja me kaikki teemme virheitä, mutta jatkuva virheiden korjaaminen ja siitä seuraava henkinen paine on kalliimpaa kuin maksaa korkeampia palkkakustannuksia. Korkeaa palkkaa ei kuitenkaan saa pitää hyvän suoritustason synonyyminä, mutta yleisesti on todennäköisempää saada projektiin osaavampia ihmisiä, kun palkkataso on kilpailukykyinen. Esimerkiksi 1 500 tuntia x 60 €/tunti on vähemmän kuin 3 000 tuntia x 40 €/tunti samasta työstä. Ja tämä esimerkkilaskelma ei sisällä ylityökorvauksia jne., joita joudutaan maksamaan virheiden korjaamiseksi tarvittavasta ylityöstä.

Sama logiikka pätee myös resursseihin, kuten ohjelmistoihin ja fyysisiin työkaluihin. Omistamisen kokonaiskustannusten periaatteita voidaan soveltaa näihin erikseen, jolloin voidaan useassa tapauksessa osoittaa, että käyttötarkoitukseensa erinomaisesti soveltuvat työkalut ja sovellukset säästävät yrityksen varoja sekä käyttäjiensä aikaa ja hermoja, vaikka nämä ohjelmistot ja työkalut olisivatkin verrattain kalliita hankkia. Tämän vuoksi onkin järkevää investoida hyvään työkalujen ja ohjelmistojen laatuun halvimman vaihtoehdon sijaan. Halvin vaihtoehto voi kuitenkin olla hyvinkin harkitsemisen arvoinen, mikäli se kykenee kattamaan riittävän suuren osan koko tarpeesta, jolloin tarvittava lisätyö paremmalla työkalulla tai ohjelmistolla saavutettavan suoritustason kiinniottamiseksi ei kustannustasoltaan ylitä kustannuseroa halvimman ja kalliimman vaihtoehdon välillä kokonaiskustannuksiltaan TCO:n periaatteiden mukaisesti. Lisäksi hyvällä resurssienhallinnalla on monta suotuisaa vaikutusta projektille, kuten parantunut kannattavuus, parempi aikataulussa pysyminen sekä parempi työilmapiiri (Indeed Editorial Team, 2024).

4.3   Palaverit ja raportointi & TCO

Palaverit ja raportointi, tuo ainainen kiistan aihe projekteissa. Jotkut sanovat, että palavereita on liian vähän, toisten mielestä niitä on liikaa. On myös useita mielipiteitä siitä, miten palaverit tulisi hoitaa. Joidenkin mielestä ne pitää vain hoitaa pois alta, kun taas toiset haluavat käydä läpi joka ainoan edes väljästi palaverin esityslistaan, eli agendaan, liittyvän yksityiskohdan, vaikka tämä viivästyttäisikin palaverin päättymistä. Useimmissa tapauksissa nämä kuvaukset lähestymistavoista palaveriin ovat toki kärjistettyjä, mutta on myös ihmisiä, joiden lähestymistapa edustaa edellä kuvattuja tilanteita melko tarkastikin. Sama koskee myös raportointia, joka voidaan hoitaa usealla eri tavalla. Ja vaikka projektin johdolla onkin tässä suuri vaikutus, usein raportointikäytännöt ovat lähtöisin keski- ja ylemmän johdon tarpeista, toiveista ja vaatimuksista. On kuitenkin olemassa yleismaailmallisia tapoja virtaviivaistaa sekä palaveri- että raportointikäytäntöjä. Tässä tulee kuitenkin huomioida, että vaikka nämä virtaviivaistamisen menetelmät ovat pääpiirteittäin yleismaailmallisia, niiden yksityiskohtainen soveltamistapa riippuu aina vallitsevasta liiketoimintaympäristöstä ja olosuhteista: Projektin tilanteesta suhteessa suunnitelmiin, yrityskulttuurista sekä organisaation tarpeista ja käytännöistä (kirjoittajan kokemus).

Kuten monilta muiltakin osin työskentelyprosessien tehokkuuden yhteydessä, arvosuunnittelun ja arvoanalyysin periaatteet vallitsevat tässäkin tapauksessa, viitaten toiminnallisuuden ja kustannusten suhteeseen. Palaverien ja raporttien yhteydessä kustannukset liittyvät tyypillisesti valmisteluun ja esittämiseen käytettyyn työaikaan. Ja laskennallisesti nämä käytetyt työtunnit tulee aina kertoa niihin aikaa käyttävien ihmisten lukumäärällä, jotta voidaan ymmärtää tähän liittyvät kokonaiskustannukset.

On olemassa myös yleisen tason ohjeita sen määrittelemiseksi, missä tapauksissa tarvitaan palaveri. Näihin kuuluvat esimerkiksi tarve tiimin yhteenkuuluvuuden edistämiselle, tarve saada sama tieto samanlaisena kaikille tiimin jäsenille pikaisesti sekä tarve edestakaiselle keskustelulle esimerkiksi jonkin ongelman ratkaisemiseksi. Palaveria valmisteltaessa tulee pitää mielessä myös tarvittavat osallistujat. Muita palaveria valmisteltaessa huomioitavia asioita ovat:

> ➢ palaverin tarkoitus
> ➢ käsiteltävät aiheet
> ➢ palaveriin tarvittavien vastuualueiden edustajat
> ➢ aikataulutetun asialistan luominen ja sen lähettäminen osallistujille ennakkoon
> ➢ kuka on palaverin puheenjohtaja ja kuka kirjoittaa muistion
> ➢ palaverin aika ja paikka sekä näihin liittyvät vaatimukset.

Palaverin aikana ja jälkeen tärkeimpiä huomioitavia asioita ovat:

➢ palaveriin ajallaan saapuvien kunnioittaminen aloittamalla palaveri sovittuna ajankohtana

➢ pitäytyminen sovitussa asialistassa, jossa on hyvä olla myös erikseen merkitty kohta, jossa tuoda palaveriin pöydälle asialistan ulkopuoliset asiat

➢ tehtävälista ja tähän liittyvä seuranta palaverin tarkoitukseen soveltuvalla tavalla

➢ selkeä ja tarkka palaverimuistio sekä muistion jakaminen osallistumille palaverin jälkeen (Hermarij, 2021, s. 454–457). Tässä yhteydessä tarkkuus tarkoittaa, että kaikki tärkeä tieto, tehdyt päätökset, sovitut toimenpiteet ja mahdolliset ristiriidat on kirjattu ylös.

Näiden periaatteiden noudattaminen auttaa keskittymään täysillä palaverissa käsiteltäviin aiheisiin (kirjoittajan kokemus).

Raportointi on myös osa-alue, jonka jotkut kokevat kipupisteenään. Ja kivuliasta se voikin olla, jos jokainen päällikkö ja johtaja haluaa määrittää oman muotonsa, jossa he haluavat saada raportin. On kuitenkin paljon parempi hyödyntää olemassa olevia raportointipohjia ja tarvittaessa niiden yhdistelmiä niin pitkälle kuin mahdollista. Tämä ei ole ainoastaan taloudellisempi ja tehokkaampi tapa saavuttaa raportoinnin tavoitteet, vaan näin voidaan myös vähentää raporttien laatimisen aiheuttamaa turhautumista projektihenkilöstössä ja vapauttaa työtunteja muihin käyttötarkoituksiin (kirjoittajan kokemus). Hyviä raportoinnin virtaviivaistamisen käytäntöjä ovat:

1. selkeiden tavoitteiden ja kysymysten määrittäminen tietojen tutkimisen, tulkitsemisen ja raportoinnin ohjaamiseksi

2. automatisoitujen analysointityökalujen hyödyntäminen

3. raportointipohjien laatiminen, kehittäminen ja vakioiminen

4. tietojen selkeä visualisointi sekä

5. kehittyneiden analytiikka-alustojen käyttäminen (Lastiri, 2023).

Myös hyvä raportoinnin hallintajärjestelmä tuo paljon lisäarvoa, muun muassa:

➢ parantunut viestintä läpi työyhteisön tai tiimin

➢ parantunut tuottavuus

➢ parantunut tehokkuus ja päätöksenteko

➢ mahdollisten ongelmien havaitseminen aikaisemmassa vaiheessa, mikä mahdollistaa pidemmän reaktioajan sekä

➢ parempi investoinnin takaisinmaksu (Elyea, 2023).

Ja vaikkei yrityksellä olisi mahdollisuutta ottaa käyttöön automatisoituja työkaluja, jo tietojen tutkimisen, tulkitsemisen ja raportoinnin selkeät suuntaviivat, hyvien raportointipohjien laatiminen ja vakiointi sekä tietojen selkeä visualisointi auttavat säästämään aikaa, rahaa ja kaikkien hermoja raportoinnin osalta. Ja vaikka ilmenisikin uusi raportointitarve, useissa tapauksissa tähän tarkoitukseen tarvittava raporttipohja voidaan johtaa toisesta jo olemassa olevasta pohjasta sen sijaan, että jouduttaisiin luomaan täysin uusi raportointipohja (kirjoittajan kokemus).

Ja viimeisenä ohjeena, joka toimii myös tämän osion tiivistelmänä: Hyvä lähtökohta palaveri- ja raportointikäytäntöjen virtaviivaistamiselle on välttää raportointia ja palavereita itsearvoisesti, eli vain sen takia, koska näin tehdään. Palavereilla ja raportoinnilla tulee aina olla lisäarvoa tuottava päämäärä.

4.4 Koordinointi ja dokumentointi & TCO

Koordinointi ja dokumentointi ovat tärkeitä projektin onnistumisen kannalta. Ja mitä monimutkaisempi projekti on, sitä tärkeämpiä näistä tulee. Onnistunut koordinointi sekä selkeät, hyvin hallitut asiakirjat, eli dokumentaatio tuovat selkeyttä, mikä vähentää työtuntien hukkaa yritettäessä selvittää, mitä on päätetty, kuka päätti ja kuka vastaa mistäkin (kirjoittajan kokemus).

John Hermarij määrittää koordinaattorin roolin henkilönä, joka näkee kokonaiskuvan ja auttaa muita keskittymään omiin tehtäviinsä (Hermarij, 2021, s. 440). Projektikoordinaattorin rooli koostuu projektipäällikön tukemisesta hallinnollisissa tehtävissä, eri sidosryhmien kanssa viestimisestä sekä henkilöstön ja resurssien saatavuuden varmistamisesta (Bridges, 2023). Näin ollen hyvä projektikoordinaattori tuo valtavasti lisäarvoa. Joitain hyvän projektikoordinoinnin tärkeimpiä hyötyjä ovat:

> ➢ projektihenkilöstön lisääntynyt tietoisuus tärkeistä osa-alueista ja niiden keskinäisestä tärkeysjärjestyksestä
> ➢ projektin suorittamisen tuottavuuden ja laadukkuuden parantaminen
> ➢ projektin aikataulussa ja budjetissa pysymisen edistäminen sekä
> ➢ riskinhallinnan parantaminen (Indeed Editorial Team, 2024).

Kaikki nämä ovat myös tärkeitä asioita myös TCO:n näkökulmasta. Luohan parantunut tuottavuus enemmän voittoja samalla, kun parantunut laatu edistää asiakastyytyväisyyttä ja asiakasuskollisuutta (Fatma & Kumar, 2024).

Selkeä, tarkka ja hyvin hallittu dokumentaatio tuo myös paljon lisäarvoa mille tahansa työlle liike-elämässä. Mitä monimutkaisempi projekti on, sitä enemmän tätä tulee korostaa. Ei ole montaa turhempaa työtuntien hukkaa kuin se, joka tarvitaan esimerkiksi dokumenttien etsimiseen kansiorakenteesta, jolla ei ole mitään loogista yhteyttä dokumentaation aiheeseen tai käyttötarkoitukseen.

Projektissa kaikki yleensä vastaavat oman työnsä dokumentoinnista. Tämän lisäksi projektikoordinaattori valvoo dokumentointia ja dokumentoinnin hallintaa. Selkeä ja hyvin jäsennelty projektidokumentaatio:

> ➢ auttaa projektin suunnittelussa
> ➢ edistää projektin tilanteen seurantaa ja kommunikaatiota
> ➢ parantaa riskinhallintaa
> ➢ asettaa hallintotavan
> ➢ tekee projektista jäljitettävissä olevan
> ➢ edistää henkilöstön ja resurssien kohdentamista
> ➢ auttaa tiimiä keskittymään tärkeisiin asioihin
> ➢ helpottaa muutosten sisällyttämistä projektiin (PanLearn, 2024).

Muutoksista puheen ollen, oletko sinä, arvoisa lukija, koskaan ollut projektissa, jossa on paljon henkilöstön vaihtuvuutta? Tällaisessa projektissa hyvä dokumentaatio projektin menneistä vaiheista on ensiarvoisen tärkeää, jotta uudet tulijat voisivat ymmärtää työskentelytavat, mitä on saavutettu tähän mennessä ja mitä on sovittu projektiorganisaation sisällä sekä projektiorganisaation ja asiakkaan välillä. Jos näihin liittyvää dokumentaatiota ei ole olemassa tai se on hyvin epäselvää, uusille tulijoille ei jää muuta vaihtoehtoa kuin turvautua perehdytykseen, jonka he toivottavasti saavat kokeneemmilta tiimin jäseniltä tai selvittää asiat itse. Ja tiedon kerääminen tällä tavalla vie paljon aikaa, sisältäen yrityksen ja erehdyksen avulla oppimista sekä asioiden selvittämistä yksi kerrallaan. Tämä olisi kuitenkin voitu välttää yhdistämällä hyvä perehdytys projektiin, selkeä ja hyvin jäsennelty dokumentaatio sekä uusien tulijoiden ja kokeneempien projektiorganisaation jäsenten oma-aloitteisuus.

4.5 Muutoshallinta ja TCO

Muutos on aina väistämätöntä tässä alati muuttuvassa maailmassa. Tämä pätee myös liiketoimintaan, esimerkiksi monimutkaisissa teollisuuden projekteissa. On olemassa muitakin muutoshallinnan muotoja, mutta tässä osiossa keskitymme projektin toimitussisällön muutosten ja tuotemuutosten hallintaan sekä näiden yhteyteen omistamisen kokonaiskustannuksiin.

Ei ole tavatonta, että projektin sovittu toimitussisältö muuttuu "lennossa" kesken projektin. Ja usein tämä ei haittaa projektin toteutusta, kunhan prosessi näiden muutosten käsittelyyn on selkeä (kirjoittajan kokemus). Useita asioita tulee kuitenkin huomioida projektin toimitussisällön muutosten yhteydessä:

> Mikä oli alun perin sovittu toimitussisältö?

> Mistä tämä muutostarve on peräisin; tuliko aloite myyjältä vai ostajalta?

> Mitä muutoksia projektin toimitussisältöön tämä muutos sisältää?

> Onko henkilöstön määrä ja osaaminen riittävä muutoksen toteuttamiseksi?

   o Jos ei, löytyvätkö tarvittavat ihmiset yrityksen omasta organisaatiosta vai tarvitaanko ulkopuolista tukea?

> Onko yrityksellä muutoksen toteuttamiseksi tarvittava teknologia?

   o Jos ei, voidaanko hankkia tämä teknologia, kyky ja osaaminen käyttää sitä, sekä onko tilaa asentaa se fyysisen laitteiston tapauksessa?

> Mihin sidosryhmiin tämä muutos vaikuttaa? Miten?

> Mitä projektin toimitussisällön muutoksista on yleensäkin sovittu asiakkaan kanssa?

Nämä ovat elintärkeitä kysymyksiä, kun lasketaan projektin toimitussisällön muutoksen kustannuksia muutoksesta tehtävää tarjousta varten, joka puolestaan vaikuttaa tämän lisämyyntinä toteutettavan työn osan kannattavuuteen, mahdollisesti myös koko projektin kannattavuuteen. Lisäksi projektihenkilöstön on paljon helpompaa sopeutua tähän muutokseen, jos sen sisään tuomiseksi on olemassa selkeä prosessi ja tätä prosessia noudatetaan oikein (kirjoittajan kokemus).

Toimitussisällön muutosten hallinnan lisäksi etenkin projekteissa, joissa valmistettavan tuotteen kypsyysaste on matala, saatetaan tarvita paljon muutoksia valmistettavaan tuotteeseen vielä tuotannollistamisprojektin aikanakin. Kuten projektin toimitussisällön muutosten hallinnassakin, selkeä prosessi auttaa suuresti tässäkin yhteydessä, vaikkei se yksin takaakaan onnistumista. Nämä muutokset tulee dokumentoida huolellisesti sisältäen muun muassa seuraavat tiedot:

> Mitä on muutettu?

> Mikä on muuttuneet osan tai kokoonpanon uusi versionumero?

> Onko muutos lähtöisin myyjältä vai ostajalta?

Näistä tiedoista viimeinen vaikuttaa usein keskeisesti siihen, voidaanko muutosta käsitellä lisämyyntinä vai ei. Kaikki nämä muutokset tulee päivittää kaikkeen muutoksen kohteita koskevaan dokumentaatioon. Toisaalta myös myyjän aloitteesta tehdyt muutokset saattavat olla lisämyyntiä, ainakin jos valmistettavan tuotteen suunnittelu on osa myyjän toimitussisältöä. Joskus muutosten yhteydessä niihin liittyvät kokonaiskustannukset voivat myös pysyä samoina molemmille osapuolille, mutta ne muuttavat esimerkiksi kustannusrakennetta investointien ja kulujen välillä.

Vaikka kaikkien näiden prosessivaiheiden suorittaminen saattaakin vaikuttaa suurelta määrältä työtä, se on silti pienempi työmäärä ja halvempaa kuin jättää nämä työvaiheet tekemättä. Jälkimmäinen toimintatapa kun voi johtaa tilanteeseen, jossa kukaan ei tiedä, mitä muutettiin, miksi ja miten. Tällöin muutoksesta johtuva lisämyynti menettää uskottavuutensa, mikä vaikeuttaa myyntiprosessin johtamista myyjän kannalta edulliseen sopimukseen ostajan kanssa (kirjoittajan kokemus). Tällöin muutoksesta aiheutuvat kustannukset voivat pahimmillaan jäädä myyjän kannettavaksi, mutta myyjä ei saa lisävaroja ostajalta lisämyynnin muodossa, heikentäen jopa koko yrityksen kannattavuutta. Toistuessaan tällainen tilanne voi pahimmillaan johtaa jopa myyjäyrityksen vararikkoon.

4.6   Data & TCO

Tämä luvun viimeisenä, mutta ei suinkaan vähäisimpänä aiheena, saavumme datan valtavaan aiheeseen. Mutta ei huolta, arvoisa lukija, rajoitan tämän aiheen käsittelyä tässä kirjassa pitäytyen tämän aiheen perustasolla. Onhan olemassa valtavat määrät erilaista dataa, kuten hintatietoja, suunnittelutietoja, tuotantodataa ja niin edelleen. Etsiessäni tietoa tätä kirjaa varten olen havainnut, että tästä aiheesta on saatavilla hyvin tutkimustietoa, johon perehtymistä suosittelen jokaiselle, joka haluaa ymmärtää tämän osa-alueen syvällisemmin. Tässä osiossa keskitymme pääasiassa kahteen datan osa-alueeseen: suunnitteludataan ja hintadataan.

Suunnitteludata sisältää kaiken teknisen tiedon, jota projektissa tarvitaan. Näihin kuuluvat esimerkiksi tuotteen 2D-kuvat ja 3D-mallit ja muu tuotedata sekä prosessilaitteiston käyttö- ja huolto-ohjeet (Law Insider, 2013–2024). Kaikki tämä data on todella tärkeää teollisissa projekteissa. Datan olemassaolo ei kuitenkaan yksinään riitä. Sen tulee olla myös rakennettu oikein rakenteensa, tietonsa ja muotonsa puolesta. Jos näin ei ole, hukataan paljon arvokkaita työtunteja sekä rahaa käytännössä kaikilla teknisen toteutuksen osa-alueilla (kirjoittajan kokemus). Datan huono laatu voi johtaa huonoihin päätöksiin, heikentyneeseen tuottavuuteen ja kannattavuuteen, heikentää asiakastyytyväisyyttä ja asiakkaiden sitoutumista sekä lisätä liiketoiminnan riskejä, (Hawker, 2023). Näistä kaikista seuraa lisäkuluja, jotka heikentävät yrityksen kannattavuutta, minkä vuoksi nämä on tärkeää huomioida koko tuotantoprosessin tai tuotannollistamisprojektin TCO:ssa.

Toinen TCO:n kannalta erittäin tärkeä datan osa-alue on hinta- tai kustannusdata. Ihannetilanteessa yrityksessä on tähän tarkoitukseen käytössään erillinen kustannussuunnitteluun tarkoitettu ohjelmisto. Tämä ohjelmisto voi sisältää erillisen tietokannan esimerkiksi raaka-aineiden sekä tuotantolaitteiden ja niiden osien hinnoista, mikä parantaa tarjous- ja kustannuslaskennan sekä taloudellisten ennusteiden tarkkuutta merkittävästi. Ja vaikka tällaista ohjelmistoa ei olisikaan käytettävissä, voidaan soveltaa vaihtoehtoisia menetelmiä, kuten pysymällä kartalla tarvittavien tavaroiden ja palveluiden hintakehityksestä. Tällöin tulee kuitenkin huomioida, että mitä harvemmin yritys hankkii keskenään samankaltaisia laitteita, osien tai materiaaleja, sitä epäluotettavampaa tällä menetelmällä kerätty data voi olla hintakehityksen ennustamiseen (kirjoittajan kokemus). Tämä pitää paikkansa etenkin korkeiden hintavaihteluiden aikana eri osa-alueilla, kuten energiakustannuksissa (Eurostat, 2024). Voidaankin sanoa yleistäen, että mitä järjestelmällisempää hintatiedon seuranta, päivittäminen ja hyödyntäminen on, sitä tarkempaa se on, kunhan se tehdään oikein (kirjoittajan kokemus).

Ja näin saavumme seuraavaan satamaan tällä kiehtovalla merimatkalla TCO:n valtameren halki. Lasketaan ankkuri!

5   LAATU JA TCO

Valmistusteollisuudessa laatu määritellään seuraavasti: *"erinomaisuuden mitta tai tila, jossa tuote on vapaa virheistä, vajavaisuuksista ja merkittävistä vaihteluista. Se saavutetaan tiukalla ja jatkuvalla sitoutumisella tiettyihin standardeihin, joiden avulla saavutetaan tuotteen yhden-mukaisuus, jotta voidaan täyttää tietyt asiakas- ja käyttäjävaatimukset"* (Fowler, 2019). Tässä luvussa syvennymme kolmeen ensimmäiseen laadunhallinnan neljästä vaiheesta:

1. Laadun suunnittelu
2. Laadunvarmistus
3. Laadunvalvonta (Hussain, 2023).

Neljäs vaihe on laadu kehittäminen, mutta siihen syvennymme TCO:n näkökulmasta osiossa *TCO:n ja laadun molemminpuoliset hyödyt.*

5.1   Laadun suunnittelu ja TCO

"Laadun suunnittelu on ryhmä strategioita, jotka mahdollistavat projektille kunnollisen lopputu-loksen" (Indeed Editorial Team, 2023). Laatujärjestelmä koostuu laatusuunnitelmasta, laatura-porteista, asiakirjojen hallinnasta sekä ohjesäännöistä, prosesseista ja työohjeista. Tämä suun-nittelun sidosryhmiä ovat yrityksen oma organisaatio, asiakkaan organisaatio, toimittajat ja mahdolliset muut sidosryhmät (Hermarij, 2021, p. 105), ja näiden keskeiset ajurit tulevat yrityk-sen toimialan standardeista, sisäisistä vaatimuksista sekä asiakkaan vaatimuksista (kirjoittajan kokemus). Projekteissa laatusuunnitelma sisältää muun muassa odotukset laatutasosta sekä näi-hin liittyvät hyväksyntäkriteerit (Hermarij, 2021, p. 106), johdettuna edellä kuvailluista ajureista. Yksittäisten toimitussisällön osien kohdalla nämä kriteerit jaetaan eri laatukriteereihin ja luo-daan tuotekuvaukset, jotka sisältävät:

➢ laatukriteerit jokaisen toimitussisällön osan todentamiseen
➢ sovellettavat laatumenetelmät
➢ tämän saavuttamiseksi tarvittavat tiedot ja taidot
➢ tähän liittyvien sidosryhmien vastuut sekä
➢ ohjeet, kuinka raportoida poikkeamat toleranssista.

Laatusuunnitelma kuvaa myös väliaikaistarkastukset, asetettujen vaatimusten saavuttamisen to-dentamismenetelmät sekä kuvauksen siitä, miten todentaa saavutettujen tulosten käyttökelpoi-suus (Hermarij, 2021, p. 106).

TCO:n näkökulmasta laadun suunnittelu luo perustukset kaikelle laatutoiminnalle yrityksessä. Kuten selkeät ohjeistukset yleensäkin, laadun suunnitelmat tekevät koko laatuprosessista sujuvamman vähentäen korjaustyön tarvetta prosessin jokaisessa vaiheessa. Kun menetelmät on määritelty, viestitty ja sovittu yhdessä ennakkoon tarvittavilta osin, kaikki oleelliset sidosryhmät ovat hyvissä ajoin tietoisia oikeista menetelmistä, tarvittavista taidoista sekä vastuista. Lisäksi, jos raportointimenetelmät ja raportoinnin muotoilu on sovittu ennakkoon sekä sisäisten että ulkoisten sidosryhmien kanssa, projektin aikana voidaan keskittyä siihen, mitä raportoidaan sen sijaan, että keskityttäisiin siihen, miten raportoidaan. Tämä säästää arvokasta työaikaa ja tekee koko prosessista sujuvampaa kaikille (kirjoittajan kokemus).

5.2 Laadunvarmistus ja TCO

"Laadunvarmistus (QA, Quality assurance) tarkoittaa mitä tahansa järjestelmällistä prosessia, jossa määritetään, täyttääkö tuote tai palvelu sille asetetut vaatimukset. QA luo pohjan ja ylläpitää luotettavien tuotteiden kehitystä tai valmistusta. Laadunvarmistusjärjestelmän päätarkoitus on lisätä asiakkaan luottamusta ja yrityksen luotettavuutta, parantaa yrityksen työskentelyprosesseja ja tehokkuutta, sekä parantaa yrityksen kilpailukykyä" (Gillis, 2024). Tämä saavutetaan vähentämällä poikkeamariskiä sekä korjaamalla virheet niin ylhäällä arvoketjussa kuin mahdollista. Käytännössä tämä tehdään sekä teknisten että hallinnollisten prosessien avulla. Laadunvarmistusjärjestelmää ohjaavat pääasiassa siihen liittyvät ISO-standardit, ensi kädessä ISO 9001, ja se on luotu varmistamaan, että yrityksissä on käytössä tekniset sekä hallinnolliset prosessit. Laadunvarmistusmenetelmiä on kolme:

- ➢ vikatestaus = tuotteen jatkuva testaaminen sen selvittämiseksi, hajoaako tai vikaantuuko tuote
- ➢ tilastollinen prosessin valvonta (SPC, statistical process control), joka perustuu puolueettomaan dataan ja analysointiin
- ➢ kokonaisvaltainen laadunhallinta, jossa määrällisiä menetelmiä sovelletaan jatkuvan parantamisen perustana (Gillis, 2024).

Aivan kuten tuotesuunnittelunkin tapauksessa, mitä ylempänä arvoketjussa poikkeamat havaitaan ja korjataan, sitä enemmän säästetään rahaa, koska tällöin on vähemmän korjattavaa. Tämä ei tarkoita sitä, etteivätkö nämä virheet ja poikkeamat voisi edelleen olla kalliita korjata, mutta mitä alemmas arvoketjussa nämä virheet ja poikkeamat pääsevät ilman, että niitä havaitaan, sitä kalliimpia niistä tulee. Ja jos ne pääsevät asiakkaille toimitettaviin tuotteisiin asti, niistä voi seurata valtaviakin kustannuksia esimerkiksi takaisinkutsukampanjoiden ja valmistajan maineen heikkenemisen muodossa (kirjoittajan kokemus).

5.3   Laadunvalvonta ja TCO

Laadunvalvonta (QC, Quality control) on prosessi, jonka avulla pyritään varmistamaan, että tuote tai palvelu täyttää ennalta määritellyt laatustandardit sekä asiakkaan vaatimukset. Tyypillinen laadunvalvontaprosessi sisältää seuraavat vaiheet:

1. testaus- tai tarkastusstandardien asettaminen

2. raaka-aineiden ja valmistusprosessin eri vaiheiden testaaminen

3. ongelmien ratkaiseminen selvittämällä juurisyyt ja keskittymällä niihin

4. datan kerääminen ja päätösten teko (Indeed Editorial Team, 2024).

Omistamisen kokonaiskustannusten näkökulmasta hyvin suoritettu laadunvalvonta tuo mukanaan monta hyötyä. Standardoidut testaus- ja tarkastusmenetelmät tuovat selkeyttä siihen, kuinka testaaminen ja tarkastaminen suoritetaan, kun taas raaka-aineiden testaus ja laadunvalvonta läpi valmistusprosessin toimivat tarkistuspisteinä laatupoikkeamien varalta. Jos jokin yksittäinen osa on esimerkiksi tarkastettu vastaanottotarkastuksessa ja sittemmin useassa laadunvalvontapisteessä läpi tuotantoprosessin, ongelmanratkaisun yhteydessä helpointa on aloittaa tarkastamalla laadunvalvonnan tulokset vian havaitsemisen sijaintia edeltäneissä tarkastuspisteissä. Tämä tekee ongelmanratkaisusta vähemmän työlästä, kuluttaen vähemmän työtunteja, mikä myös tekee siitä halvempaa.

Lisäksi, kun ongelmanratkaisu keskittyy juurisyyn löytämiseen ja poistamiseen, ja ehkäisevät toimenpiteet ongelman uusiutumisen estämiseksi määritetään oikein ja otetaan käyttöön, tuotantoprosessin laaduntuottokykyä voidaan parantaa vaiheittain ja luotettavasti. Tällöin säästetään valmistuskustannuksissa. Järjestelmällinen tiedonkeruu ja kerätyn tiedon analysointi yhdessä raportoitujen löydösten kanssa luo vankan pohjan päätöksenteolle, kun pyritään määrittelemään oikeat vastatoimet näiden poikkeamien ehkäisemiseksi. Tällöin on paljon todennäköisempää, että nämä vastatoimet eivät ole ylimitoitettuja eivätkä toisaalta riittämättömiä, mikä säästää yritykselle paljon rahaa pitkällä aikavälillä (kirjoittajan kokemus).

5.4   Riskinhallinta ja TCO

ISO 31000 -standardi määrittelee riskinhallinnan seuraavasti: *"kokoelma osasia, jotka luovat pohjan ja työympäristön edellytykset suunnitella, ottaa käyttöön, valvoa, katselmoida sekä edelleen kehittää riskinhallintaprosesseja koko organisaatiolle"* (ComplianceOnline, 2024).

Riskien oikea tunnistaminen projektin aikaisessa vaiheessa auttaa koko projektitiimiä suunnittelemaan korjaavat toimenpiteet hyvin sekä miettimään vaihtoehtoisia toteutustapoja niille osa-alueille tai tehtäville, joihin nämä riskit liittyvät, jos tämä on välttämätöntä. Hyvä riskianalyysi ja riskien arviointi ovat keskeisessä asemassa riskien ehkäisemisen tärkeysjärjestykseen asettamisessa niiden todennäköisyyden ja vaikutuksen suhteen, mikä puolestaan ohjaa myös varojen budjetointia näiden riskien ehkäisemiseksi, etenkin silloin, kun tarvitaan kalliita ratkaisuja. Jos jonkin riskin välttämiseksi on olemassa vähintään kaksi "yhtä hyvää" ratkaisua, TCO-analyysin avulla voidaan valita näistä kahdesta kokonaiskustannuksiltaan halvempi (kirjoittajan kokemus).

5.5   Huonon laadun kustannukset ja TCO

Ehkäisykustannukset ovat niitä kustannuksia, jotka aiheutuvat toimenpiteistä, joita tehdään tuotteiden tai palveluiden huonon laadun estämiseksi. Näihin kuuluvat esimerkiksi koulutukset, laatuauditoinnit, toimittajien arviointi sekä prosessin kyvykkyyden tutkiminen. *Arviointikustannukset* puolestaan muodostuvat tarpeesta palkata ulkopuolisia konsultteja tai asiantuntijoita löytämään huonon laadun juurisyyt. Nämä kustannukset voivat liittyä esimerkiksi vastaanotettavien raaka-aineiden ja osien tarkastamiseen, tavaran- ja palveluiden toimittajien tiloissa tehtäviin tarkastuksiin, laboratoriotarkastuksiin sekä esimerkiksi laitteiden kalibrointiin. Luokittelu sisäisten ja ulkoisten poikkeamien välillä puolestaan tehdään sen perusteella, missä vaiheessa arvoketjua poikkeama havaittiin – ennen tuotteen toimittamista asiakkaalle vai sen jälkeen. *Sisäiset poikkeamat* johtavat esimerkiksi korjaustyön sekä sisäisten tuoteromutusten tarpeeseen tai uudelleen testaamiseen ja hylkäyskustannuksiin. Ulkoiset poikkeamat puolestaan johtavat esimerkiksi takuukustannuksiin, sakkomaksuihin, takaisinkutsukampanjoihin sekä hyväntahdon eleiden aiheuttamiin kustannuksiin (Hessing, vuosi tuntematon). Sekä sisäiset että ulkoiset kustannukset sisältävät merkittäviä kustannuselementtejä, mutta ne eivät esiinny "joko/tai" -periaatteella. Kun havaitaan uusi ulkoinen poikkeama, osa tarvittavista toimenpiteistä aiheuttaa myös samanlaisia kustannuseriä kuin sisäisten poikkeamien tapauksessa, kun pyritään varmistamaan, että sama virhe ei toistu.

Huonon laadun kustannusten ehkäisemisen käyttöönotto on prosessi, johon sisältyy seuraavat vaiheet:

> ➢ yrityksen tavoitteiden määrittäminen
>
> ➢ nykyisten laitteiden, järjestelmien ja prosessien kyvykkyyden määrittäminen
>
> ➢ kustannusdatan kerääminen eri kustannuseriin liittyen
>
> ➢ kustannusdatan todentaminen yhdessä talousosaston kanssa
>
> ➢ Pareto-analyysin tekeminen laadun kustannuksista
>
> ➢ korjaavien toimenpiteiden käyttöönotto sekä
>
> ➢ laadun kustannusten vertaaminen ennen näiden prosessivaiheiden käyttöönottoa sekä niiden jälkeen. Tyypillisesti näistä seuraa pieni kasvu hyvän laadun varmistamisen kustannuksissa, joka saadaan kompensoitua moninkertaisesti säästönä huonon laadun aiheuttamissa kustannuksissa.

Tämän työn aikana sekä jälkee tulkokset myös esitellään yrityksen johdolle (Hessing, vuosi tuntematon). Usein huonon laadun kustannukset voivat helposti olla suuremmat kuin hyvään laatuun liittyvät kustannukset. Näistä sisäisten poikkeamien kustannukset lasketaan korjaustyön, romutuskustannusten, häiriökustannusten ja muiden sisäisten poikkeamien aiheuttamien kustannusten summana. Ulkoisten poikkeamien kustannukset puolestaan lasketaan takuukustannusten, asiakaspalautusten aiheuttamien kustannusten, takaisinkutsukustannusten ja muiden ulkoisten poikkeamien aiheuttamien kustannusten summana (SSDSI, 2023). Otetaanpa esimerkki: Tuotteen monimutkaisuudesta johtuen tuotteen romutusten osuus on ollut 15 % koko tuotannosta yhdellä asemalla, vaikka kyseisen aseman käyttäjä tunnetaankin sitoutuneena ihmisenä, joka omaa paljon tietoa ja kokemusta laaduntarkastuksesta. Tämä on saanut prosessi-insinöörin miettimään, voitaisiinko itse työasemaa kehittää. Käy ilmi, että yritys on tuotantolinjaa pystyttäessään vahingossa jättänyt huomiotta asiakkaan vaatimuksen laadunvalvonnan kamerajärjestelmästä, joka perustui asiakkaan omaan kokemukseen. Vaikka tällaisen kamerajärjestelmän omistamisen kokonaiskustannukset ovatkin 400 000 €, prosessi-insinööri laskee hyvän laadun kustannusten ja huonon laadunkustannusten eron huomioiden, että tuotantoprosessia ajetaan vielä neljä vuotta kamerajärjestelmän käyttöönoton jälkeenkin. Koska arviointikustannukset ovat juosseet siitä lähtien, kun tämä ongelma on havaittu, ja juoksevat kamerajärjestelmän käyttöönottoon saakka, niitä ei huomioida vertailulaskelmassa, joka alkaa ajallisesti kamerajärjestelmän käyttöönotosta.

Yksittäisen tuotteen valmistusarvo seuraavan laadunvalvontapisteen kohdalla on 500 € ja kamerajärjestelmän käyttöönoton jälkeen tuotetta valmistetaan vielä 80 000 kpl. Huonon laadun suorat kustannukset saadaan seuraavasti: 15 % x 500 €/kpl x 80 000 kpl/4 v = 6 000 000 €. Käytännössä tämä tarkoittaa 1,5 miljoonan euron kustannuksia per vuosi, mistä takaisinmaksuajaksi 400 000 € kamerajärjestelmälle saadaan 3,2 kuukautta. Ja tässä laskelmassa ei ole edes huomioitu ylityökustannuksia, jotka aiheutuvat tuotantojättämän kiinni ottamisesta, arviointityön lisäkustannuksista neljän vuoden aikana ja niin edelleen.

5.6 TCO:n ja laadun molemminpuoliset hyödyt

Kuten edellisen osion kuvitteellisesta esimerkistä voidaan havaita, on erittäin hyödyllistä vertailla hyvän ja huonon laadun omistamisen kokonaiskustannuksia, etenkin tiukassa taloudellisessa tilanteessa, jolloin yrityksen johdolla voi olla houkutus pysäyttää kaikki investoinnit mihinkään muuhun kuin täysin välttämättömiin kohteisiin. Tällöin yrityksen johdolla voi olla myös kiusaus jättää välistä kaikki ne laadun kehittämistoimenpiteet, jotka eivät ole täysin välttämättömiä valmistettavalle tuotteelle asetettujen laatuvaatimusten täyttämiseksi. On kuitenkin useita tilanteita, joissa on huomattavasti halvempaa investoida laadun kehittämiseen kuin jättää nämä investoinnit tekemättä. Ja äärimmäisissä tapauksissa, kun tuotantoprosessi on ajettu ylös keskittyen vain määrään täysin laadun kustannuksella, seurauksena voi olla todella tukala taloudellinen tilanne koko yritykselle.

Otetaanpa toinen esimerkki: Yhden tuotantosolun muokkaaminen tuotannollistamisprojektin aikana maksaisi 100 000 € alkukustannuksina johtuen yhtäläisyyksistä muuhun projektissa toteutettavaan työhön, kun taas samat muokkaukset projektin jälkeen maksaisivat 160 000 €. Yrityksen johdon ensimmäinen ajatus on kieltää tekemästä projektin toimitussisällön ulkopuolisia muutoksia, mutta pyytää kuitenkin tästä takaisinmaksulaskelman. Yhdessä prosessilaadun asiantuntijoiden ja muokattavan laitteiston asiantuntijoiden kanssa kustannussuunnittelija määrittää, että laitteiston ylläpito- ja energiakustannukset pysyisivät nykytasolla muokkauksen jälkeen. Sen sijaan korjaustyön tarve laskisi 45 sekuntia per tuote ja romutuskustannukset 10 000 €/vuosi. Tuotantoa ajetaan näiden muutosten jälkeen vielä kolme vuotta 10 000 kpl vuosituotannolla. Tarvittavat prosessin käyttäjien koulutus- ja perehdytyskustannukset ovat yhteensä 10 000 euroa ja tämä muutos ei vaikuta aseman automaatioasteeseen. Korjaustyöaseman käyttäjien palkkakustannukset puolestaan ovat 28 €/h. Mahdollisuus vähentää henkilöitä tuotantoprosessista kuitenkin riippuu koko tuotantoprosessiin liittyvän kokonaistyökuorman muutoksista. Lisäksi korjaustyöasemaan liittyy 2 €/h energia- ja käyttötarvikekustannuksia.

Koska tämän muokkaustyön suorittaminen tuotannollistamisprojektin aikana olisi halvempaa kuin sen jälkeen, otetaan tähän liittyvät kustannukset 100 000 € vertailun lähtökohdaksi:

➢ Korjaustyön säästö yhteensä = 45 sekuntia / tuote x 10 000 tuotetta per vuosi x 3 vuotta / 3 600 sekuntia per tunti = 375 tuntia kolmen vuoden aikana.

➢ Näin ollen säästyvät energia- ja käyttötarvikekustannukset ovat 750 €.

➢ Operaattorien palkkakustannuksia ei huomioida, koska tämä ajansäästö ei mahdollista operaattorien vähentämistä edes tasapainottamalla tuotanto uudelleen.

➢ Romutuskustannusten säästöt koko kolmen vuoden ajanjaksolla ovat 30 000 €.

➢ Säästöt yhteensä <u>30 750 €</u>.

Tämän laskelman pohjalta yrityksen ylin johto päättää kieltäytyä investoimasta tähän tuotantoprosessin kehittämiseen. Mutta pian tämän jälkeen yrityksen pääasiakas ottaa yhteyttä yritykseen, vaatien korvauksena 60 % toteutuneista takuukustannuksista koskien nykyisen tuotteen edeltäjämallia liittyen juuri tähän samaan valmistusprosessin vaiheeseen. Nämä kustannukset ovat yhteensä 280 000 €, ja sisältävät myös vaatimuksen korjata tämä ongelma välittömästi. Näin ollen ylimmälle johdolle ei jää muuta vaihtoehtoa kuin hyväksyä tämä prosessimuutos.

Lastensatuja siteeraten "tarinan opetus" on, että suorien ja epäsuorien kustannusten lisäksi taloudelliset riskit tulee huomioida, kun tehdään laskelmia päätöksenteon tueksi. Taloudelliset riskit ovatkin osa omistamisen kokonaiskustannuksia. Ja jos tämä edellä kuvattu ongelma on ollut mukana myös tuotannollistamisprojektin projekti- tai prosessiriskianalyysissä, tarvittavista prosessimuutoksista on suunnitelmat kenties jo olemassa.

Tämän lisäksi yrityksen toiminnan kokonaiskustannukset voivat hyötyä laatuparannuksista muutenkin kuin laskennallisesti. Yksi tärkeimmistä onnistuneen laadun kehityksen hyödyistä onkin se, että se antaa yritykselle enemmän taloudellista liikkumavaraa tarvittavien tuotantoprosessin parannusten toteuttamiseksi. Kun omistamisen kokonaiskustannukset yhdistetään laadun kustannuksiin, todellinen ero hyvän ja huonon laadun aiheuttamien kustannusten välillä voidaan arvioida paljon tarkemmin. Kuten yleensäkin TCO:n yhteydessä, näin voidaan ohjata kaikkien sidosryhmien ajattelua kohti kuhunkin aiheeseen liittyviä kokonaiskustannuksia, mukaan lukien piilokustannukset. Kaiken kaikkiaan hyvä laatu luokin myönteisen kierteen TCO:n suhteen:

1) Laadunkehitys auttaa vähentämään korjaustyötä ja romutusta

2) mikä johtaa parantuneeseen valmistusprosessin tuottavuuteen ja läpimenoaikaan

3) mikä puolestaan parantaa yrityksen kannattavuutta

4) mikä lopulta saattaa vapauttaa enemmän varoja laadun jatkokehityksen suunnitteluun ja toteuttamiseen, mikä entisestään vahvistaa tätä kierrettä.

6 STRATEGIA JA TCO

Laadusta siirrymme TCO:n seuraavaan näkökulmaan, strategiaan. Vaikka omistamisen kokonais-kustannusten ja liiketoimintastrategian yhteydestä onkin suhteellisen vähän tietoa kirjallisuu-dessa, ne kulkevat käsi kädessä. Ja koska kirjallisuutta ja tutkimusta aiheesta on hyvin vähän saatavilla, joudumme valitsemaan tulokulman aiheeseen itse. Kustannussuunnittelijana (cost engineer) valitsen tulokulmaksi yrityksen terveen taloudellisen tilanteen ja strategian yhteyden. Mahdollistaahan yrityksen hyvä taloudellinen tilanne tarvittavien investointien ja muiden han-kintojen tekemisen rohkeasti valitun strategian tueksi, kun yrityksen strategia samalla ohjaa TCO-työtä osoittamalla tärkeät tavoitteet ja keinot pyrkiessä saavuttaa nämä tavoitteet. Jos TCO-työ yrityksessä jää irralliseksi yrityksen strategiasta ja ydinliiketoiminnoista, hukataan iso osa omistamisen kokonaiskustannusten periaatteiden valtavasta potentiaalista tuoda lisäarvoa (kirjoittajan kokemus).

6.1 Miten TCO on sidoksissa strategiaan?

Organisaation strategia kuvaa se, miten se aikoo tuoda lisäarvoa omistajilleen, asiakkailleen ja kansalaisille. Esimerkiksi, jos yli 75 % on sidoksissa aineettomaan pääomaan, aineettoman pääoman kehittämisen tulisi olla yrityksen strategian luomisen ja toteuttamisen keskiössä (Kaplan & Norton, 2004, s. 27). Yleensä suuri osa valmistusteollisen yrityksen omaisuudesta on aineellista, mutta tämä ei tarkoita, että TCO-työ pitäisi rajoittaa aineelliseen omaisuuteen tällaisessa yrityksessä. Kuten käymme tarkemmin läpi luvussa 8, me ihmiset johdamme yrityksiä, työskentelemme niissä ja käytämme niiden omistamia aineellisia ja aineettomia pääomia tavalla tai toisella.

Yrityksen strategiatyö alkaa ymmärtämällä yrityksen strateginen asema. Ja yksi työkaluista analysoida yrityksen ylätason strategista asemaa on PESTEL-analyysi, joka koostuu kuudesta makroympäristön näkökulmasta:

- poliittinen (Political)

- taloudellinen (Economical)

- sosiaalinen (Social)

- teknologinen (Technological)

- ympäristö (Ecological) ja

- laillinen (Legal) (Whittington ym., 2020, p. 36).

Ja vaikka taloudellinen näkökulma onkin yksi kuudesta PESTEL-analyysin osasta, kaikki kuusi näkökulmaa vaikuttavat koko yrityksen ja sen toimintojen omistamisen kokonaiskustannuksiin. *Poliittisesta* näkökulmasta valtion rooli sekä mahdollinen vaikutus kansalaisyhteiskunnan suunnasta voivat vaikuttaa siihen, millaisia vaihtoehtoja voidaan harkita liike-elämän päätöksenteossa. Tällöin saatetaan esimerkiksi joutua luopumaan pienimmät omistamisen kokonaiskustannukset tarjoavasta vaihtoehdosta. *Taloudellisella* osa-alueella puolestaan yrityksen strategiseen asemaan vaikuttavat esimerkiksi valuuttojen vaihtokurssit, korkotaso sekä talouden nousu- ja laskusuhdanne. Näiden suhdanteiden ymmärtäminen auttaa alentamaan omistamisen kokonaiskustannuksia esimerkiksi hyödyntämällä matalia korkotasoja ja edullisia valuutan vaihtokursseja toimittaessa eri valuutta-alueilla toimivien yritysten kanssa. *Sosiaalisesta näkökulmasta* uusien ideoiden luomista, valtaa, tehokkuutta ja yleistä talouskasvua ohjaavat väestörakenne, varallisuuden jakautuminen, alueellinen maantiede ja kulttuuri. Jopa saman maan sisällä eri alueiden välillä voi olla suuriakin eroja esimerkiksi rakennuskustannusten ja palkkatason suhteen, mitä voidaan hyödyntää pyrittäessä parantamaan kannattavuutta, mikäli esimerkiksi kasvavat kuljetuskustannukset eivät mitätöi tätä säästöä. *Teknologisesta näkökulmasta* monet yritykset julkaisevat teknologisia tiekarttoja havainnollistamaan toimialojensa tulevaisuutta sisältäen aikajänteitä uuden teknologian käyttöönottoon ja samalla sen toteuttamiseksi tarvittavien palveluiden ja tavaroiden aikajänteitä. Tämä puolestaan auttaa toiminnan suunnittelussa näitä palveluita ja tavaroita tuottavissa yrityksissä. Toisinaan uusi teknologia mahdollistaa myös tavaroiden valmistamisen nykyistä matalammalla kustannustasolla.

Ympäristönäkökulma keskittyy sellaisiin makroympäristön aiheisiin kuin saasteet, jätteet sekä ilmastonmuutos. Uudet ympäristösäännökset sekä luovat uusia kustannuksia että uusia liiketoimintamahdollisuuksia esimerkiksi kierrättämisen ja saasteiden vähentämisen aloilla. On tärkeää ymmärtää myös *laillinen näkökulma*, koska se sisältää myös useita kustannuselementtejä, kuten minimipalkkatason, ylityökorvaukset, työaikasäädökset, verotuksen ja niin edelleen (Whittington ym, 2020, s. 36–47).

Makrotason strategian lisäksi on myös muita strategian alueita, jotka liittyvät kiinteästi omistamisen kokonaiskustannuksiin. Luotettavia taloudellisia laskelmia tarvitaan esimerkiksi tukemaan tuotestrategiaa. Jos yritys pyrkii saamaan uusia asiakkaita kilpailijoiltaan tuotteidensa erilaistamisen avulla, yrityksen johto tarvitsee ennusteet erilaistamiseen liittyvään kasvavaan liikevaihtoon sekä kustannustason muutoksiin liittyen. Kun johdolla on saatavilla täysi TCO-analyysi tästä tuotestrategiasta, sillä on tukenaan luotettava päätöksenteon taloudellinen pohja, kunhan ennusteet myös toteutuvat joko ennustetulla tai jopa ennustetta paremmalla tasolla.

Strategian toinen näkökulma on tarvittava valmistuskapasiteetti: Kuinka suuri on vuosittainen myyntiennuste? Onko siinä suuria vaihteluita vuodesta toiseen? Onko jotain "megatrendejä", jotka voisivat vaikuttaa tuotteen kysyntään myönteisesti tai kielteisesti nyt tai lähitulevaisuudessa? Kaikki nämä kysymykset, sekä monet muut tekijät, vaikuttavat tuotantomäärän tavoitteisiin sekä esimerkiksi valmistuksen ulkoistamisen osuuteen. Ja kaikki tämä vaikuttaa myös koko tuotantoprosessin omistamisen kokonaiskustannuksiin. Sopimusvalmistuksessa valmistusmäärät tulevat usein asiakkaalta. Asiakkaasta riippuen sopimusvalmistaja voi ehdottaa myös vaihtoehtoisia valmistusmääriä ja niiden jakaumia (kirjoittajan kokemus).

6.1 Korkeammat investoinnit vai käyttökulut?

Niin kauan kuin valmistusprosessi ei ole ylisuunniteltu, valmistusprosessin ja sitä välittömästi tukevien toimintojen suhteen investointien ja käyttökulujen suhdetta voidaan pitää kääntäen verrannollisena. Tämä tarkoittaa sitä, että kun toinen kasvaa, toinen laskee. Kulloinkin käytössä oleva teknologia kun ei kykene ylittämään omia rajoitteitaan, kuten emme me ihmisetkään voi toimia omia fyysisiä kykyjä paremmin. Tämä kääntäen verrannollisuus ei kuitenkaan aina päde muihin toimintoihin, kuten tuotannonohjaus, kiinteistö sekä talous, ainakaan yhtä lineaarisesti, minkä vuoksi keskitymme tässä osiossa valmistusprosessiin, ja tarkemmin valintaan korkeampien investointien ja korkeampien käyttökulujen välillä. Tämä valinta onkin strateginen, joten käsittelemme sitä tässä luvussa, jättäen valmistusprosessikeskeiset aiheet lukuun 9.

Taloudellinen tilanne muodostaa yhden yrityksen strategisen suunnittelun kulmakivistä, koska erilaiset strategiat vaativat usein erilaisia rahallisia resursseja eri aikaväleillä. Ja tässä yhteydessä TCO on korvaamaton työkalu, kunhan sitä käytetään oikein. Esimerkiksi osiossa 3.4 esitetyn mukaisesti se parantaa taloudellisten ennakkoarvioiden tarkkuutta sekä rahasummien että ajoituksen osalta. Ja tämä johtuu siitä, että hyvän teknisen ymmärryksen avulla on mahdollista sisällyttää näihin arvioihin muutoin piiloon jääviä kuluja, mikä parantaa   esimerkiksi rahoituspäätöksiin tarvittavien taloudellisten laskelmien luotettavuutta. Ja lisärahoitus voi olla välttämätöntä esimerkiksi käyttöomaisuusinvestointien tekemiseksi, jotta yritys voisi saavuttaa strategiset tavoitteensa. Ymmärrys rahoituksesta, sen lähteistä sekä varojen saatavuuteen liittyvistä ajallisista tekijöistä on tärkeää myös päätöksenteossa korkeampien investointien ja korkeampien käyttökulujen välillä, kun suunnitellaan ja rakennetaan uutta tuotantoprosessia. Mutta on myös tilanteita, joissa ei ole mahdollista valita vapaasti näiden kahden välillä. Jos joissain maissa yritys haluaa ulkoistaa osia sen valmistusprosessista tai jopa koko tuotteen valmistuksen, se voi joutua suosimaan korkeampia käyttökuluja tai jopa niiden 100 % osuutta kustannuksista valmistuskorvausten muodossa johtuen esimerkiksi byrokraattisista haasteista, joita voi seurata esimerkiksi valtion yritysomistuksen tai -rahoituksen myötä (kirjoittajan kokemus). Toisaalta jotkin teknologiset ratkaisut eivät mahdollista käsityön vaihtoehtoa, vaan vaativat kalliin automatisoidun ratkaisun. Molemmissa tapauksissa valmistaja joutuu tutkimaan rahoitustarvetta ja etsimään sitä eri lähteistä, esimerkiksi tulosrahoituksena, velkarahoituksena tai myymällä käyttöomaisuuttaan (Investopedia, 2024).

Yritysten välisessä kaupankäynnissä, esimerkiksi tuotteen alkuperäisen valmistajan ja sopimusvalmistajan välillä, maksuerien ehdot saattavat liittyä sopimusvalmistajan käyttöomaisuusinvestointeihin. Asiakas saattaa haluta siirtää mahdollisimman suuren osan maksettavasta summasta osaksi tuotteen valmistuskorvausta vähentääkseen taloudellista riskiään, kun taas sopimusvalmistaja haluaisi kiinteitä maksuja investointien toteuttamisen perusteella vähentääkseen omaa taloudellista riskiään. Myös tässä yhteydessä TCO-laskennasta on suuri apu investointien ja käyttökustannusten todellisen suhteen ymmärtämiseksi (kirjoittajan kokemus).

6.2 Mitä asiakas tarvitsee?

Vaikka vanha sanonta kuuluukin "asiakas on aina oikeassa", joskus asiakas ei edes tiedä, mitä hän tarvitsee. Tämän taustalla voi olla monia syitä, kuten väärä analyysi tuotteen markkinoista, jok johtaa yltiömyönteisiin tai -kielteisiin myyntiennusteisiin, tai tietämättömyys tuotteen valmistamiseen soveltuvista teknisistä ratkaisuista. Lisäksi saatavilla olevat varat voivat rajoittaa asiakkaan mahdollisuuksia tehdä valintoja eri asioiden välillä. Etenkin startup-yhtiön tapauksessa voi olla viisaampaa aloittaa matalalla automaatioasteella ja pienillä valmistusmäärillä, etenkin, jos yrityksellä ei ole tuotteestaan jo verrattain suurta määrää ennakkotilauksia. Sekä matala automaatioaste että pienet tuotantomäärät tarkoittavat pienempiä investointitarpeita tuotantolinjojen suunnittelun ja toteutuksen yhteydessä, ja pienempi tuotantomäärä tarkoittaa myös pienempiä käyttökuluja. Sen sijaan korkeat tuotantomäärät matalalla automaatioasteella tarkoittavat suurta määrää käsityötä, mikä lisää tuotantoprosessin käyttökustannuksia.

Toinen näkökulma asiakkaan tarpeisiin on tuotteen kohdemarkkinat. Strategian yhteydessä kohdemarkkinoiden valinta perustuu pohjimmiltaan kuhunkin markkinaan liittyviin myyntiennusteiden ja kustannusten ennakkoarvioiden vertailuun. Toisin sanoen ennusteeseen siitä, tuottaisiko uusille markkina-alueille tai uusiin markkinasegmentteihin laajentaminen lisää voittoa yritykselle vai ei (kirjoittajan kokemus).

6.3   Strategiatyön ja TCO:n keskinäiset hyödyt

Strategiatyö yhdistettynä TCO-työhön tuottaa valtavan joukon keskinäisiä hyötyjä, minkä vuoksi pidänkin suorastaan outona, kuinka vähän asiasta on tutkimusta ja kirjallisuutta. Eri skenaarioihin liittyvien taloudellisten ennusteiden tarkentaminen ja monipuolistaminen TCO:n avulla, vakaa taloudellinen pohja yrityksen hyvän ketteryyden ja hyvän toipumiskyvyn tukena sekä taloudellinen "vapaus" toteuttaa suunniteltua strategiaa ovat joitain keskeisimmistä hyödyistä, joita yritys voi saavuttaa parantuneen ennustetarkkuuden ja parantuneen kokonaiskannattavuuden myötä, kunhan tätä parantunutta kannattavuutta ei vyörytetä yksinomaan täyttämään yrityksen omistajien taskuja.

Toisaalta realistinen ja hyvin viestitty strategia, sekä selkeät ja konkreettiset tavoitteet ja niihin liittyvät toimenpiteet ovat tärkeitä myös omistamisen kokonaiskustannusten periaatteiden tuomien etujen täysimääräisen hyödyntämisen kannalta, koska tällöin TCO-työ voidaan kohdentaa sinne, missä se tuo suurinta lisäarvoa. Koska yrityksen ylin johto on yleensä vastuussa yrityksen strategiasta, TCO:n ja strategian tuominen yhteen hyvin todennäköisesti myös lisää johdon sitoutumista TCO-työhön yrityksen sisällä (kirjoittajan kokemus). Ja yrityksen johdon sitoutuminen on välttämätöntä myös muun organisaation sitouttamiseksi (GrowEQ, 2023).

7   SIDOSRYHMÄT JA TCO

Tähän mennessä olemme käsitelleet TCO:n yhteydessä enimmäkseen yrityksen sisäistä toimintaa sisältäen myös muutamia viittauksia liiketoimintaan asiakkaan ja toimittajan, eli myyjän ja ostajan välillä. Koska kyseessä on kuitenkin kokonaisvaltainen näkemys kustannuksista, meidän täytyy huomioida myös muut sidosryhmät kuin yksittäiset tiimit tai yksittäiset toiminnot yrityksen sisällä. Lisäksi tulee huomioida sekä kustannusvaikutukset että molemminpuoliset hyödyt toimintojen välisestä yhteistyöstä sekä yrityksen sisällä että yrityksen ja sen ulkoisten sidosryhmien välillä.

7.1   Sisäiset sidosryhmät ja TCO

Kun pyritään parantamaan yrityksen suorituskykyä TCO:n avulla, yksi tärkeimmistä asioista on ymmärtää, mitkä ovat päätöksentekomme sidosryhmiä ja kuinka päätöksentekomme vaikuttaa niihin. Yritystä parantaa yrityksen kannattavuutta toisistaan irrallisilla säästötoimenpiteillä yksittäisissä toiminnoissa ja tiimeissä voisikin verrata pihan siivoamiseen syksyllä puhaltamalla kaikki lehdet omalta pihalta naapurin puolelle samalla, kun tuuli puhaltaa ympäröivistä puista lisää lehtiä pihallemme. Tällainen toiminta vain vaikuttaa tehokkaalta keinolta, mutta kukaan ei saavuta mitään ja lopputuloksena on vain lisää lehtiä siivottavaksi. Toinen esimerkki: Varsinkin isoissa yrityksissä jokaisella päätöksellä, vaikka ne tuntuisivat hyvin pieniltä, on useita sidosryhmiä. Esimerkiksi se, hankimmeko kaksikymmentä vai neljäkymmentä sarjaa testiosia nyt ja loput myöhemmin, saattaa määrittää sen, voimmeko suorittaa kaikki tarvittavat testit. Tämän vuoksi on tärkeää tuntea eri toiminnot yrityksessä, niiden tarkoitus ja niihin liittyvät tehtäväkokonaisuudet, koska ilman tätä ymmärrystä meillä ei ole vahvaa päätöksentekoperustaa vähentää kustannuksia läpi koko arvoketjun kaikki osa-alueet huomioiden. Kun joudutaan priorisoimaan sidosryhmien välillä, sekä sisäisten että ulkoisten, voidaan turvautua sidosryhmäkartoitukseen. Mutta palataan yrityksen sisäisiin toimintoihin TCO:n asiayhteydessä tarkemmin luvussa 12.

Työntekijät yleensäkin ovat yksi sidosryhmistä, etenkin ylimmän johdon päätöksenteossa. Tähän liittyy myös rahallinen näkökulma: Isolla osalla työntekijöistä toimeentulo on joko täysin tai ainakin lähes täysin riippuvainen palkkatuloista. Työntekijät oat myös kenties tärkein tuotannontekijä. Lisäksi työntekijät odottavat olevansa merkityksellisiä yrityksessä (Crane ym., 2019, s. 287–290). Mutta palataan tähän aiheeseen syvemmin luvussa 8.

7.2 Ulkoiset sidosryhmät ja TCO

Ja nyt pääsemme tämän luvun pääasiaan, ulkoisiin sidosryhmiin. Onhan yritys tyypillisesti riippuvainen asiakkaistaan, omistajistaan ja toimittajistaan sekä esimerkiksi rahoittajista. Toisaalta esimerkiksi valtio sekä kansalaisjärjestöt vaikuttavat yrityksen toimintaan, ja toisaalta yritys vaikuttaa ympäröiviin yhteisöihin ja kansalaisiin yleensäkin, myös kuluttajiin yrityksen oman asiakaskunnan ulkopuolella. Jatketaan hyvin kuluneen sanonnan voimin: "asiakas ensin".

7.2.1 Asiakkaat

"Liikevaihto on sitä rahaa, jonka yritys tuottaa pääasiallisella liiketoiminnallaan, ja se lasketaan myyntihinnan keskiarvon ja myyntimäärän tulona. Se on viivan yläpuolelle jäävä, bruttotuloa kuvastava luku, josta saadaan nettotuotto vähentämällä suorat verot. Tuloslaskelmassa liikevaihto kirjataan myyntinä" (Hayes, 2024). Käytännössä tämä tarkoittaa, että yrityksen päätulonlähde tulee myynneistä yhdelle tai useimmiten usealle asiakkaalle. Tämän vuoksi onkin välttämätöntä pohtia yrityksen sisäisen TCO-työn vaikutusta asiakkaaseen sekä miten asiakas voi nähdä "TCO:n toiminnassa".

Hinta-arvio tai sitova tarjous on ensimmäinen kerta, kun asiakas pääsee näkemään omin silmin, mitä hyvin ymmärretty TCO voi tarkoittaa käytännössä. Jos mahdollinen palvelun- tai tavarantoimittaja ymmärtää tarjoussisällön omistamisen kokonaiskustannukset hyvin, tämä pitäisi olla mahdollista havaita jo tarjouksen hintaerittelystä sikäli kuin toimittajaehdokas on halukas antamaan yksityiskohtaisen hintaerittelyn. Tällöin mahdollinen asiakas voi myös ymmärtää tarkemmin, mistä tarjoussisällön osista voisi löytää säästökohteita ja onko toimittajaehdokkaan hinnoittelu kohtuullista (4cost, 2008–2024). Tämä myös vahvistaa asiakkaan luottamusta siihen, että toimittajaehdokas tietää, mitä tekee, sekä tarjouksen ammattimaisen ulkoasun ja sisällön että tarjouksesta ilmenevän hyvän teknisen ymmärryksen myötä. Lisäksi, kun toimittajaehdokas ymmärtää koko työsisällön omistamisen kokonaiskustannukset hyvin, yleensä tästä seuraa myös paljon vähemmän ikäviä yllätyksiä molemmille osapuolille projektin eri vaiheissa kustannusten suhteen (kirjoittajan kokemus). TCO ei kuitenkaan ole mikään "ihmelääke, joka parantaa kaikki hintavaihtelut ja ylivoimaiset esteet (force majeure)", mutta TCO:ta soveltamalla ja kiinnittämällä erityistä huomiota kaikkiin piilokuluihin on mahdollista pienentää ikävien yllätysten riskin merkittävästi (kirjoittajan kokemus). Ostaja voi hyödyntää TCO-analyysiä myös kilpailevien tarjousten vertailuun ja hankintaprosessin kehittämiseen, kun taas myyjä voi hyödyntää TCO:ta mitatakseen, dokumentoidakseen ja viestiäkseen lisäarvoa, jonka hänen ehdotuksensa tuo ostajalle kilpaileviin tarjouksiin nähden (Piscopo ym., 2008).

Suuret tarjoukset sisältävät usein myös paljon osapuolten välistä neuvottelua sitovan tarjouksen jättämisen jälkeenkin, aina sopimuksen allekirjoittamiseen saakka. Näiden neuvotteluiden aikana tarjotun työsisällön omistamisen kokonaiskustannusten hyvä ymmärtäminen helpottaa suuresti mahdollisten kustannussäästökohteiden löytämisessä. "Kaivamalla esiin" piilokustannukset, joita yksikään osapuoli ei olisi havainnut ilman erillistä keskittymistä niihin, voidaan myös selvittää, mitkä ehdotetuista kustannussäästötoimista todellisuudessa voisivat säästää kustannuksia ja mitkä eivät. Ihannetilanteessa tämä työ jatkuu myös sopimuksen allekirjoittamisen jälkeen, jolloin molemmat etsivät mahdollisia kustannussäästökohteita ja vielä ihanteellisemmin myös jakavat toteutuneet säästöt keskenään, sekä tuovat mahdollisia yllättävien lisäkustannusten riskejä esille mahdollisimman aikaisin niiden havaitsemisen jälkeen. Tämä voi tietysti olla myös yksi sopimusneuvottelun asiakohdista: Kun ilmenee yllättäviä lisäkustannuksia tai havaitaan yllättäviä säästömahdollisuuksia, miten näiden kustannusvaikutukset jaetaan osapuolten kesken?

7.2.2 Omistajat

Yritysten omistajat laativat yrityksen vision, mission sekä pitkän aikavälin tavoitteet ja strategisen suunnan, sekä tukevat ylintä johtoa näiden tavoitteiden saavuttamisessa. Yritysten omistajat ovat myös erittäin vaikuttavassa asemassa yrityksiin muodostuvan kulttuurin suhteen (MBB Management, 2023). Tämä kuvaus kutenkin pätee parhaiten niihin omistajiin, jotka itse myös työskentelevät omistamissaan yrityksissä. On kuitenkin olemassa myös toinen suuri joukko yritysten omistajia, nimittäin osakkeenomistajat. Heidän tarjoamansa tuki on useimmiten lähinnä taloudellista, koska heidän sijoituksensa ostamiensa osakkeiden kautta luo taloudellista turvaa yrityksen toiminnalle. Näiden osakkeiden myötä osakkeiden omistajat ovat oikeutettuja saamaan osinkoa yrityksestä silloin, kun sellaista päätetään maksaa, sekä saavat myös oikeuden äänestää tietyssä yrityksen toimintaan liittyvissä kysymyksissä (Your company formations, 2024). Osakkeenomistajille useimmiten tärkein taloudellinen tekijä yrityksen suhteen on yrityksen osakkeen arvo. Tähän vaikuttavat muun muassa:

- uutiset yrityksen tuotoista ja voitoista sekä ennusteet tulevista tuottoista

- julkistukset osingon maksusta

- uusien tuotteiden julkaisut

- tuotteiden takaisinkutsut

- uudet suuren mittaluokan sopimukset

- työntekijöiden lomauttaminen

- ennakoidut yrityskaupat ja -fuusiot

- muutokset yrityksen johtoportaassa

- kirjanpitovirheet ja jopa -skandaalit (Ontario Securities Commission, 2024).

Näistä TCO-työ edistää suorimmin nykyisiä ja ennustettuja tulevia tuottoja ja voittoja, yrityksen kykyä maksaa osinkoja sekä mahdollisuuksia solmia uusia suuren mittaluokan sopimuksia. Toisinaan TCO-mallintamisen vaatima "etsivän työ" voi myös paljastaa takaisinkutsuriskin, koska TCO vaatii paljon toimintojen välistä yhteistyötä, minkä myötä näitä riskejä voidaan havaita tehokkaammin (kirjoittajan kokemus). Useat näistä eduista liittyvät myös tämän kirjan luvuissa 5 ja 6 selostettuihin TCO:n etuihin.

7.2.3 Toimittajat

Tässä osiossa keskitymme siihen, kuinka TCO-työ vaikuttaa valmistusteollisen yrityksen toimittajiin. Pyrin selostamaan tämän hyvin yleisellä tasolla, koska joitain toimitusketjun hallinnan yksityiskohtia käsitellään TCO:n näkökulmasta luvussa 11. Lisäksi aiempana selostetut seikat pätevät tälläkin osa-alueella, joskin päinvastaisesta eli ostajan näkökulmasta.

Aiempana esitettyjen näkökulmien lisäksi valmistusteollisen yrityksen ja sen toimittajien välinen yhteistyö voi hyötyä valtavasti omistamisen kokonaiskustannusten periaatteiden soveltamisesta. Jälleen kerran kyse on toimintojen välisestä yhteistyöstä, joka tuo lisäarvoa myös yhteistyöhön ostajan ja myyjän välillä. Näitä etuja ovat esimerkiksi:

- parempi hintaerittelyn ymmärtäminen
- hinnoittelun parempi ennustettavuus myös suhteessa valmistusmääriin
  - tämä puolestaan lieventää budjetääristä painetta kaikkien osapuolten välillä, etenkin, jos ostaja on saanut järjestettyä riittävän budjetin toimittajaosien valmistustyökaluille ja komponenteille
- parempi ymmärrys toimittajaan liittyvistä sisäisistä kustannuksista

- sekä ostajan että myyjän taloudellinen tilanne hyötyy TCO:n ja niin sanottuun "win-win" -tilanteeseen pyrkimisen yhdistelmästä (kirjoittajan kokemus).

Tässä vaiheessa haluaisin avata kohtaa "parempi ymmärrys toimittajaan liittyvistä sisäisistä kustannuksista " hiukan tarkemmin, käyttäen esimerkkinä tuotteen osakokoonpanojen ulkoistamista. Jotta toimittaja voi valmistaa näitä kokoonpanoja, se tarvitsee tiettyä dataa, kuten piirustukset toleransseineen, tuotedatan sekä muun teknisen dokumentaation, kuten valmistettaviin kokoonpanoihin liittyvät sekä teollisuudenalan yleiset että asiakaskohtaiset standardit ja normit. Jos asiakasyrityksellä ei ole selkeää ohjeistusta eikä riittävää osaamista, jotta nämä voitaisiin tarjota toimittajalle, seurauksena voi olla laadultaan hyvinkin heikkoa dokumentaatiota, josta seuraa paljon korjaustyöntarvetta sekä jopa kalliitakin virheitä tämän prosessin aikana. Ja mitä suurempi tiimi asiakasyrityksessä työskentelee tämän alihankinnan valmistelutyön parissa, sitä enemmän tämä jälkikäteen tehtävä korjaustyö maksaa. Ja kun tällainen tilanne toivottavasti halutaan estää seuraavissa projekteissa, juurisyyanalyysin yhteydessä on syytä aloittaa katsomalla peiliin sen sijaan, että alettaisiin lisäämään yrityksen toiminnan kokonaiskustannuksia heikentämällä toimittajasuhteita.

7.2.4 Paikallinen yhteisö

Tämä sidosryhmä usein unohdetaan päätöksenteossa silloin, kun kyseessä ovat päätökset, jotka eivät erikseen vaadi sen huomiointia. Paikallisen yrityksen menestyksekkäästi toteuttama TCO-työ kuitenkin vaikuttaa myös paikalliseen yhteisöön, etenkin, kun puhutaan pienestä paikkakunnasta, jolla on vain yksi tai kaksi suurta yritystä ja useita paljon pienempiä yrityksiä. Tässä yhteydessä yksi suurimpia TCO-työn suoria vaikutuksia on paikallisen yrityksen parantunut kannattavuus, mikä puolestaan vähentää painetta lomauttaa henkilöstöä tilauskannan vähentyessä sekä lisää mahdollisuuksia palkata lisää henkilöstöä ja kasvaa kestävästi.

Toisaalta näiden yritysten suorittamat laajamittaiset TCO-analyysit saattavat myös osoittaa, että jotkin aiemmin muilta paikkakunnilta tai jopa ulkomailta hankitut tavarat ja palvelut voidaan hankkia edullisemmin paikallisesti esimerkiksi yhteistyön tehostamismahdollisuuksien, lyhyiden välimatkojen ja todella nopeiden reaktioaikojen myötä, liittyen esimerkiksi äkillisiin muutoksiin valmistettavien osakokoonpanojen määrässä ja tarvittavassa toimitusajassa. Tämä puolestaan voi luoda lisää työtä näille pienemmille paikallisyrityksille, mikä usein johtaa mahdollisuuksiin kasvaa ja palkata lisää henkilöstöä. Tämä voi johtaa myönteiseen kierteeseen, koska enemmän paikallista työtä tarkoittaa myös lisää varoja paikkakunnan hallinnolle esimerkiksi kasvaneiden verotulojen myötä paikallisten palveluiden ja tilojen kehittämiseen, mikä puolestaan parantaa paikallisten asukkaiden elintasoa. Tämä puolestaan tekee paikkakunnasta houkuttelevamman asuinpaikan, mikä saattaa vetää lisää ihmisiä muuttamaan paikkakunnalle, vahvistaen tätä myönteistä kierrettä entisestään (kirjoittajan näkemys).

7.2.5 Valtio ja kansalaisjärjestöt

Seuraavaksi laajennamme paikallisesta yhteisöstä lakien ja poliittisten paineiden laajempaan kenttään, valtioon ja kansalaisjärjestöihin. Yleensähän valtio, tosin usein korkeamman poliittisen voiman, kuten Euroopan Unionin sanelemana, laatii uudet lait sekä muutokset olemassa oleviin lakeihin. Nämä uudet sekä muuttuneet lait voivat puolestaan vaikuttaa yritysten liiketoiminnan makroympäristöön.

Yksi suorimmista vaikutuksista valtion sekä alueellisten poliittisten ja lainopillisten instituutioiden suunnalta on yrityksen maantieteellisellä toimialueella sovellettava alueen tai valtion lainsäädäntö. Tämä pätee yhtä lailla monikansallisiin sekä yksittäisissä valtioissa toimiviin yrityksiin. Jotta voitaisiin ymmärtää, mitkä "ulkoiset voimat" vaikuttavat yrityksen TCO-työhön, voidaan perehtyä esimerkiksi PESTEL-analyysin poliittisiin ja laillisiin näkökulmiin, jotka esiteltiin lyhyesti kirjan edellisessä luvussa. Esimerkiksi tullit ja tariffit vaikuttavat kolmella tavalla:

- Ne vaikuttavat yksittäisen hankintakohteen omistamisen kokonaiskustannuksiin eri tavoin riippuen siitä, onko hankinnan kohde peräisin samalta vai eri maantieteelliseltä talousalueelta kuin hankinnan tekevä yritys.

- Joissain tapauksissa ne saattavat vaikuttaa neuvotteluihin muun muassa ostajan ja myyjän suosiman toimitusehdon kautta.

- Tulleihin ja tariffeihin liittyvä paperityö vaatii yleensä melkoisen työmäärän yhdeltä henkilöltä tai tiimiltä, riippuen yrityksen koosta sekä ulkomailta tehtävien ostojen määrästä.

Toisaalta lait sekä muutokset niihin voivat vaikuttaa myös itse TCO-työhön yrityksissä. Jos yritykselle epäedullinen lakimuutos on vireillä, voi olla viisasta esimerkiksi toteuttaa suuri investointi ennen kuin kyseinen lakimuutos on astunut voimaan.

Palkkakustannukset ovat myös yksi näkökulma valtioon ja kansalaisjärjestöihin sekä niiden vaikutukseen koko yrityksen liiketoiminnan tai sen toimintojen omistamisen kokonaiskustannuksissa. Palkkakustannukset vaihtelevat suuresti valtiosta toiseen, mutta useassa valtiossa on käytössä esimerkiksi lomaraha, ylityökorvaukset, minimipalkka ja niin edelleen. Tämä puolestaan vaikuttaa myös yksikkötyökustannuksiin. Mutta lainsäädäntö voi vaikuttaa myös esimerkiksi luontoisetuihin ja palkan sivukuluihin, jotka työnantaja tilittää liittyen vakuutuksiin, eläkemaksuihin ja niin edelleen. Näitä työnantaja ei maksa suoraan työntekijälle, mutta ne lisäävät kuitenkin työnantajan palkkakustannuksia. Useissa maissa näiden palkkakustannusten tasoon vaikuttavat joko kaksikantaneuvottelut työnantaja- ja työntekijäliittojen tai kolmikantaneuvottelut työnantaja- ja työntekijäliittojen sekä valtion välillä.

Esimerkiksi Saksassa joillain aloilla työnantajaliitot ovat todella vahvassa asemassa palkkatasoa koskevien neuvottelujen suhteen sekä silloin, kun yritykset suunnittelevat kokonaisten tehtaiden sulkemista ja/tai työvoiman vähentämistä (kirjoittajan kokemus).

7.2.6 Kuluttajat

Tämä osio on hyvin lyhyt, mutta lyhyys ei vähennä merkityksellisyyttä yhtään. Mutta tämä osio on yksi niistä esimerkeistä, joiden vuoksi sanon, että tämä kirja eroaa perinteisistä koulukirjoista. Onhan mahdollisuus "levittää sanaa" vaihtoehtoisista tavoista kehittää yritystoiminnan tehokkuutta ja kannattavuutta yksi suurimmista inspiraation lähteistäni tämän kirjan kirjoittamiseen.

Onnistuneen TCO-työn ja sitä myötä alentuneiden kokonaiskustannusten myötä yritykset voivat pitää hinnoittelunsa kilpailukykyisenä, tai jopa asettaa hintansa alle markkinahintojen, mikä tuo lisäarvoa suoraan yrityksen tuotteita ostaville asiakkaille. Toisaalta tällöin yritys tuottaa mahdollisesti lisäarvoa myös muille kuluttajille kuin omille asiakkailleen, koska kyky myydä voitollisesti markkinahintaa halvemmin luo painetta kilpailijoille löytää keinoja saman kustannustason saavuttamiseksi säilyttäen kuitenkin tuotteittensa toiminnallisuuden kilpailijoiden tasolla. Tämä yhtälö kuitenkin perustuu siihen oletukseen, että nämä kustannussäästöt eivät vain "valu omistajien taskuun" läpi toimialan. Haluan kuitenkin korostaa, että hyödyn jakaminen hyödyttää kaikkia pitkällä aikavälillä. Kasvava ostovoima rohkaisee kuluttajia kuluttamaan, mikä puolestaan lisää myyntimääriä, millä voidaan useissa tapauksissa saada yksikköhinnan alentamisen vaikutus mitätöityä niin tehokkaasti, että liikevaihtoa voidaan saada jopa kasvatettua (kirjoittajan näkemys).

7.2.7 Pankit ja luotonantajat

Tämän luvun lopuksi käsittelemme pankkeja ja luotonantajia, joilta yritykset voivat hakea rahoitusta strategisten tavoitteidensa saavuttamiseksi. Useat tässä osiossa kuvailluista TCO:n hyödyistä on kuvailtu myös muualla tässä kirjassa, mutta koostetaanpa ne yhteen tämän otsikon alle, jotta voimme keskittyä tähän aiheeseen siinä toivossa, että joku pääsisi joskus hyödyntämään tätä tietoa.

Menestyksekäs TCO-työ hyödyttää sekä pankkeja ja luotonantajia että yritystä itseään monin tavoin. Koska lainoihin liittyy käytännössä aina myös korko, lainan ottaminen kasvattaa omistamisen kokonaiskustannuksia. Ja vaikka TCO yksinään ei takaakaan, että yrityksen ei koskaan tarvitse ottaa lainaa, sen avulla voidaan parantaa taloudellisten ennusteiden tarkkuutta. Näitä ennusteita puolestaan käytetään myös neuvottelun lähtökohtina, kun valmistusteollinen yritys neuvottelee mahdollisen asiakkaansa kanssa sovittujen maksujen aikataulusta ja maksua vastaavista toimitussisällön osista. Jos asiakas maksaa projektin toteuttamiseksi tarvittavat investoinnit niin sanotusti "pöydän yli" projektin aikana, projektin tarjousvaiheen taloudellisen ennusteen tarkkuus on merkittävässä asemassa myyjän maksukyvyn kannalta projektin aikana. Jos tässä onnistutaan hyvin, ainakin lähes kaikki projektin toteuttamisen vaatimat hankinnat voidaan tällöin toteuttaa varoilla, jotka saadaan asiakkaan maksuista, mikäli sovittu maksuaikataulu mahdollistaa tämän. Mikäli toimittajayrityksellä on vain yksi suuri projekti meneillään, ja siihen on sidottu suurin osa yrityksen henkilöstöstä, tämän projekti vakavaraisuus voi myös olla hyvin paljon sidoksissa koko yrityksen vakavaraisuuteen, etenkin, jos yrityksellä ei ole muita samanaikaisia liikevaihdon lähteitä. Tästä huolimatta yritys voi joutua kuitenkin pyrkimään järjestää lisärahoitusta.

Toinen merkittävä hyöty tarkentuneista taloudellisista ennusteista on alentunut riski joutua hakemaan yllättäen merkittävänkin kokoista lainaa tai vaihtoehtoisesti perumaan valitun strategian vaatimia investointeja. Tämän myötä yrityksellä on myös paremmat lähtökohdat päätöksentekoon, mikä usein auttaa yritystä menestymään.

Edellä mainittuja ennusteita käytetään usein myös lainahakemusten yhteydessä, koska rahoittajat saattavat vaatia tietoa siitä, milloin ja miten paljon rahaa tarvitaan, sekä millä aikataululla ja millaisissa erissä yritys voi maksaa lainan takaisin. Tässä yhteydessä ennusteiden tarkkuus lisää myös lainoittajien luottamusta yritykseen. Kaikki tämä yhdessä yrityksen parantuneen taloudellisen suorituskyvyn kanssa parantaa myös yrityksen luottoluokitusta (Kagan, 2024). Luottoluokitus puolestaan kertoo pankeille ja muille lainoittajille, kuinka korkea on riski, että lainan saaneella yrityksellä saattaa olla tulevaisuudessa vaikeuksia maksaa myönnetty laina takaisin. Heikko luottoluokitus saattaa myös rajoittaa myönnettävän lainan suuruutta sekä vaikuttaa lainan korkotasoon lainaa hakevan yrityksen kannalta epäedullisesti (Alternative Business Funding, 2024).

8 IHMISNÄKÖKULMA JA TCO

Seuraavaksi meidän TCO-laivamme saapuu tämän etapin viimeiseen satamaan: Ihmisnäkökulmaan. Kuten olen maininnut jo aiemminkin tässä kirjassa, ihmisnäkökulma on minun suurin motiivini kirjoittaa tämä kirja. Muodostammehan me ihmiset työyhteisöt ja useilla meistä ei välttämättä ole palkkatulojen tai yrittäjyyden lisäksi muita tulonlähteitä. Mutta ei hätää, arvoisa lukija, vaikka tämä onkin tärkein motiivini kirjoittaa tämä kirja, en aio sortua idealismiin, sivuuttaen aiheeseen liittyvän tutkimuksen. Sehän ei olisi kovin vakuuttavaa, vai mitä?

Tässä luvussa keskitymme organisaatiokäyttäytymiseen, ihmisyyteen ja johtajuuteen omistamisen kokonaiskustannusten asiayhteydessä. Pohjimmiltaan tämä luku yhdessä luvun 4 kanssa muodostaa tiimityöskentelyn TCO:n optimoinnin ytimen. Edellä mainittujen aiheiden lisäksi käsittelemme aiheita, joita on hyvin vähän käsitelty TCO:n yhteydessä, jos koskaan:

- Lomautukset ja toisaalta suuret työllistämiskampanjat
- Hyvin suoriutuvat tiimit
- Tällä hetkellä "tapetilla oleva" aihe etätyö / lähityö / näiden yhdistelmä
- Siiloutunut työyhteisö sekä niin kutsuttu "laiska ajatusmalli".

Ja mitä tekemistä näillä aiheilla on omistamisen kokonaiskustannusten kanssa? Paljonkin. Aloitetaan ihmisistä TCO-työn onnistumisen perustana, koska me ihmiset emme ole vain lukuja tilinpäätöksessä; me olemme eläviä, hengittäviä, ajattelevia ja tuotteliaita olentoja.

8.1 Ihmiset TCO:ssa onnistumisen perustana

Pohjimmiltaan TCO-työn suunnittelu ja käyttöönotto työyhteisössä on kuten mikä tahansa suuri muutos työskentelytavoissa. Tämä tarkoittaa, että siinä onnistuminen edellyttää myös hyvää muutosjohtajuutta. Muutosjohtaminen on oppiala, johon suosittelen perehtymään TCO-työn käyttöönotossa onnistumiseksi, mutta emme juuri syvenny tähän aiheeseen tässä kirjassa. Tässä osiossa keskitymme ihmisiin ja omistamisen kokonaiskustannuksiin työyhteisössä työskentelevien ihmisten suhteen.

Me ihmiset emme ole ainoastaan välttämättömiä TCO:n onnistuneelle käyttöönotolle työyhteisössä ja sen käytössä päivittäisessä työssämme, vaan olemme myös osa koko liiketoiminnan omistamisen kokonaiskustannuksia. Sujuva yhteistyö ja tiedonvaihto, meidän motivaatiomme ja työhön sitoutumisemme sekä molemminpuolinen kunnioitus ja keskustelu tiimin sisällä; kaikki nämä vaikuttavat tiimityöskentelyn omistamisen kokonaiskustannuksiin. Ja sisäisten motivaation lähteidemme lisäksi ulkoiset tekijät voivat vaikuttaa työmotivaatioomme ja työhön sitoutumiseemme. Näitä ovat esimerkiksi työkalujemme käyttökelpoisuus, hyödyllisyys ja ymmärrettävyys, sekä työssä käyttämiemme laitteiden ja asioiden tarkoitukseen soveltuvuus. Jos nämä ja muut vastaavat seikat ovat huonolla tolalla yrityksessä, tästä seuraavat kielteiset TCO-vaikutukset sisältävät muun muassa:

- pidentyneitä harjoittelujaksoja uuden oppimisessa
- vähentynyttä sitoutumista työhön, mikä vähentää työskentelyn tuottavuutta, mikä puolestaan johtaa lisärekrytointitarpeisiin tarvittavan työsuoritteen tekemiseksi sekä
- erilaisia huonosta suunnittelusta johtuvia virheitä, jotka johtavat kasvavaan korjaustyön tarpeeseen ja ongelmanratkaisukustannusten kasvuun.

Lisäksi kaikki edellä mainitut ja niitä vastaavat seikat voivat johtaa siihen, että avoimien työpaikkojen täyttäminen yrityksessä saattaa kestää kauemmin, sekä haitata yrityksen strategisten tavoitteiden ja päämäärien saavuttamista.

Lopulta kaiken tämän myötä halvasta ratkaisusta tulee kallis ratkaisu päätyen hiljaiseen epäonnistumiseen, jonka myötä kaikki aika ja raha on hukattu. Esimerkiksi erään ohjelmiston tapauksessa eräässä yrityksessä työntekijöiden kouluttaminen ja uusien kouluttaminen koulutusvaiheen kesken jättäneiden työntekijöiden tilalle maksoi 110 000 dollaria yhtä koulutettavaa työntekijää kohti. Ja tämä luku ei sisältänyt kustannuksia, joita yritykselle aiheutui ohjelmiston "käyttäjäepäystävällisyyteen" liittyvistä käyttäjävirheistä ja näiden korjaamiseksi tarvittavasta ohjelmiston ylläpidon työstä. Tämä lisäkustannus oli toiset 115 000 dollaria, jolloin väärän ohjelmiston valinnasta aiheutuneet kokonaiskustannukset olivat 225 000 dollaria yhtä työntekijää kohti (Hoffman ym., 2008, s. 203). Kun tämä kerrotaan esimerkiksi kymmenellä työntekijällä, saadaan 2,25 miljoona dollaria, tai noin 2,08 miljoonaa euroa (xe currency converter, 2024). Oletetaan, että käyttäjäystävällisempi ohjelmisto olisi maksanut vuositasolla 10 000 € käyttäjää kohti enemmän kuin käyttäjäepäystävällinen ohjelmisto, sisältäen ohjelmiston ylläpitokustannukset. Oletetaan myös, että ohjelmisto tarvitaan kymmenelle ihmiselle viiden vuoden ajaksi. Tällöin käyttäjäystävällisemmän ohjelmiston valinta olisi maksanut 500 000 € enemmän hankkia ja ylläpitää, mutta olettaen koulutusten ja uudelleenkoulutusten väliseksi suhteeksi 50/50 110 000 dollarista saamme käyttäjäystävällisemmän ohjelmiston valinnasta seuraaviksi säästöiksi parhaimmillaan jopa 1,07 miljoonaa euroa.

8.2   Työyhteisötarpeiden hierarkia ja TCO

Meillä ihmisillä on tarpeita, tavoitteita ja innostuksen lähteitä, kuten työmme tarvitseman osaamisen saavuttaminen, sekä osaamisemme laajentaminen. Useimmille meistä on myös tärkeää työskennellä ympäristössä, joka on sitä, mitä tarvitsemme suoriutuaksemme tehtävistämme tyydyttävällä ja mieltä ylentävällä tasolla. Näiden tarpeiden tyydyttäminen on erittäin tärkeää myös yrityksen strategisten tavoitteiden saavuttamisen kannalta (Hoffman ym., 2008, s. 202).

Toinen tapa käsitellä tätä on soveltaa Maslow'n tarvehierarkiaa, luultavasti tunnetuinta varhaista motivaatioteoriaa, työyhteisöön. Tämä malli sisältää pyramidin, jossa seuraava kerros rakentuu edellisen varaan:

1. Fysiologiset tarpeet

2. Turvallisuuden tarpeet

3. Yhteenkuuluvuuden tarpeet

4. Arvonannon tarpeet

5. Itsensä toteuttamisen tarpeet

6. (Sisäsyntyiset arvot). Tätä on alettu käyttää tässä yhteydessä suhteellisen äskettäin, eikä tätä ole vielä hyväksytty tieteessä laajasti (Robbins & Judge, 2022, s. 130).

Näistä viiden ensimmäisen alkuperäisen tarvetason soveltamisesta työyhteisöön on myös kirjallisuutta. *Ensimmäisellä tasolla* käsitellään työntekijän perustarpeita, kuten puhtaan juomaveden saatavuutta, mahdollisuutta käydä vessassa ja mukavaa työympäristöä. *Toinen taso* käsittelee tarvetta kokea, että me ja meidän omaisuutemme on turvassa, samoin kuin fyysinen terveytemme esimerkiksi hyvän työergonomian kautta. Tähän tasoon kuuluu myös tunnetason turvallisuuden kokemus, esimerkiksi luottamus työn jatkuvuuteen. *Kolmas taso* puolestaan käsittelee yhteenkuuluvuuden tunnetta. Jos emme koe yhteenkuuluvuuden tunnetta töissä, saatamme olla vähemmän motivoituneita ja sitoutuneita työhömme. Ihmissuhteiden muodostaminen työyhteisössä edistää yhteenkuuluvuuden tunnetta, ja tätä työnantaja voi edistää esimerkiksi järjestämällä sosiaalisia tapahtumia ja järjestämällä enemmän mahdollisuuksia tiimihengen rakentamiselle toimiston ulkopuolella. Usein tämä myös johtaa henkilöstön vaihtuvuuden vähenemiseen ja työhön sitoutumisen kasvuun työyhteisössä.

Neljäs taso, arvonannon tarve, tarkoittaa tunnetta siitä, että työskentelemme korkeamman päämäärän eteen ja tämä työ tuo meille arvostusta. Tästä seuraa tunteita kasvusta, edistymisestä ja saavutuksista. Kun luotamme itseemme ja kykyihimme sekä saamme myönteistä palautetta ja tukea, menestymme todennäköisemmin. Ja jos tämä palaute tulee vain vuosittaisen läpikäynnin yhteydessä, tämä saattaa vaikuttaa työntekijän arvostuksen tunteeseen kielteisesti. *Viimeinen* taso, itsensä toteuttaminen, tarkoittaa sitä, että töissä meillä on sisäsyntyinen tarve tuntea, että teemme parhaamme, mikä motivoi meitä eteenpäin urallamme ja menestymään. Tämän vuoksi tarvitsemme mahdollisuuksia tuntea näin, joten tarvitsemme haasteita, jotka eivät tunnu ylitsepääsemättömiltä tai ylikuormittavilta, mutta jotka eivät ole liian helppojakaan. Työantajat, tai suuremmissa yrityksissä lähimmät esimiehet, voivat myös auttaa työntekijöitä saavuttamaan itsensä toteuttamisen tunteita auttamalla heitä etenemään uralla heille hyvin soveltuvissa rooleissa (Herrity, 2024).

Kun nämä tarpeet tyydytetään, olemme tuotteliaampia, sitoutuneempia ja luovempia työssämme, mikä parantaa myös työmme laatua. Tämä johtaa parempiin ratkaisuihin, jotka voivat jopa kasvattaa yrityksen liikevaihtoa ja toisaalta auttaa vähentämään korjaustyön kustannuksia työmme laadun parantuessa (kirjoittajan kokemus).

8.3   Ihmisten johtaminen ja TCO

Seuraavaksi keskitymme johtajuuteen. Se, miten meitä johdetaan, nimittäin vaikuttaa useaan osa-alueeseen suoriutumisessamme. Johtajuus, muiden johtaminen ja johdettavana oleminen on harvoin yksinkertaista, etenkin, koska olemme kaikki yksilöitä, joita motivoivat eri asiat saaden meidät yrittämään enemmän ja tekemään töitä lujemmin. Mutta tässä osiossa keskitymme johtajuuden piirteisiin, joita pidetään hyvinä tai huonoina yleisesti johtajuuden tutkimuksessa, sekä niiden vaikutuksiin liiketoiminnan omistamisen kokonaiskustannuksiin.

Mistä muodostuu hyvä johtaja? Harvard Business Review'n blogissa julkaistun Rebbeca Knightin tekstin mukaan menestyksekkään johtajan 8 piirrettä ovat:

1. olla aidosti oma itsensä
2. uteliaisuus "laatikon ulkopuolisiin" asioihin
3. analyyttiset kyvyt ja syy-seuraussuhteiden ymmärtäminen
4. sopeutumiskyky tilanteiden muuttuessa
5. luovuutta tukevan työpaikkakulttuurin kehittäminen
6. kyky käsitellä kilpailevien ajatusten ja kilpailevien tärkeysjärjestysten aiheuttamaa epäselvyyttä
7. kestävyys haasteiden ja epäonnistumisten suhteen

8. empatia ja tunneäly (Knight, 2023).

Ja miten nämä liittyvät ihmisten kautta omistamisen kokonaiskustannuksiin? *Aitous* johtaa siihen, että ihmiset uskovat johtajiinsa ja ovat tyytyväisiä heihin. Aitous myös voimaannuttaa työyhteisön jäseniä (Robbins & Judge, 2022, s. 231). *Uteliaisuus* auttaa johtajaa katsomaan organisaatiota "ulkopuolelta", nähden tilanteet ja ongelmat ulkoisten sidosryhmien silmin. Tämä puolestaan auttaa johtajaa asettamaan asiat laajempaan asiayhteyteen ja siten tekemään laajempaan näkökulmaan perustuvia päätöksiä (Knight, 2023). *Analyyttiset kyvyt* puolestaan ovat suureksi avuksi ongelmanratkaisussa, koska juurisyyn selvittäminen ja korjaaminen vaatii analyyttistä ajattelutapaa hätäisen olettamisen sijaan. Esimerkiksi insinööritehtävissä ongelmanratkaisu on osa päivittäistä työtä, ja kun johtaja osoittaa esimerkkiä analyyttisestä ajattelutavasta, se kannustaa muita toimimaan samoin (kirjoittajan kokemus). Analyyttinen ajattelutapa tuo mukanaan myös analyyttisiä menetelmiä, joissa monimutkaisia ongelmia pilkotaan helpommin ymmärrettäviksi elementeiksi, jolloin on helpompaa löytää todelliset ongelmat ja keksiä niihin ratkaisuja (Hermarij, 2021, s. 494–499).

Sopeutumiskyky kehittää ketterää kulttuuria tiimissä (Knight, 2023). Ja ketterä työyhteisö pystyy vastaamaan strategisiin mahdollisuuksiin nopeasti ja suhteellisen helposti, sekä tunnistamaan tulevat toimintaympäristön muutokset ja reagoimaan niihin (Whittington ym., 2020, s. 454).

Me ihmiset olemme valmiita muuttumaan, mutta emme vastoin tahtoamme. Ja tämä on tärkeä tiedostaa, kun pyritään lievittämään muutosvastarintaa: kun meidän sallitaan ilmaista mielipiteemme, ja vielä mieluummin annetaan vaikuttaa omaan tulevaisuuteemme, vastustamme muutosta epätodennäköisemmin (Hermarij, 2021, s. 2255–256). *Luovan ilmapiirin* kehittäminen voi myös tuoda valtavaa lisäarvoa yritykselle. Onhan luovuus yksi kekseliäisyyden päätekijöistä. Luovuus ei kuitenkaan synny vain käskemällä tiimiä olemaan luova. Halu työskennellä jonkin haastavan, kiinnostavan, innostavan ja tyydyttävän parissa liittyy vahvasti luovaan lopputulokseen. Käyttäytymistä työyhteisössä voidaan ohjata myös palkitsemisen ja tunnustusten avulla. Näin ollen tavoiteltaessa luovuuden lisäämistä luovuus tulee liittää myös palkitsemisperusteisiin. Lisäksi liiallista sääntelyä tulee välttää pyrittäessä kannustamaan työyhteisöä luovuuteen, koska liian pitkälle viedyt säännöt rajoittavat luovuutta (Robbins & Judge, 2022, s. 125–127).

Kyky sietää epäselvyyttä auttaa ymmärtämään, kuinka asiat ovat kytköksissä toisiinsa ja mahdollistaa vastakkaisten ajatusmallien punnitsemisen epävarmuuden vallitessa. Tällöin voidaan välttyä ylenkatsomasta esimerkiksi riippuvuuksia erilaisten muutosten, voimien ja liikkeiden periaatteiden välillä (Knight, 2023, dynamiikan suomennos Suomisanakirja.fi, 2025), mikä johtaa parempaan päätöksentekoon (kirjoittajan kokemus). *Kestävyys* viittaa työyhteisön kyvykkyyteen toipua äkillisistä vastoinkäymisistä suhteellisen nopeasti ja helposti (Whittington ym., 2020, s. 454), esimerkiksi autoteollisuudessa näinä taloudellisesti haastavina aikoina samalla, kun akkusähköautojen myynti ei vedä ennakoidulla tasolla (kirjoittajan kokemus). *Empatia ja tunneäly* puolestaan ovat tärkeitä, kun ollaan aktiivisesti tekemisissä työkavereiden kanssa ja rakennetaan ihmissuhteita ja luottamusta. Empatia viittaa kykyyn asettua toisen ihmisen asemaan eli nähdä tilanne hänen näkökulmastaan ja ymmärtää hänen prioriteettejaan (Knight, 2023). *Tunneäly* puolestaan liittyy henkilön kykyyn tunnistaa tunteita itsessään ja muissa, ymmärtää näiden tunteiden merkityksen sekä kykyyn säädellä omia tunteita tämän perusteella. Tämä auttaa johtajia pysymään tyynenä paineen alla, ratkaisemaan ongelmia ja ristiriitoja tehokkaammin sekä olemaan empaattisempia työkavereitaan kohtaan (Robbins & Judge, 2022, s. 84).

Tähän aiheeseen liittyvän tutkimuksen perusteella nämä ominaisuudet kattavat suuren osan yleisesti hyväksytyistä hyvän johtajan tunnusmerkeistä. Mutta mitkä sitten ovat huonon johtajan tunnusmerkkejä? Tämä voi olla aivan yhtä henkilöstä riippuvaa kuin hyväkin johtaminen. Ja tämä tekee aiheen vieläkin monimutkaisemmaksi; ei ole olemassa yhtä kaikki kulttuurit kattavaa vastausta siihen, millainen on hyvä johtaja. Ollaksemme hyviä johtajia erilaisessa ympäristössä verrattuna siihen, johon olemme tottuneet, meidän täytyy sopeutua vallitsevaan kulttuuriympäristöön (Browaeys & Price, 2019, s. 225). Mutta vastataan kysymykseen yhden esimerkin voimin. Haluan vielä tähdentää, että tämä ei päde kaikkialla maailmassa, mutta esimerkiksi täällä Suomessa tämä pätee varsin hyvin: erityisen kontrolloivan johtamistavan inho. Useille meistä suomalaisista itsemääräämisoikeus on tärkeä asia, minkä myötä kiinnostuksemme annettuja työtehtäviä kohtaan vaikuttaa suoraan hyvinvointiimme ja suoriutumiseemme. Tällöin motivaatiotamme ohjaa tunne siitä, että voimme itse määritellä menetelmät meille uskotun työn suorittamiseksi sekä se, että voimme itse vaikuttaa siihen, mitä teemme ja miten työ tyydyttää psykologiset tarpeemme (Robbins & Judge, 2022, s. 133). Kun työtämme ohjataan jatkuvasti erityisen kontrolloivasti, vieden meiltä mahdollisuuden vaikuttaa työn suoritustapaan työpaikan sääntöjen ja saatavilla olevien työkalujen rajoissa, menetämme kiinnostuksemme. Olen kokenut tämän itsekin muutaman kerran, ja jos sinä, arvoisa lukija, et ole joutunut tätä kokemaan, toivon vilpittömästi, ettet koskaan joudukaan. Mutta mitä tekemistä tällä on omistamisen kokonaiskustannusten kanssa? Kaikki nämä seikat vaikuttavat työyhteisön suoriutumiseen, vaikuttaen sen tuottavuuteen, luovuuteen ja työn laatuun, mikä puolestaan joko vähentää tai lisää annettujen tehtävien suorittamisen kustannuksia (kirjoittajan kokemus).

8.4   Työhön sitoutuminen ja TCO

Sitoutuminen on vahva sana. Merriam-Websterin sanakirja määrittelee sitoutumisen seuraavasti: "sopimus tai lupaus tehdä jotain tulevaisuudessa (Merriam-Webster, 2024). Tässä mielessä sekä esihenkilöiden ja johdon että työntekijöiden sitoutuminen on yhtä tärkeää. Kuitenkin, kuten jo aiemmin kuvailtu tässä kirjassa, ylimmän johdon sitoutuminen on äärimmäisen tärkeää pyrittäessä saavuttamaan yhtään mitään.

Tämän osion sisällön yhteydessä voimme kutsua työyhteisön sitoutumista työntekijöiden sitoutumiseksi. Työntekijän sitoutuminen tarkoittaa "innostusta, jota työntekijä tuntee työstään". Hyvin sitoutuneet työntekijät jakavat intohimon työtään kohtaan ja tuntevat syvää yhteyttä työnantajaansa, kun taas ei-sitoutuneet työntekijät käyttävät aikaansa, mutta eivät energiaansa tai keskittymistään työhön. Työntekijöiden keskimäärin korkean sitoutumisen hyötyjä ovat:

- korkea asiakastyytyväisyys
- parantunut tuottavuus
- parantunut kannattavuus
- vähentynyt henkilöstön vaihtuvuus
- vähentynyt onnettomuusherkkyys (Robbins & Judge, 2022, s. 67).

Kaikki nämä yhdessä muodostavat hyvän mahdollisuuden säästää kustannuksissa. Siksi väitänkin, että hyvää sitoutumista edistävän työpaikkakulttuurin kehittäminen ja ylläpitäminen on jotain, jossa koko yritys ja kaikki siinä työskentelevät ihmiset voittavat(kirjoittajan näkemys).

Kuinka työlle omistautumista voidaan sitten edistää? Esimerkiksi osallistamalla työntekijöitä. Työntekijöiden osallistaminen on prosessi, jossa tarvittava tieto tulee työntekijöiltä, kun heidän annetaan osallistua päätöksentekoon tavoitteena lisätä työntekijöiden sitoutumista organisaation menestymiseen. Tämä puolestaan voidaan saavuttaa osallistavalla johtamisella, mikä voi parantaa työyhteisön tuottavuutta ja ilmapiiriä, sekä vähentää työn jatkuvuuteen liittyvän epävarmuuden kielteisiä vaikutuksia työtyytyväisyydelle. Nämä vaikutukset eivät ole tyypillisiä vain päätöksentekoon osallistettaville yksilöille, vaan samat vaikutukset voidaan havaita kokonaisissa tiimeissä, kun niille annetaan enemmän päätösvaltaa työnsä suhteen (Robbins & Judge, 2022, s. 155).

8.5   Palkka & palkitseminen ja TCO

Kuten tässä kirjassa on jo aiemmin todettu, palkitsemismallit ohjaavat organisaation käyttäytymistä. Tämä pätee myös mahdollisimman matalia omistamisen kokonaiskustannuksia edistäviin työskentelymenetelmiin. Toisaalta myös henkilöstön palkkakustannukset ovat osa yrityksen liiketoiminnan omistamisen kokonaiskustannuksia. Näistä molempia näkökulmia käsitellään tässä osiossa.

Vaikka palkka ei olekaan ainoa työhön liittyvä motivaatiotekijä, eikä välttämättä yhtä voimakas tekijä kuin työn ja vapaa-ajan tasapaino sekä työstä nauttiminen, palkka motivoi ihmisiä. Robbinsin ja Judgen mukaan American Psychological Associationin toteuttamassa tutkimuksessa 60 % vastaajista pysyi nykyisessä työpaikassaan palkan ja työsuhde-etujen vuoksi. Palkassa on myös kaksi tasa-arvon elementtiä: sisäinen tasa-arvo eli minkä arvoista tehtävä työ on työnantajalle, sekä ulkoinen tasa-arvo eli kuinka kilpailukykyinen maksettava palkka on suhteessa toimialan palkkatasoon. Ihanteellinen palkkausjärjestelmä osoittaa työn rahallisen arvon sekä työn arvon yleisesti samalla toimialalla. 126 suuressa työyhteisössä suoritetun tutkimuksen tulokset osoittivat, että työntekijät, jotka uskoivat saavansa kilpailukykyistä palkkaa, olivat muita tuotteliaampia sekä loivat myönteisempää ilmapiiriä ja asiakastyytyväisyyskin oli parempi. Mutta koska palkkakustannukset ovat usein suurin yksittäinen yrityksen toiminnan kustannuserä, liian suuren palkan maksaminen tekee joko yrityksen tuotteista liian kalliita kilpailijoihin nähden tai yrityksen toiminnasta kannattamatonta (Robbins & Judge, 2022, s. 156–157). Kilpailijoita korkeamman palkkatason avulla hyviä työntekijöitä voi kuitenkin motivoida pysymään yrityksessä ja kehittymään ammatillisesti sekä houkutella yrityksen ulkopuolelta parhaita osaajia, mikä saattaa hetkellisesti heikentää yrityksen kannattavuutta, mutta ajan myötä aiempi kannattavuuden taso saavutetaan takaisin tai jopa ylitetään. Ja joskus korkeamman palkan maksaminen saattaa olla yritykselle kokonaisuudessaan jopa halvempaa kuin matalamman palkan maksaminen. Enemmän työkokemusta ja osaamista tarkoittaa vähentynyttä tarvetta käyttää aikaa samojen asioiden oppimiseen, sekä vähentynyttä "alokasvirheiden" tekemisen todennäköisyyttä, mikä parantaa koko työyhteisön tuottavuutta ja tehokkuutta. Lisäksi korkeampi palkka voi vaikuttaa suotuisasti työilmapiiriin, koska se saa työntekijät kokemaan, että työnantaja arvostaa heitä (kirjoittajan kokemus).

Palkitseminen on palkan toinen osa-alue, esimerkiksi suorituspalkkiojärjestelmän kautta. Yksilöllisen suoriutumisen arvioiminen ja hyvästä suoriutumisesta yksilökeskeinen palkitseminen voi kuitenkin alentaa hyvin suoriutuvan tiimin suoritustasoa. Tämän vuoksi onkin parempi käyttää yhdistelmämallia, jossa palkitaan sekä yhteisön että yksilön suoriutumisesta. Koko ryhmän yhteiset arvioinnit, voittojen jakaminen sekä pienryhmien palkitseminen yhdessä myönteisen palautteen kanssa parantavat tiimin työpanosta ja suoriutumista. On kuitenkin tärkeää olla puolueeton ja välttää syrjintää, jotta tämä palkitsemismalli voisi tuottaa toivottuja tuloksia (Robbins & Judge, 2022, s. 189).

Tämä pätee myös TCO:n käyttöönottoon. On tärkeää linjata palkitsemisperusteet siten, että ne tukevat työskentelyä yhteisten tavoitteiden eteen niin yksittäisissä tiimeissä ja toiminnoissa kuin niiden välisessä yhteistyössäkin, jotta TCO-työssä voidaan onnistua. Kun palkitsemisen perusteissa korostetaan tiimityötä, me ihmiset pyrimme löytämään keinoja saavuttamaan yhteiset tavoitteemme sen sijaan, että asettaisimme omat vastuualueemme tärkeysjärjestyksessä kokonaisuuden edelle. Päinvastaisessa tilanteessa, jossa yksilökeskeistä käytöstä edistetään yksilökeskeisillä palkitsemisen perusteilla, saatetaan päätyä jopa tiimin "hajoamiseen", turhautumiseen sekä lisääntyneeseen henkilöstön vaihtuvuuteen heikentyneen tiimihengen vuoksi. Nämä kaikki kasvattavat liiketoiminnan omistamisen kokonaiskustannuksia (kirjoittajan kokemus). Yleensäkin palkitsemisstrategioiden ja niiden käyttöönottomenetelmien tulee olla lähtöisin yrityksen strategiasta. Onnistunut palkitsemisen ohjaus perustuukin yrityksen arvoihin, mahdollistaen niiden siirtämisen käytäntöön. Palkitsemisohjeistusten tulee myös olla linjassa yrityksen strategisten tavoitteiden ja kulttuurin kanssa (Armstrong & Murlis, 2007, s. 4–5).

8.6   Neuvottelutilanne ja TCO

Neuvottelut on lähes aina osa jokapäiväistä työtä liiketoiminnassa. Neuvotelemme työyhteisön sisällä työkavereidemme, esihenkilöidemme ja muiden sisäisten sidosryhmien kanssa sekä yrityksen ulkopuolella asiakkaiden ja tavaran- tai palvelutoimittajien kanssa, joskus myös muiden ulkoisten sidosryhmien kanssa. Omistamisen kokonaiskustannuksilla ja neuvottelutilanteilla on useita molemminpuolisia etuja sekä soveltamismahdollisuuksia, ja tässä osiossa perehdymmekin TCO:n ja sekä sisäisten että ulkoisten neuvotteluiden suhteeseen. IPMA-työssään John Hermarij määrittelee (Hermarij, 2021, s. 521) neuvottelun seuraavasti:

- kaikkien osapuolten etujen ymmärtäminen
- kaikkien tarpeiden saavuttamisen kannalta riittävien vaihtoehtojen kehittäminen
- hyväksyttävän strategian suunnitteleminen, jotta kaikki yrityksen tavoitteet voidaan saavuttaa
- yrityksen tavoitteisiin sopivan sopimuksen saavuttaminen

- kaikkien kaupallisten mahdollisuuksien hyödyntäminen.

Tämä on tärkeää, etenkin kaikkien osapuolten etujen ymmärtäminen sekä kaikkien osapuolten tavoitteiden kannalta riittävien vaihtoehtojen kehittäminen, koska vain siten voimme päästä sopimukseen, jossa kaikki voittavat (Säkkinen, 2024). Tällaista tilannetta pidetään yleisesti parhaana melkein kaikessa johtamiseen liittyvässä kirjallisuudessa. Tästä tilanteesta käytetäänkin englanninkielistä nimitystä "win-win", joka on käytännössä kokoelma pieniä kompromisseja, joiden seurauksena kaikki osapuolet pitävät lopputulosta reiluna. Tämä puolestaan edistää hyvää yhteistyösuhdetta osapuolten välillä. Kaikki neuvottelut eivät kuitenkaan voi olla tällaisia, vaan esimerkiksi hintaneuvottelut ovat luonteeltaan vastakkain asettelevia. On kuitenkin tärkeää, että kaikki osapuolet tuntevat neuvotteluiden päätyttyä hyötyneensä neuvotteluista ja että heidän etunsa on huomioitu sopimuksessa mahdollisimman hyvin (Hermarij, 2021, s. 530–531).

Tällaiset neuvottelutavoitteet ja -tulokset ovat eduksi myös omistamisen kokonaiskustannusten kannalta, suurimmaksi osaksi osapuolten välisen yhteistyösuhteen edistämisen myötä. Kun kaikilla osapuolilla on hyvä keskinäinen suhde, he luottavat toisiinsa, mikä tekee yhteistyöstä sujuvaa. Lisäksi, kun sopimuskumppaneiden välillä on avoimen keskustelun ilmapiiri, he esimerkiksi tuovat mahdollisia ongelmia ja riskejä esille sekä ehdottavat tarvittavia toimenpiteitä ja keskustelevat eri vaihtoehdoista avoimemmin. TCO:ta voidaan hyödyntää myös win-win-tilanteen saavuttamiseen. Vaikka esimerkiksi toimittajaehdokkaan tarjous sisältäisi korkeat alkuinvestoinnit, käyttö-, kunnossapito ja poistokustannukset saattavat olla tarpeeksi alhaiset kompensoimaan eron kilpailijoihin alkukustannusten suhteen jopa niin hyvin, että kyseinen tarjous on silti kokonaisuutena halvin vaihtoehto. Jos toimittajaehdokas voi esittää tämän vakuuttavasti, jopa tukien tätä laskelmilla, kilpailjoita korkeammista alkuinvestoinneista huolimatta on mahdollista saavuttaa tilanne, jossa kaikki voittavat (kirjoittajan kokemus).

8.7 Turvallisuus ja TCO

Sen lisäksi, että fyysisen turvallisuuden kokemuksemme työpaikalla vaikuttaa suoriutumiseemme osiossa 8.2 kuvaillun mukaisesti, se vaikuttaa suuresti myös yrityksen taloudelliseen tulokseen, koska menetetty työpäivä johtaa joko työn tekemättä jäämiseen tai tuuraajan tarpeeseen. Tämä puolestaan tarkoittaa lisää kustannuksia. Mutta tässä yhteydessä tällä tarkoitetaan suunnittelemattomia poissaolopäiviä, kuten sairaspoissaoloja johtuen esimerkiksi loukkaantumisista, sairastumisista ja työskentelyolosuhteiden ongelmista. Kaikki vapaapäivät, kuten vuosiloma, eivät ole pois tuottavuudesta. Ihminen kun ei ole kone, joka voi toimia lähes ympäri vuorokauden ja ympäri viikon.

Ihmisen terveys yleensäkin liittyy vahvasti turvan tunteeseen, turvallisuuteen ja ympäristöön. *Turvan tunne* liittyy järjestelmien haavoittuvuuksiin, riskeihin, näihin liittyviin vastatoimenpiteisiin ja siihen, miten paljon voimme luottaa olevamme turvattuja. *Turvallisuus* puolestaan liittyy ihmisten suojaamiseen fyysisiltä ja psyykkisiltä uhilta. Kun arvioimme *ympäristövaikutuksia*, me:

- teemme ympäristövaikutusten arvioinnista osan päätöksentekoamme
- estämme tai lievitämme kielteisiä vaikutuksia
- säilytämme luonnollisten järjestelmien toiminnan ja
- tuotamme tietoa (Hermarij, 2021, pp. 668–673).

Kaikki nämä näkökulmat ovat tärkeitä myös omistamisen kokonaiskustannusten kannalta. Kiitos yleisen terveys- ja turvallisuustietoisuuden lisääntymisen liiketoiminnassa, yritykset eivät voi enää yksinkertaisesti jättää näitä asioita huomiotta. Turvallisuus- ja ympäristöasiat eivät ole vain kiinteä osa yrityksen julkisuuskuvaa, vaan hyvät työskentelyolosuhteet ovat nykyisin myös hyvin yleinen odotusarvo useassa maassa ja jopa mantereiden laajuisesti. Tämän myötä yrityksen voi olla vaikea pitää ja houkutella osaavia työntekijöitä, mikäli se ei suoriudu hyvin näissä asioissa. Lisäksi mikä tahansa vakava fyysinen loukkaantuminen tai muu vakava vahinko, etenkin ihmiseen kohdistuvan pysyvän vaurion sattuessa, on kallis yritykselle. Kun työntekijä joutuu vakavaan onnettomuuteen, onnettomuustutkintaan osallistuu useita sisäisiä ja ulkoisia sidosryhmiä, kuten tuotannon esihenkilöt, loukkaantuneen henkilön esihenkilö, HSE-henkilöstö, päälliköt ja johtajat sekä ulkopuoliset terveys- ja turvallisuusviranomaiset. Vakavan laiminlyönnin tapauksessa tutkintaan voi osallistua jopa poliisi- ja lakiviranomaisia. Tällaiset tapaukset eivät ainoastaan ole vahingollisia yrityksen maineelle, vaan turvaton työympäristö myös heikentää henkilöstön tuottavuutta ainakin kahdella eri tavalla. Jos työntekijät ensinnäkin joutuvat jatkuvasti olemaan varuillaan turvallisuusriskien suhteen, he eivät voi keskittyä yksinomaan työntekoon. Lisäksi jatkuva loukkaantumisen riskin tai muun vakavan vahingon riskin läsnäolo altistaa työntekijät henkiselle paineelle, jolloin he eivät voi "kiivetä" organisaatiotarvehierarkian korkeammille tasoille. Kuitenkin esimerkiksi keksinnöt, kehitystyö ja muut vastaavat ilmiöt tapahtuvat vasta tarvehierarkian ylimmillä tasoilla (Herrity, 2024). Me emme kykene olemaan luovia ja kehittämään, jos joudumme pelkäämää turvallisuutemme puolesta. Ja tämän vuoksi suosittelen ensin keskittymään tekemään työskentelyolosuhteista niin turvallisia kuin suinkin mahdollista työn luonne huomioiden, ja vasta sitten huolehtimaan suojavälineiden lisäämisestä lain vaatimaa tasoa korkeammalle, jos riittävän turvallisia työskentelyolosuhteita ei voida taata muutoin. Tämä ei kuitenkaan tarkoita, että esimerkiksi melutason tulee olla tärkein valintaperuste uudelle tuotantolaitteistolle. Olisi suorastaan herkkäuskoista ehdottaa tällaista lähestymistapaa. Tarpeettomien terveys- ja turvallisuusriskien ottaminen kuitenkin harvoin säästää rahaa pidemmällä aikavälillä, riippumatta siitä kuinka houkuttelevan alas hankinnan alkukustannus voitaisiin painaa tinkimällä turvallisuudesta (kirjoittajan näkemys).

Ja tämä ei sisällä ainoastaan fyysistä turvallisuutta ja turvallisuuden tuntua loukkaantumisriskiä vastaan. On myös muita fyysisiä terveystekijöitä, kuten ilmanlaatu, lämpötila ja ympäröivä melutaso. Työnteko huonoissa työskentelyolosuhteissa aiheuttaa myös valtavaa psyykkistä stressiä. mikä lisää loppuun palamisen tai muun psyykkisen haitan todennäköisyyttä suuren työkuorman vaikutuksesta. Myös huono johtajuus lisää stressiä. Jos esimerkiksi tiimin päällikön tai johtajan vastaus muutosvastarinnan yhteydessä on: "Kieltäydyttekö työstä?" tai "Tuossa on ovi. Voitte kävellä ulos, jos ette pidä tästä", tiimin jäsenet menettävät psykologisen turvallisuuden tunteensa eivätkä todennäköisesti ilmaise todellisia tunteitaan eikä yhteistyö päällikön tai johtajan kanssa välttämättä enää suju hyvin. Tämä puolestaan heikentää koko tiimin tuottavuutta (kirjoittajan kokemus).

Toisaalta omistamisen kokonaiskustannusten periaatteita voidaan myös soveltaa, kun pyritään osoittamaan terveyteen ja turvallisuuteen investoimisen tärkeys päätöksentekijöille. Sairaspoissaolojen ja loukkaantumisten keskimääräisestä kustannuksesta on paljon tilastoja saatavilla, ja nämä kustannukset usein ylittävät terveyteen ja turvallisuuteen liittyvien riskien ottamisesta mahdollisesti seuraavat tavoitellut säästöt. Tästä huolimatta on ollut useita tapauksia, jossa yritys on säilyttänyt tuotteessaan jopa mahdollisen kuolemanvaaran aiheuttavan riskin juurisyyn korjaamisen sijaan. Ja tämän päätöksen yritys on tehnyt suoritettuaan vertailevan laskelman sen suhteen, kumpi on halvempaa, ongelman korjaaminen vai riskin ottaminen ja mahdollisten korvausten maksaminen. Esimerkiksi useampi kuin yksi autonvalmistaja on menneisyydessä valinnut jälkimmäisen tien, johtaen "hyvin ansaittuihin" skandaaleihin (kirjoittajan näkemys skandaalin ansaitsemisesta).

8.8   Henkilöstön vaihtuvuus ja TCO

"Henkilöstön vaihtuvuutta mitataan yrityksen tietyssä ajassa jättävien työntekijöiden prosenttiosuudella yrityksen koko henkilöstöstä" (Shweta, 2024). Henkilöstön vaihtuvuus vaikuttaa yrityksen taloudelliseen tulokseen sekä suoraan että välillisesti, etenkin kun se koskee suuria määriä ihmisiä. Vaihtuvuutta on useaa eri "lajia":

- pakotettu ja vapaaehtoinen vaihtuvuus, jolla tarkoitetaan sitä, jättääkö työntekijä yrityksen omasta tahdostaan vai ei
- toiminnallista ja epätoiminnallista vaihtuvuutta, jolla tarkoitetaan sitä, hyödyttääkö työntekijän lähtö työnantajaa vai ei sekä
- vältettävissä oleva ja ei vältettävissä olevat vaihtuvuus, jolla tarkoitetaan sitä, jättääkö työntekijä yrityksen välttääkseen jotain, joka tapahtuu joka tapauksessa riippumatta siitä, mitä työntekijä itse tekee. Tällä voidaan kuitenkin tarkoittaa myös esimerkiksi huonoa johtamiskulttuuria, jolloin vaihtuvuus voidaan vielä mahdollisesti välttää, mikäli yrityksen johto suunnittelee ja toteuttaa korjaavat toimenpiteet nopeasti (Dwesini, 2019).

Työtyytyväisyyden lisäksi yhtä suuri merkitys vaihtuvuudelle on myös esimerkiksi työn ja vapaa-ajan sekä perheen tasapainolla (Ross & Zander, 1957). Koska organisaatiotarvehierarkia käsiteltiin tämän kirjan osiossa 8.2, tässä osiossa keskitymme muihin näkökulmiin, tarkemmin sanottuna TCO:n näkökulmasta kahteen ääripäähän: suuriin lomautuksiin ja henkilöstövähennyksiin sekä suuriin rekrytointikampanjoihin. Näillä molemmilla on vahva yhteys myös yrityksen liiketoiminnan omistamisen kokonaiskustannuksiin.

8.8.1 Yrityksen koon pienentäminen ja TCO

Täällä suomessa ja monessa muussa maassa on tällä hetkellä valtava joukko kokeneita työntekijöitä hakemassa töitä lomautusten ja työpaikkojen vähentämisen seurauksena. Nämä toimenpiteet ovatkin olleet hyvin yleisiä 2–3 viime vuoden ajan. Kun valmistusteollisuuden yrityksen tilauskanta supistuu, yritys usein turvautuu lomautuksiin ja jopa henkilöstövähennyksiin. Näiden toimenpiteiden tavoite ja päämäärä on leikata kustannuksia välittömästi, jotta voitaisiin välttyä vähentyneen liikevaihdon kielteisiltä taloudellisilta vaikutuksilta. Mutta säästetäänkö lomautuksilla tai jopa henkilöstöleikkauksilla pitkällä aikavälillä niin paljon kuin niillä on tavoiteltu säästettävän? Otetaanpa tästä selvää aiheeseen liittyvän tutkimuksen perusteella.

Henkilöstövähennysten ja lomautusten lisäksi yrityksen koon supistaminen voidaan tehdä virtaviivaistamalla organisaatiorakennetta painottaen lopputuotteeseen tuotettavaa lisäarvoa. Tämä tuotanto- ja johtamisfilosofia tunnetaan nimellä Lean. Tässä filosofiassa arvo määritellään summana, jonka asiakas on valmis maksamaan tuotteesta. Toisaalta yrityksen toiminnan supistamisella voidaan tavoitella myös yrityksen strategisten tavoitteiden ja päämäärien saavuttamiseen tarvittavien taitojen, osaamisten ja lahjakkuuksien säilyttämistä yrityksessä (Halton, 2024). Ja joskus määräaikaiset lomautukset tai henkilöstövähennykset voivatkin auttaa yritystä välttämään konkurssin vaikeina aikoina. Minut tämä saa kuitenkin aina kysymään saman kysymyksen: Olisiko yritys voinut välttää tarpeen turvautua näihin toimenpiteisiin alkujaankin hyödyntämällä työntekijöitään ja aineellisia sekä aineettomia resurssejaan järkevämmin? Ovathan useat tutkimukset osoittaneet, että lomautuksilla ja henkilöstövähennyksillä on kääntöpuolensa, joka voi kielteisissä kustannusvaikutuksissaan jopa tehdä tyhjäksi näiden toimenpiteiden avulla tavoitellut säästöt esimerkiksi henkilöstö- ja ohjelmistobudjeteissa.

Yrityksen toiminnan supistaminen voi jopa kääntyä itseään vastaan pyrittäessä välttämään konkurssi, koska se vähentää tuottavuutta ja heikentää työilmapiiriä, mistä seuraa asiakastyytyväisyyden heikkenemistä. Tämä puolestaan voi pahimmillaan jopa lisätä konkurssin todennäköisyyttä. Organisaatiolle tärkeää osaamista omaavien työntekijöiden menettäminen voi vähentää innovaatiota työyhteisössä, ja jäljelle jäävät työntekijät joutuvat pärjäämään kasvaneen työkuorman ja stressin kanssa. Tämä sallii hyvin vähän aikaa oppia uusia taitoja, ja kaikki tämä yhdessä voi helposti mitätöidä kaikki teoriassa saavutettavissa olevat suotuisat muutokset yrityksen tuottavuudessa. Lisäksi luottamuksen menetys työn jatkuvuutta kohtaan alentaa työntekijöiden sitoutumista ja uskollisuutta (Halton, 2024). Ja vaikka tämä koskeekin ennen kaikkea henkilöstövähennyksiä, jatkuvilla lomautuksilla on samankaltaisia vaikutuksia työyhteisössä. Tämän lisäksi jatkuvilla lomautuksilla ja henkilöstövähennyksillä on kielteisiä vaikutuksia yhteen ihmisten keskeisistä organisaatiotarpeista: Turvallisuuden tunteeseen. Kun joudumme murehtimaan työmme puolesta lomautusten tai budjettileikkausten vuoksi, meidän on hankalampi löytää motivaatio suoriutua parhaimmalla tasollamme (Herrity, 2024). Tämä osoitettiin myös esimerkiksi Los Angelesissa ja Washingtonissa vuonna 2018 suoritetussa tutkimuksessa (Stunk ym., 2018), jonka tulosten mukaan muutosneuvottelujen vaikutuspiirissä olleista opettajista tuli vähemmän tuottavia kuin heistä, joita lomautusuhka ei koskenut. Lisäksi he, jotka ensin lomautettiin ja sitten otettiin takaisin töihin, osoittivat alentunutta tuottavuutta ensimmäisen kahden vuoden aikana lomautuksen päätyttyä. Lisäksi lomautukset voivat olla jopa traumatisoivia sen kokeneille samalla kun jäljelle jäävät työntekijät ajautuvat "selviytymistilaan". Tämän lisäksi lomautukset ovat vaikeita johtajille ja päälliköille, jotka joutuvat valitsemaan, kuka jää ja kuka lähtee siitä huolimatta, että he huolehtivat tiimistään ja ovat pyrkineet auttamaan koko tiimiään suoriutumaan parhaalla mahdollisella tasollaan. Tämä saattaa saada johtajat ja päälliköt kyseenalaistamaan työnantajansa ydinarvot. Lisäksi lomautukset saattavat olla vahingollisia asiakastyytyväisyyden kannalta, etenkin, jos tärkeimmät yhteyshenkilöt lomautetaan (Kennemer, 2016).

Koska lomautukset eivät useinkaan tuota tavoiteltuja säästöjä pidemmän päälle, miksi ne silti ovat hyvin yleisiä? Syitä on useita, mutta yhtenä syistä luultujen säästöjen lisäksi voidaan pitää toimitusjohtajien palkitsemisperusteita. Esimerkiksi vuosina 1993–1999 suoritettu tutkimus (ym., 2007) osoitti, että yrityksissä, jotka ilmoittivat lomautuksista tai pysyvistä henkilöstövähennyksistä, toimitusjohtajien vuosiansio nousi edellisestä vuodesta 22,8 % enemmän kuin yrityksissä, joissa henkilöstöä ei vähennetty pysyvästi tai määräaikaisesti.

Mutta voisiko olla olemassa vaihtoehtoinen lähestymistapa? Voisiko olla olemassa hyvä syy sille, miksi jotkut yritykset ovat omaksuneet "nollan lomautuksen periaatteen"? Esimerkiksi Appinventiv, kansainvälinen matkapuhelinsovellusten kehittäjä, päätti taata työn jatkuvuuden 99,5 prosentille työntekijöistään vuoden 2023 aikana. Tämä paransi työntekijöiden mielialaa, koska yritys osoitti pitävänsä organisaatiossaan työskenteleviä ihmisiä yhtenä tärkeimmistä menestyksensä tukijaloista. Lisäksi Appinventiv kasvatti palkkioita ja muuttuvia kompensaatioita palkitakseen työntekijöitään poikkeuksellisen hyvästä suoriutumisesta. Tämä yhdistettynä työntekijöiden osaamisen kehittämiseen teknisten tutkintotodistusten ja ei-teknisten, johtamiseen ja niin kutsuttuihin pehmeisiin taitoihin liittyvien koulutusten avulla yritys sai kasvatettua liikevaihtonsa melkein kolminkertaiseksi vuosien 2020 ja 2023 välillä (Business Today, 2024). Liikevaihto kasvoi euroissa mitattuna noin 5,36 miljoonasta eurosta (xe.com, 2024) noin 15,76 miljoonaan euroon (xe.com, 2024). Muita esimerkkiyrityksiä "nollan lomautuksen käytännöstä" ovat esimerkiksi Southwest Airlines ja Barry-Wehmiller. Molemmat yritykset pitävät työntekijöidensä palvelemista tärkeimpänä tehtävänään, koska kun työntekijöitä kohdellaan hyvin ja he kokevat arvostusta, he vuorostaan palvelet asiakasta hyvin. Tämä hyödyttää näiden yritysten liiketoimintaa sekä eri sidosryhmiä (Sinek, 2019, s. 284–285).

8.8.2 Suuret rekrytoinnit ja TCO

Kun liiketoiminta sujuu hyvin, yritykselle voi syntyä tarve palkata jopa satoja uusia työntekijöitä lyhyessä ajassa, tai jopa enemmänkin. Ja vaikka tämä onkin tavallaan myönteinen haaste, se on silti suuri haaste. Vaatiihan suuren työntekijämäärän valitseminen ja palkkaaminen paljon työtä myös jo yrityksessä työskenteleviltä henkilöiltä. Henkilöstöhallinnon ammattilaisten sekä useiden päälliköiden ja johtajien täytyy järjestää useita työhaastatteluja. Täytyy järjestää paljon aikaa myös hakemusten lukemiseen. Usein rekrytoijat saavat myös valtavan määrän puheluita sekä työnhakijoilta että rekrytointialan yrityksiltä, joista jälkimmäiset tarjoavat palveluitaan. Tämä asettaa suuren haasteen myös yrityksen ylemmälle johdolle: Kykeneekö yrityksessä jo oleva henkilöstö edes suoriutumaan kaikista näistä tehtävistä muiden tehtäviensä lisäksi? Kaikki tämä työ sekä rekrytointikampanjat yleensäkin lisäävät kustannuksia. Uuden henkilöstön palkkaaminen sisältää edellä kuvaillun tehtävän työn lisäksi muita suoria kustannuksia, kuten mainostamisen, hakijoiden arvioinnin sekä valittujen henkilöiden perehdyttämisen ja koulutukset. Ja jos uusi tulija ei syystä tai toisesta sovikaan tiimiin, jolloin työsopimus saatetaan purkaa koeaikana joko työnantajan tai työntekijän aloitteesta, koko rekrytointiprosessi tarvitsee aloittaa uudestaan.

Lisäksi tähän liittyy myös epäsuoria kustannuksia, kuten menetetty tuottavuus tai jopa liiketoimintamahdollisuudet, jos korkean tason asemat pysyvät pitkään avoimina sopivan hakijan puuttuessa (Shields, 2023). Sopivan hakijan puuttumisen lisäksi tällaisen tilanteen voi aiheuttaa tarpeeseen ja tilanteiden muutosnopeuteen nähden liian raskas ja hidas rekrytointiprosessi, jolloin strategisesti tärkeäkin avoin rooli joudutaan pitämään avoimena, kunnes sopiva henkilö on löytynyt ja saatu palkattua (kirjoittajan näkemys). Muut epäsuorat kustannukset sisältävät esimerkiksi työnantajayrityksen henkilöstön päivittäisille tehtäville käytössä olevan ajan vähenemisen, rekrytointilupiin tarvittavan työn sekä mahdollisesti haastatteluita varten tarvittavat erikoisjärjestelyt. Luvista puheen ollen, myös työluvat ja muut lakiasioihin liittyvä paperityö on yksi rekrytoinnin piilokustannuksista.

Mutta mahdollisista menetetystä tuottavuudesta ja menetetyistä liiketoimintamahdollisuuksista huolimatta ei kannata hätäillä "vain palkkaamalla jonkun". Jos palkataan henkilöitä, jotka eivät sovi heille aiottuihin rooleihin tai ovat esimerkiksi arvoiltaan tai periaatteelta liian etäällä yrityksen kulttuurista, saatetaan päätyä heikentämään organisaation tehokkuutta, lisäämään henkilöstön vaihtuvuutta, vaikuttamaan kielteisesti yrityksen kulttuuriin, vahingoittamaan yrityksen mainetta tai menettämään mahdollisuuksia kasvulle ja innovoinnille sekä heikentämään yrityksen kilpailuasemaa (Shields, 2023). Kun puhutaan siitä, kuinka hyvin yksittäinen henkilö sopii yhteen tiimin ja yrityksen kulttuurin kanssa, iso osa alan tutkimuksesta puhuu yhteensopivuudesta työyhteisön kanssa. Ja tämä on erityisen tärkeää sekä uudelle tulijalle että tiimille, johon hän liittyy, sekä koko työyhteisölle. Yhteensopivuus sekä helpottaa uutta tulijaa sopeutumaan uuteen tiimiin että tekee yhteistyön aloittamisesta tehokkaampaa, useiden muiden myönteisten puolien lisäksi (kirjoittajan kokemus).

Rekrytointiprosessiin liittyvien suorien ja epäsuorien kustannusten lisäksi isot ja suhteellisen nopeasti toteutettavat rekrytointikampanjat saattavat sisältää myös muita piilokustannuksia. Suhteellisen nopeasti ja paljon kerralla kasvava yritys joutuu varmistamaan esimerkiksi sisäisen viestinnän toimivuuden aiempaa merkittävästi suuremmalle määrälle vastaanottajia. Toisaalta liiketoiminnassa, jossa salassapitosopimukset ovat osa jokapäiväistä työtä, täytyy kiinnittää erityistä huomiota liikesalaisuuksia tai esimerkiksi mahdollisia uusia asiakkaita koskevan tiedon vuotamiseen edes sisäisesti (kirjoittajan kokemus). Jos näin pääsee kuitenkin käymään, sillä saattaa olla erittäin vahingollisia vaikutuksia yrityksen maineelle sekä liiketoimintasuhteelle mahdollisten asiakkaiden kanssa.

Tämän osion voisi tiivistää myös yhteen lauseeseen: On todella tarpeen suunnitella ja toteuttaa isot rekrytointikampanjat huolellisesti, sekä varmistaa, että yrityksen sisäiset prosessit ja työskentelytavat sopivat myös uuteen tilanteeseen, jossa työntekijöitä on merkittävästi aiempaa enemmän (kirjoittajan näkemys).

8.9   Työskentelysijainti ja TCO

Pohjimmiltaan työskentelysijainti voidaan jakaa kahteen pääluokkaan tässä yhteydessä, lähi- tai etätyöhön, joista lähityöllä tarkoitetaan työskentelyä yrityksen tiloissa. Kolmas luokka on niin kutsuttu yhdistelmä- tai hybridityö, jossa esimerkiksi osa työviikosta suoritetaan yrityksen tiloissa ja osa etätyönä. Vaikka on olemassa useita muitakin töitä kuin toimistotyöt, etätyö on parhaiten sovellettavissa nimenomaan toimistotyöhön. Tämän vuoksi vertailemmekin tässä osiossa lähi- ja etätyötä sekä näiden yhdistelmää nimenomaan toimistotyön suhteen TCO:n yhteydessä, sekä työntekijän että työnantajan näkökulmasta.

Näistä ensimmäisenä käsittelemme kokoaikaista etätyötä. Tällöin työntekijä voi säästää merkittävän summan rahaa, joka säästyy lähinnä matkustus- ja ateriointikuluista. Eräs tutkimus osoitti, että kokoaikaisesti lähityötä tekevät työntekijät käyttävät näihin kuluihin 440 dollaria enemmän rahaa kuukaudessa kuin kokoaikaisesti etätyötä tekevät, 863 dollaria vrt. 423 dollaria. Jos tämä kerrotaan 12 kuukaudella, saadaan 5 280 dollaria vuodessa (Cagnassola, 2022). Kansallisesta tai alueellisesta lainsäädännöstä riippuen etätyön lisäämiä asumiskuluja voidaan myös vähentää verotuksessa esimerkiksi työntekoon käytetyn sähkön ja internet-yhteyden maksujen suhteen (kirjoittajan kokemus). Toisaalta etätyöhön liittyvä eristyneisyys voi johtaa yksinäisyyden tunteeseen, mikä voi lisätä stressiä ja vaikuttaa työntekijän suoriutumiseen merkittävästi (Montañez, 2024). Ja jos työntekijä on suorituskeskeinen, hän saattaa stressaantua entisestään kokiessaan suoriutumisensa heikentyvän. Ja tämä vaatii stressin lievitystä, mihin eri ihmiset käyttävät eri menetelmiä. Useille ihmisille harrastukset ovat erinomainen tapa lievittää stressiä, ja jos harrastus on kallis, tämä harrastus saattaa jopa mitätöidä säästöt ateriointi- ja matkakuluista (kirjoittajan näkemys). Useat tutkimukset ovat osoittaneet myös stressin kielteiset vaikutukset ruokailutottumuksillemme, ja näistä seuraavat kielteiset terveysvaikutukset myös lisäävät kustannuksia pitkällä aikavälillä, kun epäterveitä ruokailutottumuksia jatketaan pitkään. Kaikki tämä toimii hyvin samankaltaisesti kuin piilokustannukset: luulluista säästöistä muodostuukin lisäkustannus (kirjoittajan kokemus).

Toisaalta etätyöllä on myös hyötynsä ja haittansa työnantajankin näkökulmasta. Etätyömahdollisuuden tuoma joustavuuden tunne saattaa edistää joidenkin työntekijöiden tuottavuutta. Ja eri ihmiset ovat toki keskenään erilaisia; joillekin kodin rauha on tehokkaampi ympäristö keskittyä monimutkaisiin tehtäviin sikäli kuin rauhallinen ympäristö on mahdollinen kotona päiväsaikaan (kirjoittajan kokemus). Minä itsekin työskentelen mieluummin kotoa käsin silloin, kun meneillään olevat työtehtäväni vaativat pitkiä aikoja keskittymistä yksin. Toisaalta kotona työskentely saattaa myös vaatia veronsa työntekijän tehokkuuden suhteen. Useat tutkimukset osoittavat, että useimpien ihmisten työteho laskee kotona työskennellessä. Tämä ei kuitenkaan johdu nimenomaisesti kotoa käsin työskentelystä, vaan sen mukanaan tuomista merkittävistä muutoksista työntekoon. Monet työntekijät käyttävät etätöissä enemmän aikaa lyhyihin, osallistujamäärältään suuriin palavereihin kuin toimistolla työskennellessään. Tämä puolestaan johtaa vähäisempään keskittyneen työn aikaan, joka tarkoittaa yhtäjaksoista työaikaa, jota puhelut tai palaverit eivät keskeytä. Lisäksi työskennellessään etätöissä työntekijöillä on taipumus rajoittaa sosiaalista verkostoaan, ja he myös tapaavat esihenkilöään harvemmin. Kaikki tämä yhdessä johtaa tuottavuuden alenemiseen, mikä korostaa töiden ohjaamisen ja hallinnan sekä keskustelun ja viestinnän haasteellisuutta etätöissä (Gibbs ym., 2023). Tämä ei kuitenkaan tarkoita, että etätyö olisi pahasta, mutta se vaatii esimerkiksi johtamisen suhteen erilaista lähestymistapaa kuin lähijohtaminen.

Myös lähityöllä on kustannusvaikutuksensa sekä työntekijöille että työnantajille. Suorat rahalliset vaikutukset liittyvät esimerkiksi matkustus- ja ateriakuluihin. Toisaalta ihmisen luonnollinen tarve kasvokkain tapahtuvaan vuorovaikutukseen toteutuu etätyötä paremmin toimistolla. Etätöiden yhteydessä tätä tarvetta voidaan tyydyttää osittain pitämällä kamerat päällä palaverien ja puheluiden aikana, mutta monelle se ei ole sama asia kuin vuorovaikutus kasvokkain. Ja kuten selostettu osiossa 8.2, työntekijöiden organisaatiotarpeiden tyydyttäminen on eduksi myös koko yrityksen liiketoiminnan omistamisen kokonaiskustannuksille. Toisaalta etätöiden yhteydessä paljon tiimityötä vaativien tehtävien suorittamisesta saattaa tulla tehottomampaa. Valmistusteollisuuden projekteissa tällaisia ovat esimerkiksi projektin suunnittelu, tuotantokonseptin suunnittelu sekä toimintojen väliset läpikäyntipalaverit. Tähän vaikuttaa suuresti se, että me ihmiset tapaamme keskittyä paikan päällä palaverissa paremmin kuin etänä suoritettavissa palavereissa, joissa tapaamme keskittyä useaan asiaan yhtä aikaa. Tällöin emme keskity kunnolla mihinkään, mikä heikentää suoritustasoamme (kirjoittajan kokemus).

Toivon vilpittömästi, että pystyisin antamaan yksiselitteisen vastauksen tällä hetkellä "valloillaan olevaan" kysymykseen siitä, kumpi on tehokkaampaa, lähi- vai etätyö. Mutta koska kaikki ihmiset ja kaikki roolit ovat vähintään osittain erilaisia, tähän on mahdotonta vastata vedenpitävästi. Sen sijaan voinkin suositella sovittamaan työskentelymallit työn luonteeseen, tiimin luontaisiin taipumuksiin ja siihen, mitä työtehtävissä tulee saavuttaa ja millä keinoin. Lisäksi haluaisin korostaa edelleen lähityön ja etätyön eroja etenkin ihmisten johtamisessa.

8.10   Työyhteisön siiloutuminen ja TCO

"Siilomentaliteetti on haluttomuus jakaa tietoa tai osaamista työntekijöiden ja osastojen välillä yrityksen sisällä" (Kenton, 2020). Se viittaa myös sellaisten ohjelmistojen käyttöön, joiden välillä tietoa ei voida jakaa ohjelmistojen rajoitteista johtuen. Tällainen puolestaan tunnetaan siilojärjestelmänä. Siiloutuminen nähdään yleisesti niin sanotusti ylhäältä alas leviävänä ongelmana, joka on peräisin ylemmän johdon keskinäisestä kilpailusta. Yksi siiloutumisen oireista on omistushaluinen asenne tietoon, ja tämän asenteen leviäminen alaspäin organisaatiohierarkiassa. Useimmiten siiloutumista esiintyy "kilpailevien osastojen" työntekijöiden välillä, joiden työtehtävissä on päällekkäisyyttä. Siilomentalieetti ei kuitenkaan ole aina peräisin suojelevasta asenteesta tietoon ja muista egokeskeisistä lähestymistavoista. Se voi olla peräisin myös kapeakatseisuudesta tai osaamattomuudesta nähdä oman työn yhteyttä yrityksen toiminnan kokonaisuuteen (Kenton, 2020). Projektityöskentelyssä tämä voi ilmetä esimerkiksi kilpailuna eri vastuualueiden välillä yksittäisen aliprojektin sisällä, usein vaikeuttaen kokonaisuuden onnistumista, mahdollisesti aiheuttaen myös budjettiylityksiä ja työn viivästymistä (kirjoittajan kokemus).

Siiloutuneet työskentelytavat voivat pakottaa eri toimintoja myös työskentelemään epätarkan tai vanhentuneen tiedon varassa heikentyneestä tiedonkulusta johtuen. Lisäksi tämä ilmiö voi heikentää henkilöstön työmoraalia, kun koko organisaatio tunnistaa siiloutumisen, mutta ei kykene tekemään asialle mitään. Siiloutuminen voi myös vähentää tuotettavaa lisäarvoa sekä jopa heikentää yrityksen toiminnan kannattavuutta (Kenton, 2020).

Ja tämä johdattelee meidät siiloutumisen ja omistamisen kokonaiskustannusten yhteyden ensimmäiseen näkökulmaan: Siiloutunut toimintamalli on monella tapaa TCO:n tarkoitusperän vastakohta. Onhan TCO:ssa pohjimmiltaan kyse toimintojen välisestä yhteistyöstä sekä hyvästä sidosryhmien hallinnasta, pyrkimyksenä vähentää esimerkiksi tuotteen elinkaaren kokonaiskustannuksia yksittäisten budjettien välillä tapahtuvan osaoptimoinnin sijaan. Työyhteisöissä, joissa siiloutunut toimintatapa, itsekkyys ja hyvin yksilökeskeiset palkitsemismenetelmät ovat yleisiä, hukataan paljon rahaa ja aikaa "egojen taistoon" ja turhasta riitelyyn hukaten kaikkien aikaa. Nämä ongelmat voivat ilmetä hyvin monella tapaa, mutta joitain yleisimpiä ilmenemismuotoja ovat:

- osaoptimointi eri budjettien välillä

- ristiriitaiset vaatimukset eri päälliköiltä ja johtajilta

- itsekeskeiset lähestymistavat, jotka keskittyvät itse kunkin vastuualueen menestymiseen kokonaisuuden kustannuksella

- haluttomuus löytää yksinkertaisia työmenetelmiä, jotka helpottaisivat kaikkia, ja sen sijaan "keksitään pyörä aina uudelleen"

- erilaisten hyväksymisiin liittyvien päätösten muuttaminen vallankäytöksi ja voimannäytöksi (kirjoittajan kokemus)

- ylimääräiset hyväksyntävaiheet vain, jotta voitaisiin tyydyttää päätöksentekijöiden vallanhalu (kirjoittajan näkemys siitä, mitä tämä voi pahimmillaan olla).

Ja tämä kaikki on ajan ja rahan hukkaa sekä suoraan että välillisesti; tällöin hukataan rahaa suoraan suurella määrällä arvoa tuottamatonta työtä ja epäsuorasti lisäämällä työyhteisön turhautumista ja stressiä sekä heikentämällä työyhteisön työmoraalia näiden seurauksena. Tämä puolestaan kasvattaa koko liiketoiminnan omistamisen kokonaiskustannuksia.

Kuinka siiloutumista voidaan sitten torjua? TCO-työ on yksi, mutta ei ainoa lääke tähän, koska siinä onnistuminen vaatii toimintojen välistä yhteistyötä, osaamisen jakamista muille sekä eri toiminnoissa työskentelevien ihmisten työtä yhteisen päämäärän eteen. Siiloutumista voidaan ehkäistä myös tietoisella yhteishengen rakentamisella sekä yhteisön etua korostavilla palkitsemisperusteilla. Tämä tarkoittaa sitä, että palkinnot, kuten rahalliset suorituspalkkiot, myönnetään ainakin pääosin perustuen koko työyhteisön menestyksen perusteella yksittäisen tiimin tai jopa yksittäisen työntekijän menestyksen sijaan. Esimerkiksi projektipäällikön suorituspalkkion perusteena projektibudjetin alittamisen tavoite voi jopa heikentää yrityksen toiminnan kannattavuutta. Palkitsemisperusteet voivat olla myös melko ristiriitaisia; jos projektipäällikön suorituskannustimien perusteena on samaan aikaan projektibudjetin alittaminen ja yrityksen tai esimerkiksi liiketoimintayksikön kannattavuus, nämä tavoitteet voivat kääntyä toisiaan vastaan, jos yksi tapahtuu toisen kustannuksella. Tämä saattaa turhauttaa projektipäällikköä, heikentäen hänen sitoutumistaan työhön sekä työmoraaliaan, mikä voi entisestään heikentää toiminnan kannattavuuttakin (kirjoittajan näkemys). Yksi tärkeä huomio on myös toimitusjohtajan persoonallisuus, koska useassa tapauksessa siiloutuminen lähtee leviämään ylhäältä alaspäin. Toimitusjohtajan luonteenpiirteistä esimerkiksi tunnollisuus sekä avoimuus keskustelulle ja uusille kokemuksille saattavat vähentää siiloutumisen ilmenemistä koko työyhteisössä (Mouta & Meneses, 2021).

8.11   Laiska ajattelu ja TCO

"Me kaikki haluaisimme ajatella olevamme mieleltämme avoimia, mutta todellisuudessa aivomme on 'koodattu' suosimaan tietoa, joka on linjassa sen kanssa, mitä jo tiedämme ja mitä mieltä olemme." Asioiden nykytilaa muuttavan uuden idean esittäminen saattaa saada ihmiset tuntemaan olonsa epämukavaksi, varsinkin jos esitetty idea on ennenkuulumaton, sitä ei ole päästy testaamaan käytännössä ja se on ennestään tuntematon työyhteisössä. Uuden idean toteuttaminen vaatii myös enemmän työtä kuin olemassa olevien menetelmien ylläpito. Lisäksi uusia ideoita arvioidaan niitä esittävän henkilön itseluottamuksen perusteella. Tutkimuksissa onkin osoitettu, että ulospäin suuntautuneita ihmisiä saatetaan helposti pitää asioista paremmin tietävinä, myös niissä tapauksissa, joissa ujo ja sisäänpäin suuntautunut ihminen tuntisi asian paremmin. Liiketoiminnassa on myös hyödyllistä toimia tarkoituksenmukaisesti ja varovaisesti, sekä harkita eri vaihtoehtoja ja ehkäistä tunneperäistä järkeilyä ja tunnepohjaisia ajattelun vinoumia sen sijaan, että keskityttäisiin vain yhteen vaihtoehtoon ja reagoitaisiin varsin tunnepohjaisesti (Lipkin, 2022).

Näistä ensin kuvattua ajattelutapaa tarvitaan myös jatkuvasti, kun omistamisen kokonaiskustannusten periaatteita otetaan käyttöön ja hyödynnetään työssä. Onhan TCO:n tarkoituksena verrata eri vaihtoehtoja taloudellisten päätöksentekoperusteiden suhteen silloinkin, kun vaihtoehdot ovat toimintaperiaatteiltaan hyvinkin erilaisia. Ja vaikka TCO onkin varhaisissa muodoissaan jo kymmeniä vuosia vanha ajatusmalli, se ei ole levinnyt kovinkaan laajalle hankinnan ja toimitusketjun hallinnan ulkopuolelle. On tärkeää tiedostaa tämä, kun TCO:ta esitellään työyhteisössä, koska siinä onnistuminen edellyttää esimerkiksi luopumista osaoptimoinnista budjettien välillä sekä luopumista kapeakatseisuudesta sidosryhmähallinnassa. Tämän tiedostaminen auttaa myös mahdollisen muutosvastarinnan kohtaamisessa, jonka ilmeneminen on luonnollista aina, kun pyritään muuttamaan ihmisten totuttuja toimintatapoja.

Enkä tarkoita tätä kielteisessä mielessä, päin vastoin. Mutta olisi kohtuutonta odottaa, että asioiden nykytilaan nähden monelta osin jopa päinvastainen toimintamalli voitaisiin esitellä siten, että joka ainoa työyhteisön jäsen ottaisi sen heti ilolla vastaan. Laiskaa ajattelua tulee välttää myös, kun TCO:n periaatteita hyödynnetään missään yhteydessä, koska useassa tapauksessa jopa useita täysin kelvollisia vaihtoehtoja voidaan löytää ajattelemalla "laatikon ulkopuolelle". Ja vaikka onkin helpompi verrata keskenään samanlaisia teknisiä ratkaisuja toisiinsa, joskus on parempi valita tyystin toisenlainen lähestymistapa. Nämä toisenlaiset ratkaisut eivät aina ole välttämättä kaikkein ilmeisimpiä, mikä tarkoittaa, että niiden toteuttaminen saattaa vaatia enemmän ponnistelua kuin ilmeisimpien ratkaisujen toteuttaminen. Toisaalta jotkin ideat saattavat tuntua "laatikon ulkopuoliselta ajattelulta" joillekin tiimin jäsenille, kun taas toisille nämä ideat tulevat luonnostaan (kirjoittajan kokemus), minkä vuoksi ryhmän monimuotoisuus onkin yksi tehokkaimpia vastalääkkeitä työyhteisön laiskalle ajattelulle tiedon jakamiseen ja kekseliäisyyteen kannustamisen lisäksi (Lipkin, 2022).

OSA C – Yrityksen toimintojen ja TCO:n yhteys

Nyt saavumme matkamme viimeiselle pidemmälle etapille, joka on yrityksen toimintojen yhteys omistamisen kokonaiskustannuksiin. Tässä osiossa keskitymme siihen, mikä on TCO:n yhteys suuren suunnittelu- ja valmistusosaamista sisältävän yrityksen toimintoihin. Näitä asioita voi soveltaa melkein mihin tahansa teolliseen yritykseen, vaikka kaikissa yrityksissä ei olekaan joitain tässä osioissa kuvailluista toiminnoista. Tarkoitukseni ei kuitenkaan ole kuvailla toimintoja toisistaan erillisinä, painvastoin: kun ymmärrämme, miten eri toiminnot vaikuttavat yrityksen liiketoiminnan omistamisen kokonaiskustannuksiin ja miten eri toiminnot voivat hyötyä TCO-työstä, eri toimintoja voidaan rohkaista työskentelemään koko yrityksen edun eteen hyödyntäen jokaisen toiminnon ydinosaamisaluetta. Nimittäin vain harva ilmiö on yhtä tuhoisa yrityksen toiminnan kokonaiskustannusten kannalta kuin eri toimintojen "sooloilu" välittämättä toisistaan ja keskittyen vain itseensä ja omaan budjettiinsa päätöksenteossa. Lisäksi kun ylempi johtokin ymmärtää TCO:n yhteyden eri toimintoihin, se voi hyödyntää koko ajatusmallia tehokkaammin.

Otetaanpa kartta esille vielä kerran ja purjehditaan TCO:n valtameren aalloille.

9 TUOTEKEHITYS JA TCO

Tuotekehitys, tai "kehitys- ja tutkimusosasto", kuten tätä toimintoa joskus kutsutaan, on vastuussa tuotetutkimuksesta, tuotekehityksestä, tuotteen päivityksistä sekä tuotteeseen liittyvästä laadunhallinnasta. Joskus tuotekehitysosasto on vastuussa myös mahdolliseen uuteen tuotteeseen liittyvästä markkinatutkimuksesta, jonka avulla pyritään selvittämään, onko uudelle tuotteelle olemassa kannattavaa markkinaa (Indeed Editorial Team, 2024). Tuotekehitys on myös varsin merkittävä osa tuotteen omistamisen kokonaiskustannuksia, koska useilla tuotekehitysvaiheessa tehdyillä päätöksillä on jopa valtava vaikutus siihen, kuinka kallista tuotetta on esimerkiksi valmistaa ja kuljettaa sekä siihen, mitkä tavaran- ja palveluntoimittajat kykenevät valmistamaan tuotteen osia (kirjoittajan kokemus). Tuotekehitys on myös yhä enemmissä määrin tunnistettu merkittävänä kilpailuedun lähteenä (Noble & Kumar, 2010).

Tässä luvussa keskitymme tuotekehitystoimintoon TCO:n suhteen, sovellettuna etenkin kustannussuunnittelijan näkökulmasta. Tämä on yksi niistä osioista, joihin voin soveltaa tekstiäni esisanoissa: Olen itsekin tämän aiheen opiskelija. Minulla ei ole tuotekehitystaustaa, vaikka olenkin saanut pienimuotoista koulutusta aiheesta. Olen kuitenkin seurannut useita suurien tuotannollistamisprojektien osa-alueita kustannussuunnittelijan roolissa, pitäen omistamisen kokonaiskustannukset mielessäni, joten koen, että minulla on paljon annettavaa tähän aiheeseen. Joten jatketaanpa kiehtovaa matkaamme yhdessä.

9.1 Uuden tuotteen kehitysprosessi ja TCO

Jotta voisimme ymmärtää tuotekehitystä toimintona sekä sen yhteyttä yrityksen liiketoiminnan omistamisen kokonaiskustannuksiin, meidän täytyy ensin ymmärtää uuden tuotteen kehitysprosessi. Tämän vuoksi aloitan tämän luvun tällä aiheella, koska jos emme ymmärrä tätä, emme ymmärrä tuotekehitystoiminnon ydintä.

9.1.1 Uuden tuotteen kehitysprosessi

Uuden tuotteen kehitysprosessin vaiheiden jaottelu vaihtelee hiukan yhdestä tietolähteestä toiseen, vaikkakin pääasiat ovat useammassa lähteessä samat, mutta eri sanoin ilmaistuna. Minulle seuraava luokittelu on kuitenkin hiukan tutumpi perustuen siihen vähäiseen koulutukseen sekä kokemukseen tarkkailijan roolissa, mitä minulla aiheesta on. Olenkin huomannut, että uuden tuotteen kehitysprosessi ei ainakaan täysin etene niin kutsutun vesiputousmallin mukaisesti, jossa yksi vaihe suoritetaan kokonaan valmiiksi ennen kuin siirrytään seuraavaan; useat vaiheet aloitetaan heti, kun edellinen vaihe on edennyt seuraavan vaiheen aloittamisen kannalta tarpeeksi pitkälle:

1. Ideoiden luominen
2. Ideoiden seulonta
3. Tuotekonseptin testaus
4. Prototyypin valmistaminen
5. Ulkoinen hienosäätö ja testaus
6. Suunnittelun hiominen ja tuotantoon valmistelu
7. Mahdollisiin haasteisiin valmistautuminen ja ratkaisujen miettiminen
8. Kaupallistaminen
9. Tuotteen julkaisun jälkeiset tehtävät ja toimenpiteet
10. Uuden tuotteen suorituskyvyn arviointi (Seasia Infotech, 2022).

Sen lisäksi, että tämä prosessi ei kulje vaihe vaiheelta vesiputousmallin mukaisesti, toisinaan tulee takaiskuja, jotka pakottavat palaamaan edellisiin vaiheisiin, minkä vuoksi tuotekehitysmallin voikin ymmärtää kehänä, jossa kunkin vaiheen tuotokset testataan ja niiden toimivuus varmistetaan ja vasta sitten siirrytään seuraavaan vaiheeseen.

Ensimmäinen vaihe on *idean luominen*, koska tarvitsemme idean ennen kuin voimme alkaa työstää sitä. Mahdollisten asiakkaiden tarpeiden ymmärtäminen on keskeisintä tässä vaiheessa. Idean luomista voidaan tehostaa esimerkiksi pyytämällä asiakkaita antamaan ehdotuksia, markkinatutkimuksen avulla, uusien ideoiden aivoriihellä, etsimällä markkinoilta tuoreita ideoita sekä tutkimalla palautetta kilpailijoiden palveluista ja tuotteista.

Idean seulonnan aikana tyypillisesti kysytään seuraavia kysymyksiä:

> ➢ Tarvitaanko uuden tuotteen julkaisua välttämättä
> ➢ Voiko olemassa olevaa markkinointiverkostoa käyttää tuotteen myymiseen?
> ➢ Voidaanko olemassa olevaa laitteistoa käyttää uuden tuotteen valmistamiseen?
> ➢ Milloin uuden tuotteen odotetaan olevan voitollinen?

Jotta idea läpäisee seulan, vastausten näihin kysymyksiin tulee puoltaa uuden tuotteen julkaisua.

Konseptitestausvaiheessa ideat esitellään eläville ihmisille tuotekehitysprosessin ulkopuolella. Tämän tarkoituksena on selvittää, mitä ideoita kannattaa jatkokehittää ja mitkä ideat pitäisi hylätä. Tämä auttaa ymmärtämään, millaisen vastaanoton uudet ideat voisivat saada kohdeyleisössä markkinoilla.

Prototyyppivaiheessa esimerkiksi käsintehty, 3D-printattu tai digitaalinen malli saattaa riittää esittelytarkoituksiin. Prototyypin tulee kuitenkin olla täysin toiminnallinen ennen kuin sitä testataan. Prototyyppi kannattaa valmistaa käyttäen mahdollisimman paljon samoja menetelmiä kuin lopputuote, jotta prototyyppivaiheessa voitaisiin selvittää mahdolliset suunnitteluvirheet tai kehityskohteet luotettavasti.

Kun lähestytään tuotteen julkaisuvaihetta, uusi tuote toimitetaan luotetuille asiakkaille tai kumppaneille ulkoiseen testaukseen, jota joskus kutsutaan myös *Beta-testaukseksi*, jotta saataisiin palautetta ohjaamaan tuotteen suunnittelun kehittämistä. Tässä vaiheessa tuotteen tulee olla toiminnallisuuksiltaan mahdollisimman lähellä lopputuotetta. Tässä vaiheessa lisäarvoa voidaan saavuttaa myös valmistamalla toiminnallisia malleja lopputuotteesta prototyyppiin perustuen.

Beta-testauksen tuloksia hyödynnetään, kun tuotteen suunnittelua hiotaan tuotantovalmiiksi. Tämä vaihe voidaan aloittaa, kun valmistuksen kannalta järkevä tuotteen suunnittelun kypsyys on saavutettu. Suunnittelu tulee hioa suora asiakas ja loppukäyttäjä huomioiden, jotta tuotteella voitaisiin vastata asiakaskunnan haluihin. Tässä yhteydessä markkinointiosasto myös tuottaa uuden tuotteen myyntiennusteita ohjaamaan valmistusmäärien suunnittelua. Tässä vaiheessa myös tuotantoprosessi ja sitä ympäröivät tuotteet tulee hioa sarjatuotantovalmiuteen.

Kun valmistaudutaan mahdollisiin ongelmiin ja ratkaisuihin, kaikki tuotteen osa-alueet täytyy huomioida ennen kuin se julkaistaan markkinoille. Tällöin tulee huomioida etenkin seuraavat seikat:

> Miten pystytämme koko tuotantoprosessin ja valvomme sitä?

> Mitä valmistuskumppaneita voimme valita auttamaan tuotteen valmistuksessa tai tuotteen julkistamisen jälkeisissä tehtäväkokonaisuuksissa?

> Kuinka voimme sulauttaa tuotteen olemassa olevaan toimitusketjuun?

> Kuinka paketoida tuote huomioiden sekä toiminnallisuus että yrityksen julkisuuskuvan markkinointi?

> Kuinka monta eri tuoteversiota tarvitaan ja kuinka monta kutakin versiota tulee valmistaa myyntiennusteiden perusteella?

Tässä vaiheessa markkinointiosaston täytyy pyrkiä lisäämään tietoisuutta uudesta tuotteesta, houkuttelemaan uusia asiakkaita sekä lisäämään kysyntää. Lisäksi täytyy suunnitella ja luoda kaikki tuotemateriaali, laatia jälleenmyyjä- ja asiakaspalvelukoulutukset sekä asiakkaita houkutteleva materiaali, kuten mainokset. Sekä ulkoiset jälleenmyyjät että sisäinen myyntitiimi ovat mukana näiden materiaalien kehittämisessä, jotta kaikki osapuolet hyväksyvät nämä materiaalit ja sitoutuvat niiden käyttöön. Onhan huono myyntikanavien valmistelu yksi yleisimpiä syitä uuden tuotteen epäonnistumiseen.

Jos testimarkkinointi on menestys, yritys julkaisee tuotteen laajamittaisesti. Tätä vaihetta kutsutaan *kaupallistamiseksi*. Tuotetta valmistetaan suuria määriä ja mediaa hyödynnetään pyrkimyksissä edistää tuotteen myyntiä.

Tuotteen julkaisun jälkeiset tehtäväkokonaisuudet sisältävät paljon työtä eri sisäisiltä sidosryhmiltä uuden tuotteen julkaisun jälkeen. Myynnin, markkinoinnin, asiakaspalvelun ja suunnitteluosaston täytyy tehdä töitä yhdessä ensimmäisten asiakkaiden löytämien mahdollisten puutteiden korjaamiseksi ja asiakastyytyväisyyden lisäämiseksi. Uuden tuotteen kehittäminen ja julkistaminen saattaakin viedä useita vuosia toimialasta riippuen, joten usein se aloitetaan vain kuukausien tai yhden vuoden kuluessa edellisen tuotteen julkistamisesta.

Viimeisessä vaiheessa uuden tuotteen suorituskykyä arvioidaan asiakastutkimuksilla, kuten asiakastyytyväisyyskyselyillä ja markkinoinnin suorituskykyarvioinneilla. Näistä jälkimmäisen avulla pyritään vastaamaan seuraaviin kysymyksiin:

> ➢ Ovatko uudet asiakkaat ottaneet tuotteen vastaan hyvin?
> ➢ Onko markkinoilla samankaltaisia uusia tuotteita kilpailijoilta?
> ➢ Onko tuotteelle paljon kysyntää ja myyntiä ja tuoko se voittoa?
> ➢ Onko markkinointitiimi tyytyväinen uuden tuotteen liikevaihtoon?
> ➢ Ovatko asiakkaat tyytyväisiä tuotteen jälkimarkkinapalveluihin?
> ➢ Ovatko jälleenmyyjät tyytyväisiä saamiinsa korvauksiin?
> ➢ Tarvitseeko myyntipäällikön muokata uuden tuotteen eri versioiden määriä vastatakseen mahdollisiin markkinaympäristön muutoksiin? (Seasia Infotech, 2022).

9.1.2 Uuden tuotteen kehitysprosessi ja TCO

Nyt kun ymmärrämme uuden tuotteen kehitysprosessin perusteet, voimme alkaa pohtia, kuinka se on kytköksissä tuotteen omistamisen kokonaiskustannuksiin valmistavan yrityksen näkökulmasta. Käy ilmi, että kytkös on hyvin vahva. Kaikilla tuotekehitysvaiheessa tehdyillä päätöksillä on suuri vaikutus tuotteen elinkaaren omistamisen kokonaiskustannuksiin, vaikuttaen eniten valmistukseen, toimitusketjuun sekä kunnossapitopalveluihin jälkimarkkinoilla, mutta myös muihin valmistusyrityksen toiminnan osa-alueisiin. Kaikki nämä lisäävät näitä kokonaiskustannuksia sekä suoraan että välillisesti. Valmistusystävällistä rakennetta käsitellään enemmän osiossa 9.6, mutta tuotteen suunnittelu vaikuttaa yleisesti useisiin eri valmistuksen kustannuseriin. Jokainen osa pitää liittää tuotteeseen jollain menetelmällä ja jokainen lisätty prosessivaihe kasvattaa valmistuskustannuksia. Tämän vuoksi tulee välttää ylisuunnittelua, jolla tarkoitetaan tuotteen osalta sitä, että se on monimutkaisempi kuin sen tarvitsisi olla täyttääkseen kaikki sille asetetut vaatimukset. Tämä ei kuitenkaan tarkoita hyvää laatua. Usein ylisuunnittelun välttäminen voi jopa parantaa asiakkaan kokemaa tuotteen laatua, koska useimmiten ylisuunnittelu tarkoittaa, että tuotteessa on tarpeettoman paljon osia ja monimutkaisuutta. Tämä puolestaan monimutkaistaa tuotteen ylläpitoa ja korjaamista jälkimarkkinapalveluiden välityksellä, sekä tuo tuotteeseen lisää mahdollisesti vikaantuvia osia.

Tuotteen suunnittelu vaikuttaa monin tavoin myös toimitusketjuun. Tuotteen ulkoiset mitat, muoto ja esimerkiksi terävät kulmat vaikuttavat suuresti tuotteen pakkaukseen. Tällöin tuotteen ylisuunnittelulla on kielteinen vaikutus myös toimitusketjussa tuotteen kasvaneen painon ja koon myötä, mikä tarkoittaa kasvanutta kuljetuskapasiteetin tarvetta, mikä puolestaan kasvattaa kuljetuskustannuksia.

Tuotteen sekä sen osien määrän ja monimutkaisuuden, koon ja muodon lisäksi tuotteessa käytetyt materiaalit vaikuttavat tuotteen valmistus- ja kuljetuskustannuksiin. Materiaalivalinnat voivat esimerkiksi rajoittaa käytettävissä olevia liitosmenetelmiä. Tämän vuoksi ylisuorittaminen tuotteen teknisessä määrittelyssä saattaa olla pelkkää ajan ja rahan hukkaa, etenkin jos tämä ei tuo lisäarvoa suoralle asiakkaalle tai loppukäyttäjälle. Ja vaikka loppukäyttäjä olisikin eri taho kuin suora asiakas, tuotteen hinta-laatusuhde eli asiakkaan kokema arvo vaikuttaa tuotteen kysyntään loppuasiakkaiden keskuudessa, millä on suuri vaikutus tuotteen kysyntään suoran asiakkaan taholta.

Tuotekehitysosastoa ei kuitenkaan pidä jättää yksin ratkaisemaan ongelmia liittyen tuotteen valmistuksen ja siihen liittyvien toimintojen omistamisen kokonaiskustannuksiin. Yhtäaikainen suunnittelu (engl. Simultaneous Engineering, SE), jota käsitellään syvällisemmin osiossa 9.7, on hyvin tehokas menetelmä tähän tarkoitukseen (kirjoittajan kokemus). Ja jos sinä, arvoisa lukija, koet tämän kirjani tarpeeksi hyödyllisenä ja mielenkiintoisena halutaksesi lukea lisää, kenties jonain päivänä pääset lukemaan lisää tuotekehityksen ja SE:n yhteydestä TCO:hon enemmänkin minun tulevista kirjoistani tai muista lähteistä.

Mutta ennen kuin siirrymme tavoitekustannuslaskentaan sekä sen japanilaiseen versioon nimeltä *Genka kikaku*, haluan antaa pari varoituksen sanaa: Uuden tuotteen kehitysprosessissa puskemisella eteenpäin, kieltäytyen ottamasta askeleita taaksepäin huolimatta mahdollisista vakavistakin puutteista tuotteesta, on katastrofaalisia vaikutuksia tuotteen elinkaaren omistamisen kokonaiskustannuksille. Jos nämä vaikutukset vielä yhdistetään työyhteisön ongelmiin, muodostuvista ongelmista voi tulla jopa niin pahoja, että ne kaatavat kokonaisia yrityksiä, jopa maksukyvyttömyyteen ja vararikkoon.

Ja kaikki tämä voi tapahtua mille tahansa yritykselle, mutta etenkin nuorille yrityksille, joissa taloudelliset resurssit, työskentelevän henkilöstön määrä sekä valmistettavien tuotteiden määrä on hyvin rajallinen (Marion & Meyer, 2011). Koska näiden yritysten selviäminen ja kasvu riippuu täysin uusien tuotteiden kaupallistamisen onnistumisesta, hyvä tuotteen suunnittelu ja kustannussuunnittelu ovat kriittisiä osa-alueita nuorille yrityksille.

9.2 Tavoitekustannuslaskenta & Genka kikaku

Nyt kun ymmärrämme tuotekehitysprosessin perusteet ja niiden yhteyden tuotteen elinkaaren omistamisen kokonaiskustannuksiin, keskitymme vahvoihin kustannustenhallintamenetelmiin. Tarvitsemmehan jotain konkreettista saavuttaaksemme kustannustavoitteet. Aloitetaanpa tavoitekustannuslaskennalla ja sen osittain samanlaisella japanilaisella vastineella, joka on *Genka kikaku.*

9.2.1 Historia

Tavoitekustannuslaskennan varhaisimmat muodot ajoittuvat 1900-luvun alkupuolelle Ford Motor Companyyn sekä "Kupla-Volkkarin" (VW Typ 1) kehittämiseen Saksassa 1930-luvulla. Molemmissa tapauksissa tuotteen tavoiteltu myyntihinta oli yksi tärkeimmistä suunnittelua ohjaavista tekijöistä. Täydessä laajuudessaan tavoitekustannuslaskenta kuitenkin alkoi toisen maailmansodan jälkeen, jolloin oli pulaa kaikista resursseista. Tällöin USA:ssa kehitettiin ajatusmalli, jonka avulla tuotteeseen pyrittiin saamaan aikaan mahdollisimman paljon haluttuja ominaisuuksia ja samaan aikaan pitämään kustannukset mahdollisimman pieninä. Tästä konseptista syntyi arvosuunnittelu. Japanilaiset yritykset puolestaan omaksuivat tämän ajatusmaailman pärjätäkseen kotimarkkinoidensa kovassa kilpailussa. Samalla nämä yritykset pyrkivät vähentämään tuotekustannuksia mahdollisimman varhaisessa vaiheessa tuotteen elinkaarta. Japanissa tämä yhdistelmä tunnetaan nimellä Genka kikaku, mikä länsimaissa kääntyi muotoon "tavoitekustannuslaskenta", vaikka alkuperäinen japaninkielinen sanapari tarkoittaakin "tavoitekustannushallintaa" Japanin kustannusyhteisön mukaan. Tämän määritelmän yhteisö loi vuosikokouksessaan vuonna 1995, 32 vuotta sen jälkeen, kun sitä ensimmäisen kerran sovellettiin Toyotalla vuonna 1963 (Feil ym., 2004).

Tätä periaatetta alettiin kuitenkin soveltaa laajemmin japanilaisissa yrityksissä 1990-luvulla, kun maa koki useita taloudellisia takaiskuja: talouskuplan puhkeaminen 1990 ja 1991, valtavat muutokset vaihtokurssissa Yhdysvaltain dollarin ja Japanin jenin välillä 1993–1995 vahingoittaen vientiteollisuuden kannattavuutta, sekä pitkä laskusuhdanne talousalan kriisin myötä (Feil ym., 2004).

Ja miksi selitän kaiken tämän, vaikka en ole tehnyt sitä näin laajasti missään muussa osiossa, ja joissain en lainkaan? Mielestäni tavoitekustannushallinnan ja arvosuunnittelun yhteyden ymmärtäminen auttaa yhdistämään nämä kaksi menetelmää pyrkiessämme parantamaan valmistusteollisuuden kannattavuutta. Ja historiallisen taustan ymmärtäminen auttaa meitä ymmärtämään, miksi nämä menetelmät alun perin kehitettiin.

9.2.2 Tavoitekustannushallinnan länsimainen ja japanilainen tapa

Kuten voimmekin jo arvata tavoitekustannuslaskennan ja arvosuunnittelun kehityksen pohjalta, länsimainen ja japanilainen lähestymistapa tavoitekustannuslaskentaan eroavat toisistaan. Molemmissa prosessi alkaa markkinatutkimuksella, jota seuraa tuotteen piirteiden määrittäminen. Tästä eteenpäin näiden kahden lähestymistavan tiet kuitenkin erkanevat. Siinä missä länsimaisissa tai länsimaistuneissa yrityksissä näitä vaiheita seuraa muotoilun, suunnittelun ja toimittajahinnoittelun sykli, kunnes tavoitehinta on saavutettu, japanilaisissa versiossa tuotteen piirteistä jatketaan yhtälöön $tavoitekustannus = suunniteltu\ myyntihinta - haluttu\ tuotto$. Tämä sitten jaetaan tavoitekustannukseksi kullekin osalle muotoilun, suunnittelun ja toimittajahinnan suhteen. Näiden vaiheiden jälkeen molemmissa lähestymistavoissa siirrytään valmistukseen. Toinen keskeinen ero näiden kahden lähestymistavan välillä liittyy kustannusten vähentämiseen tuotantovaiheessa. Länsimaat vaikuttavat suosivan ajoittaisia kustannussäästöjä isompina askeleina, usein erillisinä kustannussäästöohjelmina. Japanilaiset yritykset puolestaan suosivat jatkuvaa ja vähittäistä kustannusten alentamista, joka tunnetaan myös nimellä Genka Kaizen (Feil ym., 2004). Sekä länsimaisessa tavoitekustannuslaskennassa että japanilaisessa tavoitekustannushallinnassa päätavoitteena on asiakkaiden odotusten täyttäminen sekä toiminnallisuuden että kustannusten suhteen, minkä vuoksi asiakaspalaute on elintärkeää onnistumisen kannalta.

Käytännössä japanilainen lähestymistapa tavoitekustannushallintaan voidaan selittää seuraavasti: "työkalu, jonka avulla pyritään käyttämään resurssit oikeissa paikoissa huomioiden asiakasnäkökulma, tuotekehityksen panos, laatuongelmat ja kustannussäästön tavoitteet. Genka ki-kakussa pääkysymys on "mikä on tuotteen hinnan osien oikea suhde asiakkaan silmin?" (Tasde-viren, 2016). Käytännössä tämä tarkoittaa panostamista niihin tuotteen piirteisin, joita asiakkaat arvostavat eniten (kirjoittajan huomio). Genka kikakun ohjaus tulee seuraavien asioiden kautta:

- sisäiset laatuongelmat
- suorat valitukset ja korvausvaatimukset asiakkailta
- asiakkaiden vaatimukset
- työntekijöiden ja kaizen-työryhmän ehdotukset sekä
- tuotekehitysosasto (Tasdeviren, 2016).

Vaikka Genka kikakun prosessi kuulostaakin teoriassa suoraviivaiselta, se ei kuitenkaan tarkoita, että sitä seuraamalla saavutetaan automaattisesti tavoitehinta sekä haluttu kannattavuustaso. Jotta tätä voidaan soveltaa menestyksekkäästi yrityksessä, sen perimmäinen ajatusmalli täytyy ensin sisäistää koko työyhteisössä (Feil ym, 2004) ja täsmälleen sama pätee TCO:hon (kirjoitta-jan kokemus). Vaikka länsimainen kirjallisuus jättääkin tämän huomiotta, keskittyen enemmän tähän liittyviin prosesseihin ja tekniikoihin, johtamisfilosofian tärkeyttä korostetaan Toyotan tuotantojärjestelmän (Toyota Production System, TPS) yhteydessä, keskittyen tekniikoihin, jär-jestelmiin ja filosofiaan (Feil ym., 2004).

9.3   Arvosuunnittelu tuotekehityksessä

Arvosuunnittelu (Value Engineering, VE) ja tavoitekustannuslaskenta ovat toisiaan täydentäviä menetelmiä, koska toinen näistä mahdollistaa oikeiden kustannussäästökohteiden tunnistami-sen ja toinen osoittaa kustannustavoitteet, joihin tulee päästä liiketoiminnan pitkän ajan kan-nattavuuden varmistamiseksi (Ibusuki & Kaminski, 2007). Jotta voidaan onnistuneesti valmistaa korkealaatuisia tuotteita kohtuullisin kustannuksin, uuden tuotteen kehitysohjelman tulee sisäl-tää myös projekteja, joiden avulla pyritään parantamaan tuotteen arvoa käyttäjälle madalta-malla kustannuksia samalla, kun toiminnallisuuden taso säilytetään, tai päinvastoin. Jotta voi-daan saavuttaa tuotekehitysvaiheen aikana määritelty tavoitekustannustaso, Ibusuki ja Ka-minski (2007) ehdottavat arvosuunnittelumenetelmää, joka keskittyy kolmeen eri vaiheeseen. Näiden avulla pyritään saavuttamaan mahdollisimman suuria kustannussäästöjä sekä paranta-maan lopputuotteen laatua. Nämä arvosuunnittelun vaiheet ovat:

- Konseptiarvosuunnittelu, joka keskittyy tuotekonseptiin ja uusiin toiminnallisiin ratkai-suihin

- Projektiarvosuunnittelu, joka keskittyy tuotteen ja tuotantoprosessin suunnitteluun sekä

- Laadunvarmistuksen arvosuunnittelu, joka keskittyy tuotteen ja tuotantoprosessin hyväksyntävaiheeseen, sekä tuotteen ympärille rakennetun valmistusprosessin kustannustehokkuuden kehittämiseen.

Näistä vaiheista konseptiarvosuunnittelu keskittyy tuotekonseptiin liittyvien uusien ratkaisujen etsintään ja tutkimiseen jo ennen kuin laatu-, kustannus- ja investointivaatimukset on asetettu. Perinteiseen, olemassa olevan suunnittelun kehittämiseen keskittyvään arvosuunnitteluun verrattuna konseptiarvosuunnittelun suurin etu voidaan saavuttaa kehittämällä ennennäkemättömiä tuotekonsepteja. Näin ollen sisällyttämällä uusien ratkaisujen etsimisvaihe tuotekehitysprosessiin voidaan lisätä vallankumouksellisten tuotteiden kehittämisen mahdollisuutta (Ibusuki & Kaminski, 2007).

Projektiarvosuunnittelussa puolestaan keskitytään etsimään lisäarvoa tuote- ja tuotantoprosessisuunnitteluvaiheessa. Tämä on arvosuunnittelun perinteisin näkökulma, joka keskittyy lisäämään jo olemassa olevan suunnittelun arvoa. Projektiarvosuunnittelu jakautuu kuuteen vaiheeseen:

1. Valmistelu
    a. valitse tuote
    b. määritä tavoitteet ja
    c. muodosta työryhmä ja määritä

2. Tieto
    a. Hanki yleistietoa tutkittavasta tuotteesta, esimerkiksi tuotteen yksityiskohdat, kustannukset ja arvot

3. Jäsentely
    a. Tunnista toiminnot ja niiden kustannukset
    b. Suhteuta toiminnot ja niiden kustannukset
    c. Määrittele kriittiset toiminnot ja
    d. Muotoile ongelma

4. Luova vaihe
    a. Luo ideoita
    b. Valitse ideat ja arvostele ne

5. Valinta
    a. Muodosta ja kehitä vaihtoehtoja
    b. Ehdota teknillisiä ja kaupallisia ratkaisuja

      c. Ehdota parasta vaihtoehtoa

6. Suunnittelu

      a. Esittele ehdotettu vaihtoehto

      b. Suunnittele parhaan vaihtoehdon käyttöönotto ja ota se käyttöön (Ibusuki & Kaminski, 2007)

Laadunvarmistuksen arvosuunnittelussa *on kyse tuotteen arvon lisäämisestä sen hyväksyntäprosessin aikana.* Tässä vaiheessa tunnistetaan tuotteen päätoiminnot ja valmistetaan prototyypit. Tällöin tavoitteena on parantaa tuotteen laatua kehittämällä tuotteen osien toiminnallisuutta lisäämättä uusia osia. Pohjimmiltaan laadunvarmistuksen arvosuunnittelussa on kyse materiaali- ja valmistuskustannusten vähentämisestä. Tämä voidaan saavuttaa esimerkiksi vähentämällä osien määrää, suunnittelemalla pienempiä ja kevyempiä osia, käyttämällä halvempia osia sekä suunnittelemalla osia, jotka eivät vaadi kalliita valmistusmenetelmiä. Myös ylisuorittamisen välttäminen tuotteen laatutasossa alkuperäisiin tavoitteisiin nähden on yksi kustannussäästön keinoista (Ibusuki & Kaminski, 2007). Mutta vaikka halvempien osien valitseminen tuokin suoria säästöjä valmistajalle, nämä säästöt eivät aina ole suoraviivaisia. "Väärässä paikassa säästäminen" voi johtaa mainehaittaan yritykselle ja sen tuotteille, vähentyneeseen tilausmäärään, mahdollisesti menetettyihin asiakkaisiin sekä heikentyneisiin mahdollisuuksiin saavuttaa uusia asiakkaita. Siksi itse suosinkin ylisuunnittelun välttämistä vähentämällä tuotteiden monimutkaisuutta sekä järkeistämällä toiminta- ja tuotantoprosesseja tuotteen laadusta tinkimisen sijaan (kirjoittajan näkemys).

9.4 Kustannus- & arvoperustainen suunnittelu ja TCO

Kustannusperusteisen suunnittelun (Design To Cost, DTC) pääajatus on luoda kustannustehokkaita tuotesuunnittelun ratkaisuja, jotka auttavat saavuttamaan ennalta määritellyt tavoitteet tuotteen valmistuksen suhteen. Tuotekehitystiimit voivat alentaa kustannuksia käyttämällä alemman suorituskykytason osia tai poistamalla tarpeettomia toiminnallisuuksia tai piirteitä tuotteesta. Kustannusperusteisen suunnittelun tavoitteena on säilyttää tuotteen myyntihinta kilpailukykyisellä tasolla. Kustannuksia voidaan myös vähentää edelleen valitsemalla halvempia materiaaleja. *Arvoperusteisessa suunnittelussa* (Design to Value, DTV) sen sijaan pyritään saavuttamaan uudelle tuotteelle mahdollisimman suuri arvo asiakkaan tai loppukäyttäjän näkökulmasta. Tämä voidaan tehdä esimerkiksi poistamalla tuotteista piirteitä tai toiminnallisuuksia, jotka eivät tuo lisäarvoa asiakkaalle tai loppukäyttäjälle. Arvoperusteinen suunnittelun keskeinen ero kustannusperusteiseen suunnitteluun nähden on siinä, että se keskittyy tuotteen tavoitehinnan lisäksi tuotteen suorituskykyyn, luotettavuuteen ja kestävyyteen pelkän tavoitehinnan sijaan. McKinseyn mukaan arvoperustaisen suunnittelun avulla voidaan sekä parantaa valmistusteollisten yrityksien käyttökatetta 10–25 % että parantaa tuotteen laatua. Autoteollisuuden toimialalla arvoperustaisen suunnittelun avulla käyttökatetta voidaan tyypillisesti parantaa 12–15 % (Hinshaw, 2023).

Mutta mikä on näiden ajatusmallien yhteys omistamisen kokonaiskustannuksiin ja mikä on niiden keskeisin ero, kun niitä tarkastellaan "TCO:n läpi"? Ensinnäkin tulee tiedostaa, että mitä varhaisemmassa vaiheessa tuotteen elinkaarta kustannusoptimointi tehdään, sitä suurempia sen vaikutusten *pitäisi* olla. Tässä yhteydessä haluan korostaa sanaa "pitäisi", koska kustannusoptimointi tuotteen elinkaaren alkuvaiheessa ei kuitenkaan takaa myönteisiä vaikutuksia koko tuotteen elinkaaren omistamisen kokonaiskustannusten kannalta; ei tuotetta valmistavalle yritykselle eikä yrityksen suoralle asiakkaalle tai tuotteen loppukäyttäjälle. Jos päätös muuttaa tuotteen suunnittelua, heikentää sen yhden tai useamman osan laatua tai vaikkapa vaihtaa materiaaleja halvempiin tehdään vain ja ainoastaan pyrkien alentamaan kustannuksia ja saavuttamaan mahdollisimman suuri kannattavuus, tämä lähestymistapa saattaa käydä itseään vastaan. Ja syy tähän on melko yksinkertainen: Säästämällä väärässä paikassa kasvatetaan riskiä liittyen mahdolliseen tarpeeseen toteuttaa kalliita korjaavia toimenpiteitä. Nämä korjaavat toimenpiteet sisältävät muun muassa:

> lisääntyneitä osien ja materiaalien vastaanottotarkastuksia, jotta voidaan varmistua, että saapuva materiaali täyttää vaatimukset

> lisääntynyt tuotteen korjaamisen tarve yhdessä tai useammassa kohdassa tuotantoprosessin aikana sekä

> kalliita tuotteen takaisinkutsuja.

Mikäli näihin toimenpiteisiin joudutaan, niillä on suuri vaikutus koko tuotteen elinkaaren omistamisen kokonaiskustannuksiin tuotetta valmistavan yrityksen kannalta. Lisäksi säästäminen tuotelaadusta tinkimällä aiheuttaa myös muiden piilokustannusten riskin, joka on peräisin enimmäkseen yrityksen tai sen tuotteiden julkisuuskuvan vahingoittumisesta tuotteen loppukäyttäjien kokemien ongelmien seurauksena. Useat tuotteiden rikkoutumiset ja jopa fyysisesti vaaralliset viat voivat olla hyvin vahingollisia tuotteen ja sitä valmistavan yrityksen maineelle.

Tämän lisäksi tuotteeseen tehty muutos vain yhden kustannusten osa-alueen perusteella voi hyvin helposti kasvattaa kustannuksia muilla osa-alueilla (kirjoittajan kokemus). Jos esimerkiksi tuotteeseen kuuluva kokoonpano tai sen osa sisältää lopputuotteen laadun kannalta kriittisiä tai merkittäviä piirteitä, voi olla erittäin hyödyllistä valmistaa kyseinen kokoonpano itse sen sijaan, että se ulkoistettaisiin halvimman tarjouksen tehneelle yritykselle. Onhan tuotteen kriittisillä piirteillä suuri vaikutus tuotteen laatuun, luotettavuuteen ja turvallisuuteen. Nämä piirteet vaativat erityistä huolellisuutta ja hallintaa, jotta voidaan varmistaa, että ne toistuvat samanlaisina ja täyttävät niille asetetut vaatimukset ja määrittelyt (Kowalczyk, 2024).

Kaiken kaikkiaan on todella tärkeää tunnistaa osat, jotka voidaan suunnitella kustannusperusteisesti ja ne, jotka täytyy suunnitella arvoperusteisesti. Useat eri tekijät vaikuttavat tähän, esimerkiksi kohdeasiakkaat, tuotteen tyyppi, tekniset vaatimukset sekä asiakkaiden odotukset niin asiakasryhmästä kuin tuotteen tyypistäkin riippuen. Jos asiakas aikoo esimerkiksi ostaa hyvin kalliin auton ja lähtee koeajamaan sitä talvella, ja huomaa, että useat laitteen ominaisuuksista eivät toimi lumisissa olosuhteissa, tai että useat auton sisustan osat nitisevät ja natisevat kylmällä säällä, asiakas ei todennäköisesti osta tällaista autoa, vaan valitsee kilpailijan tuotteen (kirjoittajan huomio). Kustannusperusteista suunnittelua ja tuotteen elinkaaren TCO:ta ei myöskään saa koskaan asettaa tärkeysjärjestyksessä niin jyrkästi kaiken muun edelle, että tuotteen loppukäyttäjien fyysinen turvallisuus vaarantuu. Tällainen tilanne voi aiheutua esimerkiksi vaarallisista puutteista tuotteen suunnittelussa. Tällöin kustannusperusteisen suunnittelun painottaminen tulee rajoittaa niihin tuotteen osiin, joissa sillä ei ole merkittävää vaikutusta lopputuotteen kokonaislaatuun tai turvallisuuteen (kirjoittajan näkemys).

9.5 Tuoteversiot ja TCO

Tuotteen muunnelma liittyy tuotteen tiettyyn versioon tai malliin, joka on hiukan erilainen saman tuotteen muihin versioihin tai malleihin nähden. Nämä erot voivat sisältää esimerkiksi eroavaisuuksia tuotteen piirteissä, määrittelyssä, värissä, fyysisessä koossa tai minkä tahansa muun tuoteversiot toisistaan erottavan tekijän suhteen (Gepard, 2024). Erilaisten tuoteversioiden tarkoitus on vastata eri asiakkaiden erilaisiin tarpeisiin ja haluihin, sekä erilaisiin teknisiin ja lakivaatimuksiin eri markkina-alueilla. Esimerkiksi autoteollisuudessa eri maantieteellisillä alueilla tuotteilla on erilaiset hyväksyntävaatimukset. Joillain markkina-alueilla jopa ajoneuvon kuljettajan puoli voi olla erilainen johonkin toiseen markkina-alueeseen nähden korirakenteen osalta. Muihin tyypillisiin tuotemuunnelmiin kuuluvat esimerkiksi erot ajoneuvon ulkopintojen ja sisustan väreissä, eri varustetasoissa sekä yksilöllisissä lisävarusteissa (kirjoittajan kokemus).

Tuotemuunnelmien määrä vaikuttaa myös tuotteen TCO:hon, koska valmius valmistaa jokaista versiota maksaa lisää rahaa sekä tuotantolaiteinvestointien että tuotantoprosessin käyttökustannusten suhteen, sekä työkustannusten ja esimerkiksi eri tuoteversioiden ja niiden vaatimien teknisten ratkaisujen suunnittelun suhteen. On esimerkiksi kalliimpaa järjestää tuotteelle monta eri värivaihtoehtoa sen sijaan, että olisi vain yksi värivaihtoehto. Nämä lisäkustannukset ovat kuitenkin vain yksi osa taloudellista yhtälöä, kun pyritään päättämään, millaisia ja kuinka monta eri tuoteversiota valmistetaan. Toisessa vaakakupissa painaa näiden erilaisten tuoteversioiden mahdollinen tuotto. Lisäisikö esimerkiksi useamman värivaihtoehdon sisällyttäminen tuotevalikoimaan enemmän liikevaihtoa vai kustannuksia? Pohjimmiltaan tässä on kyse tuoteversioiden lisäämiseen liittyvistä myyntiennusteista sekä versioiden lisäämisen mahdollisista vaikutuksista tuotteen myyntihintaan (kirjoittajan kokemus).

Lisäksi mitä monimutkaisempi koko tuote on, sitä monimutkaisempaa voi olla myös sen valmistamiseen liittyvien kustannusten ennustaminen useammasta kustannustekijästä johtuen. Jos tuote sisältää esimerkiksi paljon keskenään yhteydessä olevia tietojärjestelmiä, uuden tuoteversion lisääminen voi vaatia paljon ristiin tarkistusta, jotta voidaan varmistua siitä, että uusi lisäominaisuus toimii tuotteessa. Tämän lisäksi usean tuoteversion tarjoaminen vaatii enemmän työtä esimerkiksi tuotekehitysprosessissa sekä sen poikkitoiminnollisissa vaiheissa, kuten eri tuoteversioihin liittyvissä markkinatutkimuksissa. Tämä ei kuitenkaan tarkoita välttämättä sitä, että useamman tuoteversion tarjoaminen olisi huono asia, kunhan erilaisia tuoteversioita tarjoamalla on mahdollista tehdä liikevaihtoa tästä aiheutuvia kustannuksia enemmän. Tämä kuitenkin tarkoittaa sitä, että usean eri vaihtoehdon tarjoaminen asiakkaille ymmärtämättä eri vaihtoehtoihin liittyvää asiakaskysyntää vahingoittaa uuden tuotteen kannattavuutta (kirjoittajan näkemys).

9.6 Kokoonpanoystävällinen suunnittelu ja TCO

"Valmistus- ja asennusystävällinen suunnittelu (Design for Manufacture & Assembly, DfMA) on suunnittelumenetelmä, jota suunnittelijoiden ja valmistajien tulisi käyttää vähentääkseen tuotteiden kustannuksia ja parantaakseen niiden laatua" (Engineering Product Design, 2024). Valmistamisen yksinkertaisuus ja kokoonpanotyön tehokkuus ovat tämän suunnitteluperiaatteen keskiössä, mahdollistaen nopeamman, turvallisemman ja kustannustehokkaamman valmistus- ja kokoonpanotyön. Pohjimmiltaan DfMA koostuu kahdesta menetelmästä, joita ovat valmistusystävällinen suunnittelu (Design for Manufacturing, DFM) ja asennusystävällinen suunnittelu (Design for Assembly, DFA). Valmistusystävällisen suunnittelun painopisteitä ovat taloudelliset materiaalit ja tuotantomenetelmät. DFM:n ydinperiaatteita ovat:

➢ osien täytyy olla suunniteltu soveltumaan valmistusprosessin mitta- ja muille vaihteluille (toleranssit)

➢ osilta vaadittavien piirteiden tulee olla valitun valmistusmenetelmän mahdollisuuksien rajoissa

➢ suunnittelijan täytyy tutkia ja kehittää kaikkia valmistuksen osa-alueita, kuten osien valmistus, kokoonpano, testaus, kuljetus, hankinta, osien korjaus ja huolto.

DFA puolestaan keskittyy vähentämään kokoonpanovaiheiden määrää ja tämän myötä vähentämään kokoonpanokustannuksia. Tämän periaatteita ovat:

➢ osien määrän ja erilaisuuden vähentäminen

➢ pyrkimys poistaa säätötarpeet tuotantoprosessista

➢ ohjaavien muotojen, reikien jne. hyödyntäminen, jotta voidaan käyttää itseohjautuvia ja itse paikoittuvia osia

➢ varmistaa, että tuotantoprosessin käyttäjillä on riittävä pääsy ja näkyvyys tehdä kokoonpanotyö

➢ varmistaa, että osat on helppo ottaa pakkauksistaan tai vaikkapa hyllystä

➢ vähentää mahdollisimman paljon osien uudelleensuuntaamisen tarvetta kokoonpanoprosessin aikana

➢ osien suunnittelu siten, ettei niitä voi asentaa väärin

➢ tehdä osista joko täysin symmetrisiä tai epäsymmetrisiä

➢ poistaa lisätyöstön tarpeet kokoonpanoprosessin aikana

➢ osien ja toimintamallien vakiointi

➢ mustan laatikon periaatteen noudattaminen hankintavaiheessa, eli kuvataan, mitä osan täytyy tehdä eikä sitä, miten tämä saavutetaan

➢ järjestelmän monimutkaisuuden vähentäminen mahdollisimman vähäiseksi (Engineering Product Design, 2024).

Nämä molemmat lähestymistavat ovat isossa roolissa tuotteen elinkaaren omistamisen kokonaiskustannusten suhteen, koska ne tuovat merkittäviä kustannussäästöjä sekä tuotteen valmistus- että kokoonpanoprosessiin. Lisäksi usein näillä menetelmillä saavutettavat kustannussäästöt ovat peräisin merkittävistä säästöistä arvoa tuottamattomista työvaiheista, mikä tarkoittaa käytännössä sitä, että valmiin tuotteen arvo loppuasiakkaalle ei vaarannu. Päinvastoin,tuotteen arvo asiakkaalle hyvin todennäköisesti kasvaa tarpeettomien työvaiheiden vähentämisen myötä. Lisäksi valmistus- ja kokoonpanoystävällinen suunnittelu vähentää virheiden tekemisen helppouteen liittyvää turhautumista, joka olisi voitu välttää osien tarkoituksenmukaisella suunnittelulla. Tuotteen asennus- ja kokoonpanoystävällisyyden parantamisen myötä voidaan mahdollisten virheiden lisäksi kenties vähentää työntekijöiden määrää, minkä myötä voidaan saavuttaa lisää kustannussäästöjä. Toki maissa, joissa on hyvin tiukka työlainsäädäntö, tämä saattaa johtaa lisäkustannuksiin koskien työntekijöiden lomautuksia ja työsopimusten irtisanomisia, mikä on yksi TCO:n näkökulmista (kirjoittajan kokemus). Sitä paitsi, vaikka henkilöstön vähentäminen onkin usein oletusarvoinen vastaus tilanteeseen, jossa yrityksellä on vähemmän työtä tarjottavanaan, tähän on myös vaihtoehtoisia ratkaisuja. Etenkin isoissa yrityksissä on aina työtä, joka jää tekemättä, koska henkilöstö on mitoitettu yrityksen ydinliiketoimintaa ja sitä varten tarvittavia toimintoja varten, ja heidän toimenkuvansa on laadittu tämän mukaisesti. Tämä tarkoittaa sitä, että päätöksentekijät saattavat olla jättäneet huomiotta avustavan työn, jota tarvitaan näiden tehtävien perusteelliseen suorittamiseen. Tämän vuoksi rohkenenkin ehdottaa "villiä ideaa": Mitä jos oletusarvoisen sopimusten irtisanomisen sijaan koulutamme toimettomaksi jäävät työntekijät huolehtimaan yrityksessä olevista tekemättömistä töistä? Sen lisäksi, että tämä toisi vaihtelua näiden ihmisten toimenkuvaan, tällä voitaisiin yleisellä tasolla osoittaa työntekijöille, että yritys on niin sitoutunut heihin, että se järjestää heille mieluummin muuta tuottavaa töitä kuin "hankkiutuu heistä eroon". Tällä lähestymistavalla on suuri mahdollisuus lisätä henkilöstön sitoutumista työhön, työtyytyväisyyttä sekä työn jatkuvuuden tunnetta, mikä tyydyttää heidän organisaatiotarpeitaan, kuten kuvailtiin tämän kirjan osiossa 8.2. Organisaatiotarvehierarkian ylemmille tasoille pääseminen tyypillisesti parantaa koko henkilöstön suoritustasoa sekä työmoraalia. Ja tämä ei voi olla huono asia, vai onko?

9.7   Yhtäaikainen suunnittelu

Yhtäaikainen suunnittelu (Simultaneous Engineering, SE), on tuotesuunnittelumenetelmä, jossa hyödynnetään tuotetiimiä, jossa on edustajia tuotesuunnittelusta, valmistussuunnittelusta sekä muista toiminnoista, tavoitteenaan vähentää aikaa, jonka uuden tuotteen saaminen markkinoille vie. Tässä onnistuminen vaatii laajamittaista viestintää ja koordinointia kaikkien oleellisten sidosryhmien välillä. mutta tällä voidaan myös saavuttaa merkittäviä parannuksia liiketoiminnan kannattavuuteen. Hyvin toteutettu yhtäaikainen suunnittelu todella lyhentää tuotteen markkinoille saamiseen kuluvaa aikaa tuottaen kilpailuetua, kun taas huonosti toteutettuna se tuo vain lisää ongelmia ja lisää kustannuksia (Wikipedia, 2023). Mutta SE:n ja TCO:n molemminpuolisiin hyötyihin syvennytään enemmän osiossa 9.7.3.

Yksi yhtäaikaisen suunnittelun yleisimmistä ilmenemismuodoista on varhainen yhtäaikainen vaikutus (Early Simultaneous Influence, ESI), jossa tuotteen elinkaaren myöhäisemmissä vaiheissa sijaitsevat toiminnot, kuten tuotantotekniikka, antavat panoksensa tuotesuunnittelun päätöksentekoon jo tuotesuunnitteluvaiheessa jäykän vesiputousmallin sijaan. Yksi SE:n hyödyistä työyhteisölle on, että sen avulla voidaan vähentää siiloutumista sekä raskasta virkavaltaisuutta eli byrokratiaa suurissa yrityksissä.

Ja vaikka tämän osion avaus onkin lyhyt, se on todella tärkeä uuden tuotteen suunnittelun yhteydessä. Jos uusi fyysinen tuote kehitetään ymmärtämättä valmistuksen periaatteita ja käytäntöjä, tuotteesta voi tulla joko hyvin kallis tai jopa mahdoton valmistaa sarjatuotantona. Tästä seuraa paljon kallista korjaustyötä kesken tuotteen valmistusprosessin, sekä jo tuotesuunnitteluvaiheen aikana. Voihan huonosti toteutettu tai jopa kokonaan puuttuva SE-työ uuden tuotteen suunnittelussa ja tuotannollistamisessa johtaa jopa täyteen epäonnistumiseen. Pahimmassa taloudellisessa tapauksessa tämä epäonnistuminen voi jopa kaataa kokonaisen yrityksen.

9.7.1 Yhtäaikaisen suunnittelun perusteet

"Yhtäaikainen suunnittelu on työmenetelmä, joka korostaa eri työvaiheiden yhtäaikaistamista, jota kutsutaan joskus myös integroiduksi tuotekehitykseksi (Integrated Product Development, IPD), kun hyödynnetään eri toimintojen edustajista koottua SE-tiimiä." Onnistuessaan SE-työ mahdollistaa työvaiheiden suorittamisen samanaikaisesti, sisältäen kaikki toiminnot. Tarve tehdä tuotekehitysvaiheesta kustannustehokkaampi ja nopeampi on johtanut yhtäaikaisen suunnittelun piirteiden, kuten poikkitoiminnollisten tiimien käyttöönottoon sekä tuotekehityksen jälkeisten vaiheiden parempaan huomiointiin jo tuotekehitysvaiheessa. Varhaisimmat yhtäaikaisen suunnittelun käyttöönottajat löytyvät ilmailu- ja avaruusteollisuudesta sekä tietotekniikan aloilta (Wikipedia, 2023).

Yhtäaikainen suunnittelu perustuu kahteen ydinkohtaan:

1) Kaikki tuotteen elinkaaren vaiheet huomioidaan suunnittelun perustana jo tuotekehityksen aikaisissa vaiheissa.

2) Eri aktiviteetit toteutetaan samanaikaisesti. Tämän kohdan päämääränä on paljastaa mahdollisia puutteita tuotteessa jo varhaisessa vaiheessa tuotekehitysprosessia, mikä tekee niiden korjaamisesta halvempaa ja nopeampaa kuin siinä tapauksessa, jos nämä työt suoritettaisiin vesiputousmallin mukaisesti yksi kerrallaan edellisen valmistuttua.

Onnistunut yhtäaikainen suunnittelu sisältää käyttäjävaatimusten määrittämisen, varhaisten tuotekonseptien laatimisen, tietokonesimulaatioita, prototyyppien valmistusta ja lopulta valmiin tuotteen valmistamisen. Hyödyntämällä yhtäaikaista suunnittelua yritykset pyrkivät vastaamaan haasteisiin, joita ovat muun muassa:

> yhä vaativammat asiakkaat

> nopeat teknologian muutokset ja kehitykset

> ympäristöhaasteet

> kilpailupaineet liittyen laatuun ja kustannuksiin sekä

> tarve saada tuotteet lisätoimintoineen markkinoille aiempaa nopeammin (Syan & Menon, 1994).

Yhtäaikaiselle suunnittelulle on useita tavoitteita, kuten:

> vähentää tuotekehitysvaiheen ajallista kestoa

> parantaa tuotteen kannattavuutta

> lisätä yrityksen kilpailukykyä

> saada suunnittelu- ja valmistuskustannukset paremmin hallintaan

> saavuttaa läheisempi yhteys yrityksen osastojen välille

> yrityksen ja sen tuotteiden maineen parantaminen

> parantaa tuotteen laatua sekä

> edistää tiimihenkeä (Syan & Menon, 1994).

9.7.2 Hyvin suoritetun yhtäaikaisen suunnittelun hyödyt työyhteisölle

Kuten onnistunut TCO-työkin, onnistunut uuden monimutkaisen tuotteen kehittäminen vaatii paljon toimintojen välistä yhteistyötä. Tämä auttaa myös koko tuotteen omistamisen kokonaiskustannusten alentamisessa sekä tuotetta valmistavan yrityksen, yrityksen suoran asiakkaan ja loppukäyttäjän näkökulmasta. Jo pelkästään yhteistyö tuotekehityksen ja valmistukseen liittyvien toimintojen välillä voi tuoda useita erilaisia merkittäviä hyötyjä, mutta nämä hyödyt konkretisoituvat vieläkin merkittävämmin, kun nämä toiminnot ovat osallisena yhtäaikaisessa suunnittelussa, esimerkiksi toimitusketjun hallintaan, kunnossapitoon ja prototyyppien valmistamiseen liittyvissä osa-alueissa (kirjoittajan kokemus).

Koska yhtäaikainen suunnittelu vaatii paljon toimintojen välistä yhteistyötä, se tuo ihmiset eri toiminnoista yhteen saavuttaakseen yhteisiä päämääriä. Tällöin saadaan hyvin suurella todennäköisyydellä parannettua tiedonkulkua, yhteistyötä sekä viestintää tiimien sisällä ja välillä, mikä johtaa tehokkaampaan ja onnistuneempaan päätöksentekoon.

Toiseksi, kun ihmiset eri osastoilta työskentelevät yhdessä, heille syntyy usein ideoita, joita he eivät saisi, jos työskentelisivät vain omissa tiimeissään (Oboloo, 2023). Tämän toimintojen välisen yhteistyön ansiosta myös koko työyhteisön siiloutumista voidaan vähentää, koska tällainen yhteistyö saattaa yhteen ihmisiä, jotka eivät muussa tapauksessa ehkä koskaan päätyisi tekemään töitä yhdessä yhteisten tavoitteiden eteen. Lisäksi tällöin ihmiset saavat uutta tietoa ja ymmärrystä oman osaamisalueensa ulkopuolelta (Meadows Analysis & Design, 2018). Tämä auttaa heitä ottamaan käyttöön uusia ja erilaisia ratkaisuja myös heidän omalla osaamisalueellaan. Lisäksi tuotantotekninen tiimi saa varhaista näkemystä tuotteesta, mikä auttaa sitä tuotantoprosessin suunnittelun aloittamisessa tuotteen ympärille, tehostaen tuotantoprosessin suunnittelua. Osallistuminen yhtäaikaisen suunnittelun tehtäviin toimii myös työkiertona ja rikastaa työnkuvaa, mikä tyypillisesti motivoi työntekijöitä. Lisäksi työnkuvan rikastaminen voi parantaa yrityksen taloudellista suorituskykyä ja henkilöstön tuottavuutta, vähentää poissaoloja ja henkilöstön vaihtuvuutta sekä parantaa työn laatua parantuneen työtyytyväisyyden avulla (Robbins & Judge, 2022, s. 150–151). Ja tästä pääsemmekin tämän luvun viimeisen osioon: Yhtäaikaisen suunnittelun ja TCO:n molemminpuoliset hyödyt

9.7.3 SE & TCO – Molemminpuoliset hyödyt

Tässä vaiheessa tämä saattaa olla jo varsin ilmeinen lausunto: Onnistuneella yhtäaikaisella suunnittelulla voidaan vähentää yrityksen liiketoiminnan omistamisen kokonaiskustannuksia monin tavoin. Edellisessä osiossa kuvaillut hyödyt alentavat yritystoiminnan TCO:ta, kuten kuvailtu jossain määrin myös luvussa 8. Yleisellä tasolla yksi onnistuneen SE-työn suurimmista eduista on organisaation siiloutumisen väheneminen, hyödyttäen kaikkia työyhteisön jäseniä sujuvamman yhteistyön avulla. Lisäksi onnistunut SE-työ auttaa heitä ymmärtämään toistensa osaamistaustaa, mikä voi vähentää organisaation turhautumista, sekä parantaa yrityksen taloudellista tulosta yhteistyön sujuvuuden kehittyessä suotuisasti.

Useat muista hyödyistä ovat enimmäkseen taloudellisesta näkökulmasta:

- kustannustehokkaampia suunnitteluratkaisuja, säästäen koko tuotteen elinkaaren omistamisen kokonaiskustannuksia

- tuotteen julkaisuaika lyhenee tuoden kilpailuetua yritykselle

- suunnittelun puutteet voidaan korjata aikaisin, mikä johtaa vähentyneeseen rahan ja työn hukkaan vähentyneiden tuotemuutostarpeiden myötä (Wikipedia, 2023)

- vähentynyt korjaustyö tuotteen suunnittelussa ja valmistuksessa, kun käytettävissä olevat tuotantomenetelmät huomioidaan paremmin jo uuden tuotteen kehitysvaiheessa

- nopeutunut tuotteen läpimenoaika tuotantoprosessin läpi, mikä auttaa nostamaan tuotantokapasiteettia ilman laiteinvestointeja

  - tai vaihtoehtoisesti vähentynyt tarve tuotannon investoinneille tai henkilöstölle tarvittavan valmistusmäärän saavuttamiseksi

- parantunut tuotelaatu tuotantoprosessissa, kiitos tuotesuunnittelun, joka soveltuu aiottuun tuotantoprosessiin hyvin

- merkittäviä kustannussäästöjä toimitusketjun hallinnassa, kun logistiikka- ja pakkaustiimi sekä avaintoimittajat otetaan mukaan tuotesuunnitteluun

- parantunut tuotelaatu, joka voi auttaa yritystä saavuttamaan kilpailuetua kilpailijoiden tuotteisiin nähden

- parantunut asiakastyytyväisyys parantuneen tuotelaadun sekä helpomman jälkimarkkinahuollon avulla sikäli kuin myös jälkimmäinen on huomioitu tuotesuunnittelussa (kirjoittajan kokemus). Itse suosittelen huomioimaan myös jälkimmäisen, koska jälkimarkkinapalvelut ovat osa asiakastyytyväisyyttä, ja niihin liittyvät kustannukset osa tuotteen omistamisen kokonaiskustannuksia loppukäyttäjälle. Molemmissa osa-alueissa onnistuminen hyvin todennäköisesti lisää kysyntää, mikä puolestaan lisää tuotetta valmistavan yrityksen myyntiä (kirjoittajan näkemys).

Sen lisäksi, että onnistunut yhtäaikainen suunnittelu auttaa alentamaan tuotteen elinkaaren omistamisen kokonaiskustannuksia tuotetta valmistavan yrityksen osalta, myös TCO:lla voidaan edistää SE-työtä. Omistamisen kokonaiskustannusten periaatteita voidaan hyödyntää esimerkiksi alkukustannuksiltaan kalliimpien suunnitteluratkaisujen valitsemisen perusteluissa. Esimerkiksi ylimääräinen vahvikepalkki voidaan tarvita auton rungossa, jos törmäystesti-simulaatio osoittaa, että tavoiteltua törmäystestitulosta ei saavuteta ilman tätä vahvikepalkkia. Valmistajalla saattaa olla houkutus säästää kustannuksissa jättämällä tämä osa lisäämättä, mutta yleisesti ottaen on halvempaa tehdä työ kunnolla ensimmäisellä kerralla kuin vastustaa neuvoja lisätä kyseinen osa ja sitten epäonnistua törmäystesteissä. Tällainen epäonnistuminen nimittäin varmasti lisää kokonaiskustannuksia tarvittavan korjaustyön, uudelleensuunnittelun ja uusien törmäystestien myötä, sekä voi hyvin helposti myös vaarantaa projektin aikataulun. Puhumattakaan valmistusprosessin muutoksista, jotka täytyy toteuttaa, jotta tämän osan asentaminen voidaan ottaa mukaan tuotteen valmistusprosessiin.

TCO:ta voidaan hyödyntää myös, kun halutaan perustella, miksi tietyt testit pitäisi suorittaa, jotta voidaan varmistaa, että tuotetta ollaan kehittämässä oikeaan suuntaan. Vaikkei testaaminen koskaan olekaan ilmaista, on paljon kalliimpaa joutua myöhemmin palaamaan uudelleen tuotesuunnittelun paljon varhaisempaan vaiheeseen tämän testin väliin jättämisen vuoksi. Tästä koituvat kustannukset voivat hyvin helposti olla moninkertaiset testaus-kustannuksiin nähden, ja lisäksi testaamalla mahdolliset ongelmat olisi voitu selvittää ja korjata heti. Tällöin vältytään myös riskiltä joutua tekemään muutoksia niihin tuotesuunnittelun osa-alueisiin, jotka ehdittiin toteuttaa suunnitteluvirheen ja sen löytymisen välillä (kirjoittajan kokemus).

Ja ehkä tärkeimpänä SE-työn näkökulmasta, TCO:n avulla voidaan myös perustella, miksi ylipäätään SE-työ pitäisi sisällyttää monimutkaiseen uuden tuotteen kehitysprojektiin. Kuten kaikki näissä osioissa kuvatut hyödyt osoittavat, SE-työn väliin jättämisellä yritys suorastaan pyytää ongelmia itselleen, lisää valmistukseen asti päätyvien tuotepäivitysten tarvetta, vaarantaa projektiaikataulun sekä hyvin todennäköisesti heikentää myös omaa taloudellista tulostaan (kirjoittajan kokemus).

10 VALMISTAMINEN JA TCO

TCO:ta pystytään hyödyntämään usealla tavalla valmistusteollisessa toimintaympäristössä, sekä tuotantolinjaa suunniteltaessa ja pystytettäessä että pyöritettäessä olemassa olevaa tuotantoprosessia. Lisäksi, mitä monimutkaisempi tuotteen valmistusprosessi sekä valmistavan yrityksen organisaatiorakenne on, sitä enemmän erilaisia kulueriä on huomioitavana TCO-laskennassa.

Tässä luvussa käsittelemme teollista valmistusprosessia, joitain siihen liittyviä hyvin keskeisiä omistamisen kokonaiskustannusten elementtejä, sekä joitain menetelmiä, joiden avulla tuotantoprosessin omistamisen kokonaiskustannuksia voidaan alentaa. Jälleen kerran avainsana on *hukka*. Hukan vähentäminen tuotantoprosesseissa on yksi varmoista keinoista vähentää omistamisen kokonaiskustannuksia, kunhan varmistetaan, että toiminnan tehostaminen yhdessä prosessin vaiheessa ei lisää kustannuksia saavutettuja säästöjä enemmän jossain muualla. Joten lähdetäänpä liikkeelle aloittaen kahdesta tärkeästä termistä tässä yhteydessä: Arvoa tuottavasta ja arvoa tuottamattomasta työstä.

10.1 Arvoa tuottava ja arvoa tuottamaton työ

Arvoa tuottavia (Value-Added, VA) aktiviteetteja ovat ne, jotka parantavat tuotetta tai palvelua, mikä kasvattaa sen rahallista arvoa ja/tai kysyntää asiakkaiden keskuudessa. Arvoa tuottamattomat aktiviteetit puolestaan kuluttavat aikaa, resursseja tai tilaa, mutta eivät kasvata tuotteen tai palvelun arvoa. Arvoa tuottamattomien aktiviteettien tunnistaminen ja vähentäminen mahdollisimman vähäiseksi samalla, kun arvoa tuottavaa työtä kehitetään edelleen, on välttämätöntä tehokkuuden parantamisen, hukan vähentämisen sekä asiakastyytyväisyyden paranemisen kannalta (Marcetic, 2022). Arvoa tuottava työ sisältää kaikki ne työvaiheet, jotka tuovat lisäarvoa asiakkaan tilaamaan tuotteeseen tai palveluun. Näitä ovat esimerkiksi tuotteen valaminen, maalaaminen ja kokoonpaneminen. Loppujen lopuksi asiakas haluaa maksaa vain tuotteeseen tuodusta arvosta (Teollisuusliitto, 2020, s. 9), minkä vuoksi on tärkeää ymmärtää nämä aiheet. Hyvin yksinkertaistettuna voidaankin sanoa, että valmistusprosessin omistamisen kokonaiskustannusten optimointi on melko sama asia kuin valmistustyön arvoa tuottavan osuuden kasvattaminen mahdollisimman suureksi. *Kaizen* on hyvin tehokas vähittäisen jatkuvan parantamisen malli, jota suosittelen seuraamaan, kun pyritään poistamaan hukkaa ja arvoa tuottamatonta työtä valmistusprosessissa (kirjoittajan kokemus).

Tyypillinen työpäivä valmistusteollisessa yrityksessä sisältää myös työvaiheita, jotka ovat välttämättömiä tuotteen valmistamiseksi, mutta eivät kasvata tuotteen lisäarvoa. Näitä ovat esimerkiksi:

> laaduntarkastukset

> tuotteen tai sen osien ja kokoonpanojen käsittely

> materiaalien siirto tai kuljetus

> työvaiheiden valmisteluun käytetty aika ja

> avustava työ, jossa ei suoranaisesti valmistella arvoa tuottavaa työtä, mutta joka täytyy tehdä, jotta voidaan jatkaa arvoa tuottavien työvaiheiden suorittamista.

Näiden rutiiniluontoisten työvaiheiden lisäksi työpäivät sisältävät usein myös häiriöaikaa, joka sisältää sekä teknisiä virheitä että toimintahäiriöitä, odotusaikaa sekä osien tai työkalujen etsimistä. Kaikkeen edellä mainittuun liittyen joitain tapoja kasvattaa valmistustyön jalostavaa osuutta mahdollisimman suureksi ovat:

> materiaalin tarpeettoman siirtelyn ja kuljetuksen poistaminen

> työvaiheiden suorittaminen oikein ensimmäisellä kerralla

> materiaali- ja osapuutteista johtuvien häiriötilanteiden vähentäminen mahdollisimman vähäiseksi

> osien oikeaan asentoon asettamisen helpottaminen ja näin saavutettava ajansäästö

> valmistelevan työn osuuden vähentäminen

> tarpeettomien taukojen poistaminen

> työpisteiden siisteys ja hyvä järjestys koko tuotantolinjan varrella

> varmistuminen valmiudesta suorittaa työvaiheet loppuun saakka

> tuottavan työn mahdollistaminen tarkoituksenmukaisten prosessien avulla (Teollisuusliitto, 2020, s. 9).

Näitä periaatteita voidaan soveltaa meidän ihmisten suorittaman manuaalisen työn lisäksi robottien suorittamaan automatisoituun työhön. Esimerkiksi eri robottien käyttöaste tuotantolinjalla saattaa olla keskenään hyvinkin epätasapainossa, mikä johtaa erilaisiin tahtiaikoihin eri tuotantosoluissa, jolloin hitaimmasta tuotantosolusta tulee koko tuotantoprosessin pullonkaula. Mutta perehdytäänpä näihin mielenkiintoisiin aiheisiin tarkemmin seuraavassa osiossa.

10.2 Tuotantotekniikka & prosessisuunnittelu ja TCO

Tuotekehityksen ja yhtäaikaisen suunnittelun jälkeen siirrymme "alavirtaan" tuotteen elinkaarella tuotteeseen suoraan kosketuksissa olevien toimintojen suhteen ja laskemme ankkurimme pysähtyäksemme tuotantotekniikan ja sitä seuraavan prosessisuunnittelun kohdalle. Nämä molemmat voivat hyötyä TCO:sta monin tavoin sekä yhdessä että erikseen. Ja hyödyt kasvavat jopa suuremmiksi, jos sama henkilöstö on ollut mukana tuotteen yhtäaikaisen suunnittelun vaiheessa. Mutta aloitetaanpa tuotantotekniikasta.

10.2.1 Tuotantotekniikka ja TCO

Tuotantotekniikkaosaston tehtäviin kuuluu useita eri aiheita liittyen tuotantoprosessin suunnitteluun ja pystyttämiseen, sekä tuotantolaitteiston käyttöönottoon ja tuotannon ylösajoon juuri rakennetulla tuotantolinjalla. Laitteiston uudelleenkäytön suhteen on olemassa kaksi erilaista projektin lähtökohtaa, jotka englanninkielisessä ammattitermistössä tunnetaan nimillä "Brownfield" ja "Greenfield". Näistä ensimmäinen tarkoittaa sitä, että tuotantoprosessi pystytetään edellisen tilalle eri tuotetta varten, jolloin yleensä osa olemassa olevasta laitteistosta voidaan käyttää uudelleen ja osa joudutaan hankkimaan uutena. "Greenfield" puolestaan tarkoittaa uuden laitteiston käyttöä tiloissa, joissa ei ole tulevan tuotantolinjan paikalla olemassa olevaa tuotantoprosessia, eikä muutoinkaan uudelleenkäytettävää laitteistoa ole saatavilla (kirjoittajan kokemus). Tällaisten projektien läpi viemiseksi projektihenkilöstön tulee huolehtia valtavasta määrästä eri tehtäviä, kuten:

➢ tuotantoprosessin arviointi ja kehittäminen

➢ laitteistovaatimuksiin tutustuminen, testausmenetelmien selvittäminen sekä yhteistyö palvelu- ja laitetoimittajien kanssa

➢ valmistusprosessin tehokkuuden parantaminen optimoimalla tuotantoprosessin tavaravirtoja, tilankäyttöä sekä prosessin pohjapiirrosta

➢ eri kustannustekijöiden selvittäminen päätöksentekoa varten

➢ tiedon kerääminen, sekä tiedon ja kehityskulkujen analysointi ja tiivistäminen raportteja valmisteltaessa

➢ suunniteltavan tuotantoprosessin lainmukaisuuden varmistaminen

➢ sidosryhmäsuhteista huolehtiminen

➢ tuote- ja tuotantoprosessitietokannan ylläpito sekä

➢ teknisen ja ammatillisen osaamisen pitäminen ajan tasalla (Malsam, 2023).

Tuotantoteknisiin projektiin liittyy valtava joukko TCO-yhteyksiä yhden erillisen kirjan arvoisesti, mutta yritän tiivistää suurimman osan niistä tehokkaasti tässä yhdessä osiossa, keskittyen olennaisimpiin asioihin sekä teknisestä että työyhteisön näkökulmasta, pyrkien hyödyntämään yli 9 vuoden kokemustani tuotantoteknisistä projekteista. Olen valinnut tämän lähestymistavan välttääkseni vain kopioimasta yleisiä jo Internetistä löytyviä ohjeistuksia, mutta suosittelen kuitenkin tutustumaan niihin liittyen kuhunkin tässä osiossa läpi käytävään aiheeseen. Aloitetaanpa työyhteisön näkökulmalla.

Projekti aloitetaan projektin aloituspalaverista. Aloituspalaverin pitämiseen liittyy monta myös muihin projektipalavereihin liittyvää periaatetta, mutta se kuitenkin eroaa tavallisista projektipalavereista monin tavoin. Yhtäläisyyksistä johtuen rohkaisenkin sinua, arvoisa lukija, tutustumaan yleisiin palaverikäytäntöjen ohjeisiin, jos et ole vielä tutustunut niihin. Mutta palataanpa näiden palaverien eroihin. Projektin aloituspalaveriin harvoin pätee ajatusmalli "vähemmän on enemmän". Niissähän ei ole kyse ainoastaan tuotteesta, vaan keskiössä on pikemminkin projekti itse. Käytännössä tämä tarkoittaa, että tuotteen, tavoiteltujen tuotantomäärien ja esimerkiksi vaaditun tahtiajan lisäksi täytyy käydä läpi muun muassa projektisuunnitelma, materiaali koskien projektista asiakkaalle jätettyä tarjousta, projektin pääaikataulu, sidosryhmähallinta ja projektin budjetti. Lisäksi suosittelen pitämään mielessä, että projektin aloituspalaverissa tarkoitus ei ole ainoastaan selventää projektin toimitussisältöä sekä työtä, jota projektin eteen on tehty jo ennen aloituspalaveria, vaan sillä on vaikutusta myös projektitiimin ilmapiiriin sekä työotteeseen. Jos asennoituminen aloituspalaveriin on esimerkiksi "hoidetaan se äkkiä alta pois, jotta päästään töihin", tämä lähestymistapa saattaa levitä laajemminkin projektiin ja ilmetä esimerkiksi hätäisesti valmisteltuina teknisinä määrittelydokumentteina, joiden korjaamiseksi joudutaan läpikäymään usea korjauskierros, mikä maksaa paljon aikaa ja rahaa.

Toiseksi mikä tahansa projekti tarvitsee suunnitelman, etenkin monimutkainen teollinen projekti. Projektisuunnitelman laatimiseksi Internetistä löytyy paljon yleisiä ohjeita, joten ei keskitytä siihen. Sen sijaan haluan korostaa projektisuunnitelman tarkoituksenmukaisuuden ja ylipäänsä olemassaolon ohella toista aivan yhtä tärkeää seikkaa: Sen varmistaminen, että projektitiimin jokainen jäsen on käynyt läpi, ymmärtänyt ja sisäistänyt projektisuunnitelman sekä noudattaa sitä. Tätä voidaan edistää tekemällä projektisuunnitelmasta helppo seurata, tekemällä siitä niin tiivis kuin mahdollista sisältäen kuitenkin kaiken oleellisen tiedon, sekä ottamalla sen oleelliseksi osaksi projektin aloituspalaveria. Tämän lisäksi on aivan yhtä tärkeää huolehtia siitä, että projektisuunnitelmaa päivitetään ja muokataan tarpeen mukaan.

Kolmas todella tärkeä TCO-aihe tässä yhteydessä on projektin pääaikataulu. Hyvin rakennettuna se ei ainoastaan osoita projektin päävaiheiden aikataulua sekä tärkeimpiä aktiviteetteja niiden suorittamiseksi, vaan sisältää myös kaikki oleelliset tehtävät näiden aktiviteettien suorittamiseksi sekä näiden tehtävien välisen yhteyden. On tärkeää ymmärtää etenkin tehtävien välinen yhteys, koska se auttaa projektin eri vastuualuetiimejä päätöksenteossa ja työn aikatauluttamisessa. Ennen tehtävissä etenemistä onkin tärkeää käydä läpi oman vastuualueen aikataulun "risteämäkohdat" sisäisten sidosryhmien kanssa, ja varmistaa, että heillä on myös valmius omien töidensä osalta esitettynä ajankohtana. Jos projekti esimerkiksi sisältää tuotantolaitteiston suunnitteluhyväksynnän tietokonesimulaation avulla ennen laitteiston valmistamisen aloittamista, sekä laitesuunnittelutiimin että simulointitiimin täytyy olla tietoisia tähän liittyvän työn vaiheista ja niiden aikataulusta, jotta työssä voidaan edetä oikeassa järjestyksessä.

Neljäs asiakohta työyhteisön näkökulmasta, ja viimeinen tässä osiossa, on projektihenkilöstö sekä projektin organisaatiokaavio, sisältäen sekä kaikki oleelliset roolit että henkilöt, jotka soveltuvat näihin rooleihin. On useita lähestymistapoja liittyen eri rooleihin vaadittavaan kokemustasoon, kokemustaustojen "sekoitukseen" ja niin edespäin, mutta yleissääntönä haluan antaa kolme ohjetta:

1) huomioi kaikki roolit, jotka ovat oleellisia projektin onnistumisen kannalta

2) mitä monimutkaisempi projekti on, sitä kokeneempaa henkilöstön tulee olla, jos tällaista henkilöstöä on saatavilla projektiin

3) riippumatta siitä, mikä projektin "kentällinen" on sekä siitä, kuinka paljon osaamista milläkin osa-alueella se sisältää, huonolla johtamisella asioista voidaan saada aikaan melkoinen sotku monimutkaisessa projektissa.

Oman kokemukseni pohjalta näillä kolmella asialla pääsee jo pitkälle projektin onnistumisessa työyhteisön näkökulman suhteen.

Sitten siirrymme tekniseen näkökulmaan, jossa esittelen mielestäni kolme teollisten tuotannollistamisprojektien merkittävintä TCO-huomiota. Ensimmäinen näistä on teknisten hankintojen prosessi projekteissa. Vaikka usein hyvinkin tiukka aikataulu luo painetta päästä liikkeelle hankintojen kanssa, laadukkaiden teknisten määritelmien luominen ensimmäisellä kerralla on todellisuudessa nopeampaa kuin se, että niitä joudutaan korjaamaan useita kertoja. Ja hankintaprosessin lisäksi tämä pätee myös hankinnan jälkeisissä projektin vaiheissa sekä tuotannon aikana, koska tällöin joudutaan korjaamaan pienempi määrä hankintavaiheen teknisiin määrittelyihin liittyviä virheitä. Nämä kun voivat pahimmillaan aiheuttaa vakaviakin tuotepoikkeamia johtaen suureen määrään uudelleen työstämistä, korjaustyötä ja jopa tuotteiden romutuksia. Ja romutukset voivat olla suuri kuluerä tuotannon ylösajon ja päivittäisen tuotannon pyörittämisen aikana projektin päätyttyä.

Toinen tekninen TCO-näkökulma on laitesuunnittelun oikea taso. Tällä tarkoitan ylisuunnittelun kustannusvaikutusta. Ylisuunniteltu laitteisto ei ainoastaan ole kalliimpaa valmistaa, vaan myös sen ylläpito ja korjaaminen maksaa enemmän ylläpidon monimutkaisuuden vuoksi. Ylisuunniteltu tuotantolaitteisto voi myös kuluttaa enemmän esimerkiksi sähköä. Lisäksi suurempi määrä liikkuvia osia tarkoittaa suurempaa laiterikkojen todennäköisyyttä, mikä johtaa tuotantokatkoksiin ja niihin liittyviin kustannuksiin, joita käytiin läpi kirjan osiossa 1.3.4.

Kolmas tärkeä asia, jota haluan painottaa, on tasapaino palvelu- ja tavarantoimittajien teknisen osaamisen ja hinnoittelun välillä. Toimittajavalinta itsessäänkin on usein monimutkainen aihe sisältäen toimittajien kartoittamisen ja yhteydenoton heihin, teknisten määrittelyjen laatimisen sekä niiden läpikäynnin toimittajaehdokkaiden kanssa. Kun tämä on tehty, toimittajat lähettävät tarjouksensa, jotka täytyy sitten käydä läpi, jotta voidaan varmistua, että vastaanotetut tarjoukset täsmäävät siihen, mitä on pyydetty, ja että ne täyttävät kaikki aiheeseen liittyvät vaatimukset. Tämän jälkeen on aika valita toimittaja. Tämä voidaan tehdä useiden eri valintaperusteiden pohjalta, mutta tyypillisesti se tehdään toimittajien teknisen kyvykkyyden, toimittajiin liittyvien aiempien kokemusten sekä tarjoushinnan perusteella. Tarjoushinta saattaa kuitenkin muodostaa jopa vain 10 % laitteiston elinkaaren kokonaiskustannuksista, mikä tarkoittaa, että yksinään se on riittämätön kattamaan toimittajavalinnan taloudellisen näkökulman. Mikä pahempaa, joskus tämä koko päätös tehdään yksinomaan tarjouksen perusteella, jättäen huomiotta teknisen kyvykkyyden sekä aiemmat kokemukset. Itse pidän tätä hyvin vaarallisena tienä, etenkin silloin, jos toimittajan hinnoittelu perustuu tuntihintaan, joka sitten laskutuksessa kerrotaan toteutuneella työtuntimäärällä. Tämä voi helposti johtaa tilanteeseen, jossa toimittajan tekemän työn kustannus ylittää suuresti tarjoukseen laaditun arvion johtuen esimerkiksi suuresta määrästä projektihenkilöstön omia työtunteja liittyen toimittajan työn korjauspyyntöihin, toimittajan tekemän korjaustyöhön ja sen uudelleen arviointiin, jopa useita kertoja uudelleen. Tämä puolestaan voi johtaa tilanteeseen, jossa ennakkoon halvimpana pidetty toimittaja osoittautuukin kalleimmaksi vaihtoehdoksi kaikki kustannukset huomioiden. Ja jos tämä toimittaja on esimerkiksi suunnittelutoimisto, ja laitteisto valmistetaan muualla, huono suunnittelu voi johtaa kasvaneisiin laitevalmistuksen kustannuksiin sekä laitteiston käytön, ylläpidon ja laitteiden aiheuttaman häiriöajan kustannuksiin, sekä vähentää mahdollisuuksia käyttää laitteistoa uudelleen seuraavissa projekteissa.

10.2.2   Prosessisuunnittelu ja TCO

Prosessisuunnittelu eroaa jossain määrin tuotantotekniikasta. Joskus näillä kahdella termillä saatetaan tarkoittaa samaa asiaa eri yrityksissä, mutta on myös yrityksiä, joista löytyy nämä molemmat osastot erikseen. Tällöin prosessisuunnittelu keskittyy enemmänkin olemassa olevaan tuotantoon ja tuotantotekniikka suunnittelemaan ja pystyttämään uusia tuotantolinjoja (kirjoittajan kokemus). Prosessi-insinöörin vastuualuetta ovat esimerkiksi:

➢ laitteiston testaus, valvonta ja ylläpito, mukaan lukien säännölliset testit, jotta voidaan varmistua, että laitteisto noudattaa siihen sovellettavia standardeja ja normeja

➢ tekninen selvitystyö ja yhteistyö hankintaosaston kanssa uusien laitteiden hankkimiseksi

➢ uusien laitteiden suunnittelu tai tuotantovirran uudelleen suunnittelu

➢ tuotantoprosessin suunnittelu, muuttaminen ja valvonta, jotta voidaan taata suurin mahdollinen prosessin tuottavuus pienimmällä mahdollisella määrällä poikkeamia

➢ tehtaan toiminnan seuraaminen

➢ työterveyden ja -turvallisuuden varmistaminen

➢ vaadittavien asiakirjojen luominen, ylläpito ja hallinta, jotta voidaan noudattaa turvallisuusmääräyksiä

➢ tiedon kerääminen ja analysointi koskien tehokkuutta ja budjetteja johdon raportteja varten sekä

➢ tuotannon prosessivirtojen jokaisen yksityiskohdan ja vaiheen analysointi pyrkimyksenä alentaa kustannuksia, parantaa tuottavuutta ja yleensäkin optimoida tuotantoprosessia (Indeed Editorial Team, 2024).

Jos prosessi-insinöörit ovat vastuussa kaikesta tästä olemassa olevan tuotantoprosessin osalta, heillä on paljon tehtävää osana rutiinitöitään. Tällöin etenkin keskisuurissa ja suurissa yrityksissä yksi prosessi-insinööri ei riitä alkuunkaan, paitsi jos yrityksen strategia on olla kehittämättä tuotantoprosessia tuotannon aloituksen jälkeen käytännössä ollenkaan. Koska prosessi-insinöörien tehtävät sisältävät sekä olemassa olevan tuotantoprosessin seurantaa että sen tehokkuuden kehittämistä, omistamisen kokonaiskustannusten taustalla olevan ajatusmallin sisäistäminen on hyödyllistä heillekin. Jotta voidaan kehittää tuotantoprosessin tehokkuutta ja säästää kokonaiskustannuksissa, on tärkeää ymmärtää, miten jokainen muutos tuotantoprosessissa vaikuttaa sekä muutettavan vaiheen lähiympäristöön että koko tuotantoketjuun. Vain siten voimme ymmärtää, kuinka voimme oikeasti kehittää tuotantoprosessin tehokkuutta kokonaisuutena sekä sen, parantavatko suunnitellut toimenpiteet todellisuudessa koko prosessin kapasiteettia, laatua tai kustannustehokkuutta (kirjoittajan kokemus).

Yksi tällainen tapaus voisi olla saapuvien osien uudelleen pakkaaminen. Jos telineet, joissa osat saapuvat, eivät sovellu työmenetelmiin osia käyttävällä työasemalla, yksi vaihtoehto voi olla pakata osat uudelleen. Tällöin voidaan säästää kustannuksia esimerkiksi välttämällä työhön huonosti soveltuvien osatelineiden aiheuttamia henkilöstön sairaslomia. Rahallisessa vertailussa tätä tulee kuitenkin verrata uudelleen pakkaamisen kustannuksiin. Uuden telineen täytyy olla vähintään yhtä kustannustehokas logistiikan käsiteltäväksi kuin nykyisin käytössä olevan telineen. Tapauksen monimutkaisuudesta riippuen saattaa olla useita muitakin kustannuselementtejä edellä kuvailtujen lisäksi, mutta yleensä tämä pohdinta ei mene suoria kustannuksia pidemmälle (kirjoittajan kokemus). Usein kuitenkin unohdetaan tai jätetään huomiotta ergonomian parantamisen myönteinen psykologinen vaikutus. Yksi hyvän ergonomian standardimääritelmistä on "työn sovittaminen tekijälleen" koskien sekä työn fyysisiä että henkisiä vaatimuksia. Hyvän ergonomian on osoitettu sekä hyödyttävän liiketoiminnan kannattavuutta että alentavan työntekijöiden vaihtuvuutta ja auttavan työntekijöitä tyydyttämään psykologiset tarpeensa osiossa 8.2 kuvaillun mukaisesti (Veena, 2019).

Tuotelaadun periaatteiden ymmärtäminen on myös välttämätöntä tässä työssä onnistumisen kannalta, koska prosessi-insinöörin tulee tietää, kuinka laatuvaatimukset eroavat eri osien välillä ennen kuin kustannuksia voidaan leikata vaarantamatta lopputuotteen laatua. Tämä ei vaadi ainoastaan laatuvaatimusten tuntemista tuotteen eri osien suhteen, vaan myös tuotteen osien asennusjärjestyksen tuntemista. Esimerkiksi asiakkaalta näkymättömiin jäävien osien pinnanlaatuvaatimukset lopputuotteessa ovat erilaiset verrattuna osiin, jotka jäävät asiakkaalle näkyviksi.

10.3   Valmistusprosessi ja TCO

Olemassa oleva valmistusprosessi sisältää usein lukemattoman määrän TCO-yhteyksiä. Hieman yleistäen voidaankin sanoa, että mitä monimutkaisempi tuotantoprosessi on ja mitä enemmän sisäisiä sidosryhmiä se sisältää, sitä enemmän erilaisia kustannuselementtejä joudutaan huomioimaan koko tuotantoprosessin TCO-laskennassa.

Haluan kuitenkin korostaa yhtä tärkeimmistä tuotantoprosessiin liittyvistä käsitteistä sekä yhtä tärkeimmistä menetelmistä tuotantoprosessien vaiheiden tutkimiseen ja kehittämiseen. Näistä ensimmäinen koskee prosessin läpimenoa ja jälkimmäinen työntutkimusta (kirjoittajan kokemus).

10.3.1   Prosessin läpimeno ja TCO

"Läpimeno on se määrä palvelua tai tuotetta, jonka yritys pystyy tuottamaan tietyssä ajassa" (Hayes, 2024). Mutta kun määritetään tuotantoprosessin nettokapasiteetti teoreettisen kapasiteetin sijaan, eli todellinen määrä tuotteita, joka voidaan valmistaa tietyssä ajassa, meidän tulee huomioida myös laitteiston kokonaistehokkuus, engl. overall equipment effectiveness, OEE (Worximity, 2024). Tällöin saamme tuotantoprosessin tosielämän kokonaiskapasiteetin, jossa huomioidaan prosessin käytettävyys, suorituskyky sekä laaduntuottokyky. Käytettävyys sisältää suunnitellut ja suunnittelemattomat tuotantokatkokset suunnitellun tuotantoajan aikana, eli kuinka ison osan tuotantoajasta tuotantolinja on käytettävissä keskimäärin. Suorituskyky puolestaan viittaa tuotantoprosessin "ajonopeuteen", johon vaikuttavat esimerkiksi hitaat työtahdit ja pienet katkokset tai odotusajat. Laatu viittaa tässä yhteydessä tuotelaadun poikkeamiin laatuvaatimuksiin   nähden   (OEE,   2024).   OEE   lasketaan   käyttäen   kaavaa $OEE = Tekninen\ käytettävyys\ x\ Suorituskyky\ x\ Laatu$. Jos esimerkiksi käytettävyys on 96 %, suorituskyky 97 % ja laatu 98 %, saamme OEE:ksi 91,3 %.

Ja miksi tämä on merkittävää omistamisen kokonaiskustannusten kannalta? Kun suunnitellaan ja pystytetään tuotantoprosessia, nettokapasiteettitavoite on yksi tärkeimpiä suunnittelun perusteita. Eri laitteistotyyppejä kun voidaan esimerkiksi käyttää eri nopeudella. Jos tuotantoprosessi mitoitetaan siten, että vain teoreettinen kapasiteetti ilman laitteiston kokonaistehokkuuden huomiointia juuri ja juuri saavuttaa tavoitellut tuotantomäärät, prosessilaitteistolta vaaditaan käytännössä 100 % kokonaistehokkuutta, eli 100 % käytettävyyttä, 100 % suorituskykyä ja 100 % laatua käytännössä koko ajan. Käytännössä jatkuva 100 % suoriutuminen ei ole kuitenkaan mahdollista millään OEE:n osa-alueella. Ei ole esimerkiksi olemassa tuotantoprosessia, jossa ei ole koskaan suunniteltuja tai suunnittelemattomia tuotantokatkoksia. Vastaavasti edes hiemankaan monimutkainen tuotantoprosessi sisältää hitaita tahteja ja pieniä pysähdyksiä, koska kaikilla työasemilla ei käytännössä ole keskenään täysin sama tahtiaika. Tahtiaika voidaan yleistää koko tuotantoprosessilla laskemalla se prosessin läpimenosta, mutta käytännössä työvaiheet saadaan valmiiksi eri tahtiajalla erilaisilla työasemilla. Eikä laatukaan voi käytännössä olla sataprosenttinen edes täysautomaattisessa valmistusprosessissa, vaikka kaikki laitteiston parametrit olisi hiottu täydellisyyteen asti. Yksi tähän johtavista syistä on se, että mekaaniset osat kuluvat käytössä. Lisäksi laatuun vaikuttavat laitteistojen toleranssit ja toleranssiketjut. Jos laitteiston toleranssiketju yhdessä työvaiheessa pysyy juuri ja juuri tuotteen toleranssien sisällä, mikä tahansa epätarkkuuden lähde voi helposti aiheuttaa poikkeaman.

10.3.2 Työntutkimus ja TCO

Työntutkimuksen keskeisin tavoite on parantaa tuottavuutta, työhyvinvointia ja kannattavuutta käyttäen turvallisia, tehokkaita ja taloudellisia työmenetelmiä turvallisessa, tehokkaassa ja taloudellisessa työympäristössä. Ja tavoitteistaan "huolimatta" työntutkimus tuo hyötyä myös työntekijöille työmenetelmien, työterveyden ja -turvallisuuden sekä työn jatkuvuuden paranemisen myötä (Teollisuusliitto, 2020, s. 4). Näiden lisäksi onnistunut työntutkimus ja siihen liittyvät tuotantoprosessin parannukset voivat lisätä työntekijöiden palkkatuloa hiukan tuotantopalkkion kautta (kirjoittajan kokemus). Yleisemmän tason kannattavuuden kasvut puolestaan valitettavasti tapaavat hyödyttää lähinnä yrityksen omistajia (kirjoittajan näkemys).

Kuten TCO ja elämä yleensäkin, myös onnistunut työntutkimus ja etenkin sitä seuraava kehitystyö vaativat yhteistyötä. Kun tutkittavilla työasemilla työskentelevät työntekijät pääsevät osallistumaan kehitystyöhön antamalla ideansa ja palautteensa, se lisää heidän työmotivaatiotaan ja työhön sitoutumistaan. Tämä tekee myös työntutkimuksen suorittamisesta helpompaa, koska tällöin työntekijät tuntevat, että työntutkimus tehdään myös heidän omaksi edukseen sen sijaan, että sillä ajettaisiin yksinomaan heidän työnantajansa etuja (kirjoittajan kokemus).

Työntutkimusmenelemiä ovat:

> ➤ havainnointitutkimus
>
> ➤ aikatutkimus
>
> ➤ liikeaikatutkimus
>
> ➤ työaikalaskelmat
>
> ➤ standardiaikajärjestelmät (Teollisuusliitto, 2020, s. 24).

Koska työntutkimuksella pyritään vähentämään hukkaa työvaiheissa samalla säilyttäen tai jopa parantaen työn turvallisuutta ja tuottavuutta, tätä voitaisiin kutsua hyvin "TCO-mieliseksi" menetelmäksi. Onhan se vain ja ainoastaan eduksi koko tuotantoprosessin omistamisen kokonaiskustannuksille, että hukkaa tuotantoprosessissa saadaan vähennettyä. Tehdään lyhyt esimerkkilaskelma: Operaattorin tarvitsee kävellä 50 askelta jokaisen työaseman täyden työtahdin aikana. Tuotteita valmistetaan 170 kappaletta vuorossa, mikä tarkoittaa 170 tahtia per työasema. Työntutkimuksessa normaali työtahti rinnastetaan kävelyvauhtiin 4 km/h (=1,11 m/s) ja keskimääräinen ihmisen askeleen pituus on 70 cm (Physiopedia, 2024). Työntutkimuksen avulla askelten määrää yhtä työtahtia kohti saadaan vähennettyä 50 askeleesta 38 askeleeseen. Kuinka paljon aikaa säästetään yhden työvuoron aikana?

1) 50 askelta – 38 askelta = 12 askelta. Lasketaan, kuinka paljon aikaa nämä 12 askelta vievät:

    a. Säästetty kokonaismatka: 12 askelta x 0,7 m/askel = 8,4 m.

    b. Säästetty aika: $\dfrac{8,4\ m}{1,11\ m/s} = 7,57\dfrac{sekuntia}{tahti}$.

    c. Säästetty kokonaisaika: 7,57 sekuntia/tahti x 170 tahtia = 1 286,9 sekuntia = noin 21,4 minuuttia per työvuoro.

Tämä säästetty aika esimerkiksi sallii työntekijän työskennellä hiukan kohtuullisemmalla työtahdilla, jos työasema on ollut aiemmin ylikuormitettu. Vaihtoehtoisesti tuotannon tasapainottamiseen yhdistettynä se voi tarjota mahdollisuuden merkittäviinkin kustannussäästöihin, jos vastaavia parannuksia kyetään tekemään muillakin työasemilla (kirjoittajan kokemus). Yleisesti ottaen suosittelen työntutkimusta yhtenä valmistusteollisuuden tuottavuuden ja kannattavuuden parantamisen päämenetelmistä, etenkin yrityksissä, joissa suuri osa kustannuksista muodostuu valmistusprosessista.

10.4   Kustannustehokkaat valmistusratkaisut ja TCO

Eivätkö kaikki haluakin olla kustannustehokkaita liiketoiminnassaan? Kukapa haluaisikaan tuhlata rahaa liiketoiminnassa tahallaan? Mutta on monia tapoja olla kustannustehokas. Kun päätöksenteon taloudellinen perusta pohjautuu alimpaan alkuhintaan, voidaan päätyä todella korkeisiin ylläpidon, tuotannon tai esimerkiksi häiriöajan kustannuksiin. Tämän vuoksi meidän täytyy pitää omistamisen kokonaiskustannukset mielessämme, kun pyrimme saavuttamaan kustannustehokkaita valmistusratkaisuja. Tässä osiossa pureudumme valmistusteollisuuden fyysisiin elementteihin: Niihin, joita voimme nähdä, kun kävelemme tuotantolinjan varrella.

Yksi keskeisimmistä käsitteistä tässä osiossa on ylisuunnittelu, tai pikemminkin sen välttäminen. Ylisuunnittelu voi ilmetä useassa eri muodossa. Esimerkiksi laitteiston materiaalipaksuus voi olla tarpeellista suurempi yleisiin lujuusopin periaatteisiin nähden. Ja kuten arvata saattaa, tämä lisää näihin laitteistoihin tarvittavan materiaalin määrää, mikä tekee niistä kalliimpia valmistaa. Mutta mitkä muut kustannustekijät liittyvät tähän ylisuunnittelun tapaukseen? Yksi näistä liittyy robotteihin automatisoidussa tuotantoprosessissa. Erilaisilla teollisuusroboteilla on erilainen hyötykuorma, eli paino, jota ne voivat käsitellä, sisältäen sekä robotin käyttämän prosessityökalun että työkappaleen, jota työkalulla käsitellään, jos prosessityökalua käytetään kappaleen nostamiseen (Motion Controls Robotics, 2024). Jos prosessityökalu, kuten tarttuja, on paljon painavampi kuin sen tarvitsisi olla, käsiteltävän kappaleen suurin mahdollinen paino putoaa tarkalleen saman verran kuin tarttujan ylisuunnittelu on tuonut lisäpainoa. Tämä voi jopa johtaa tilanteeseen, jossa joudumme tarpeettomasti hankkimaan suuremman robotin, joka on pienempää robottia kalliimpi. Lisäksi suuremmat robotit ovat kalliimpia kuljettaa, koska voimme mahduttaa niitä yhteen kuljetukseen vähemmän kuin pienempiä robotteja, jos kuljetuskapasiteettia ei muuteta. Lisäksi raskaammat tuotantolaitteistot vaativat järeämpiä nostimia laiteasennusten yhteydessä, mikä myös maksaa enemmän rahaa. Kasvanut paino asettaa omat vaatimuksensa myös laitteiston pakkaamiselle, tehdaslattialle ja niin edelleen. Lisäksi laitteiden osien ylimääräinen paino voi lisätä kunnossapitokustannuksia, jos niistä tulee liian raskaita käsitellä käsin, jolloin tarvitaan esimerkiksi nostoapulaitteita.

Materiaalipaksuuden lisäksi tarpeettomien osien määrä on toinen yleinen ylisuunnittelun esimerkki. Ja tämä ei tarkoita sitä, että näitä osia ei käytettäisi mihinkään, mutta on olemassa suunnitteluratkaisuja, jotka olisi voitu korvata yksinkertaisemmilla ja halvemmilla ratkaisuilla säilyttäen kuitenkin laitteen toiminnallisuuden ja lopputuotteen laatu ennallaan. Myös tämän tyyppinen ylisuunnittelu lisää valmistuskustannuksia sekä painoa, mikä lisää kustannuksia edellä kuvaillusti. Mutta kasvanut osien määrä tuo toisenkin kustannustekijän mukaan. Mitä enemmän osia täytyy irrottaa ennen kuin päästään käsiksi varsinaiseen huolto- tai korjauskohteeseen, sitä enemmän aikaa siihen menee. Ja kaikella työllä, paitsi hyväntekeväisyydellä, on tuntihintansa sekä työvälineisiin liittyvät kustannukset. Lisäksi kasvanut osien määrä lisää laitteiston monimutkaisuutta, mikä voi kasvattaa tuotantokatkosten ja häiriöajan riskiä. Tämä johtaa lukuisiin eri lisäkustannuksiin esimerkiksi tuotantojättämän, ongelmanratkaisun sekä tuotantojättämän kiinniottamisen muodossa.

Ylisuunnittelu ei myöskään koske ainoastaan mekaniikkaa, vaan myös automaatiota. Ja nykyaikaisessa tuotantolaitteistossa nämä kaksi kulkevat käsi kädessä. Joskus huono suunnittelu mekaniikassa vaatii ylisuunnittelua automaatiossa, tai päinvastoin, jotta tuotelaatuvaatimukset voidaan täyttää. Voidaan tarvita esimerkiksi lisää raja-antureita ja näihin liittyviä mekaanisia ratkaisuja tuotantolaitteistoon.

Yksi yksinkertaisten ja kustannustehokkaiden valmistusratkaisujen ilmenemismuodoista on *Karakuri*, japaninkielinen termi, jolla viitataan Lean-menetelmään, joka sisältää yksinkertaisia mekaanisia materiaalinkäsittelyvälineitä, jotka hyödyntävät Maan vetovoimaa ja kappaleen hitautta, eli inertiaa, tuotteen liikuttamisessa työasemien välillä tai sisällä. Tietokoneiden, hydrauliikan ja muiden kalliiden ratkaisujen sijaan Karakurissa hyödynnetään edullisia ratkaisuja, kuten jousia, vipuvarsia, rattaita ja heilureita. Ja yksinkertaisuutta seuraavat myös suunnittelun, valmistuksen, asennuksen, käyttöönoton, kunnossapidon ja häiriöajan alentuneet kustannukset, sekä halvemmat muutostyöt tulevia tuotteita varten. Lisäksi tämä yksinkertaisuus tarkoittaa sitä, että nämä välineet ovat hyvin yksinkertaisia huoltaa. Toisaalta näiden välineiden täytyy olla myös muokattavissa tulevien tuotteiden valmistusta varten, sekä turvallisia ja ergonomisesti hyviä tuotannon käyttäjien hyödynnettäviksi. Onhan niiden tarkoitus helpottaa manuaalista työtä valmistusteollisuudessa yksinkertaisella ja kustannustehokkaalla tavalla (Floyd, 2021).

10.5   Jatkuva parantaminen ja TCO

Liiketoiminna*ssa meidän täytyy kehittää jatkuvasti toimintamme eri osa-alueita, jotta pysymme kilpailukykyisinä. Jos tuotteemme tai toimintamme sen ympärillä jää jälkeen, emme voi saavuttaa kilpailuetua kilpaileviin yrityksiin nähden. Mutta tämä kehittäminen maksaa rahaa, joten mikä voisi olla ratkaisu etenkin näinä taloudellisesti vaikeina aikoina? Yksi vastaus on vähittäinen jatkuva parantaminen, joka Japanissa tunnetaan nimellä *Kaizen*.

"Kaizen on jatkuvan parantamisen lähestymistapa, joka perustuu ajatukseen, että pienet, jatkuvat myönteiset muutokset voivat tuoda merkittäviä parannuksia. Tyypillisesti se perustuu yhteistyöhön ja sitoutumiseen ja eroaa merkittävästi lähestymistavoista, jotka pyrkivät tekemään suuria muutoksia kerralla tai jotka kulkevat organisaatiossa ylhäältä alas muutoksen aikaan saamiseksi" (Daniel, 2021). Nämä pienet myönteiset muutokset siellä täällä koko tuotantoprosessin laajuisena ja sitä ympäröivässä toiminnassa eivät maksa valtavia summia rahaa ottaa käyttöön, muta tuovat pitkällä aikavälillä merkittäviä kustannussäästöjä. Kaizenin kymmenen ydinperiaatetta ovat:

- ➢ Älä tee +hätäisiä olettamuksia.
- ➢ Ratkaise ongelmat oma-aloitteisesti.
- ➢ Älä tyydy asioiden nykytilaan.
- ➢ Päästä irti täydellisyyden tavoittelusta ja hyödynnä sen sijaan toistettavaa ja sopeutuvaa muutosta.
- ➢ Etsi ratkaisuja, kun löydät virheitä.
- ➢ Luo ja ylläpidä ympäristöä, joka saa kaikki tekemään osansa.

- Älä hyväksy ilmeisintä selitystä. Sen sijaan kysy "miksi" viidesti, jotta voisit löytää juurisyyn.
- Kerää tietoa ja mielipiteitä useasta lähteestä.
- Käytä luovuutta löytääksesi edullisia ja pieniä parannuksia.
- Älä koskaan lakkaa kehittämästä (Daniel, 2021).

Tässä lähestymistavassa on enemmänkin kyse ajattelutavasta ja sen levittämisestä kaikkialle työyhteisöön suurten kehitysprojektien sijasta, nämä kun maksavat usein paljon rahaa. Ja vaikka nämä suuret kehitysprojektit voivatkin useassa tapauksessa saavuttaa esimerkillisen lyhyen takaisinmaksuajan, ylempi johto voi silti olla epävarma näiden kehitysprojektien aloittamisen suhteen johtuen epävarmuudesta liittyen yrityksen liiketoiminnan tulevaan suuntaan, vaikeaan taloudelliseen tilanteeseen, tai molempiin. Kuten laatua koskevassa osiossa todettiin, työyhteisössä johdon sitoutuminen on keskeisessä roolissa, kun yritetään saada uutta ajattelutapaa leviämään työyhteisön jokaiseen osaan. Yksi tavoista osoittaa tätä sitoutumista on sallia käyttää riittävästi työaikaa tämän toteuttamiseen päivittäisten työtehtävien ohella.

Ja kuinka tämä liittyy TCO:hon? Näiden vaiheittaisten pienten parannusten avulla voimme vähentää kustannuksia kaikissa tuotteen elinkaaren vaiheissa ja tuotetta ympäröivässä toiminnassa toteuttamalla pieniä myönteisiä muutoksia kaikilla osa-alueilla. Näistä joitain esimerkkejä on jo käsitelty aiempana tässä kirjassa, joten keskitytään Kaizenin tyypillisempään "elinympäristöön": Tuotantotoimintaan. Tehottomasti järjestelty työpiste sisältää useita hukan lähteitä, kuten kuljettamista, odottamista ja turhaa liikettä. Jos laitteistossa on esimerkiksi kulutusosa, joka joudutaan vaihtamaan muutaman tunnin välein, vaihto-osille tulee löytää hyvä sijainti läheltä niiden asennuspaikkaa, esimerkiksi tuotantosolun sisäänkäynnin vierestä sen sijaan, että nämä osat tarvitsisi joka kerta noutaa jostain erikseen.

Toinen Kaizenin ja siihen liittyvän ajattelumallin piirre on, että siihen liittyvä kehitystyö tehdään yhteistyönä. Kun tuotantotyöntekijät saavat osallistua omalla panoksellaan konkreettiseen kehitystyöhön, heidän työtyytyväisyytensä ja työhön sitoutumisensa kasvavat hyvin todennäköisesti. Jotkut ihmiset ovat toki innokkaampia antamaan oman panoksensa kuin toiset, mutta yleisesti ottaen on erittäin hyödyllistä kuunnella heidän näkemystään ja palautettaan, koska he työskentelevät niillä työasemilla, joille kehittämistoimia toteutetaan. Hehän yleensä tuntevat työnsä jokaisen yksityiskohdan toistettuaan sitä useita kertoja, mikä auttaa heitä antamaan arvokasta tietoa kehitystyön lähtökohdaksi (kirjoittajan kokemus). Mielestäni ei ole olemassa parempaa tapaa parantaa kustannustehokkuutta kuin sellainen, joka parantaa alueella työskentelevien työtyytyväisyyttä ja työhön sitoutumista eikä lisää kustannuksia vastaavasti millään muulla alueella (kirjoittajan näkemys).

10.6 Varastointi & sisäinen logistiikka ja TCO

Materiaalinhallinta on toinen omistamisten kokonaiskustannusten merkittävä osa-alue valmistusliiketoiminnassa. Tässä yhteydessä varastointi tarkoittaa tavaroiden varastointia, ja sisäinen logistiikka puolestaan näiden tavaroiden siirtoa eri sijainteihin tehdasalueella. Molemmat näistä sisältävät useita kustannuseriä, joista osaan vaikuttavat samat asiat kuin kuvailtu osiossa 10.4; kun varastoon tuotava ja sinne säilöttävä kappale on isompi ja raskaampi kuin sen tarvitsisi olla, syntyy hukkaa sekä sisäiseen logistiikkaan että varastointiin. Varastossa tämä johtaa järeämpien hyllyjen tarpeeseen, ja nämä ovat myös kalliimpia kuin pienemmästä materiaalivahvuudesta valmistettavat hyllyt. Lisäksi mitä isompia varastoitavat kappaleet ovat, sitä vähemmän niitä mahtuu samalle lattiapinta-alalle tai samaan määrään vakiokokoisia hyllypaikkoja. Painavammat kappaleet saattavat myös vaatia erillisiä nostoapulaitteita ja järeämpää siirtokalustoa, mikä vuorostaan lisää kustannuksia entisestään (kirjoittajan kokemus).

Mutta varastoinnissa ja sisäisessä logistiikassa on useita muitakin kustannusten lähteitä kuin "vain" kuljetettavien ja varastoitavien kappaleiden koko ja paino. Varaston koko on myös merkittävä kustannuserä. Liiketoiminnassa melkein mitään ei saa ilmaiseksi, eikä varastointi ole poikkeus. Mitä suurempi varaston koko, sitä suurempia ovat myös varastointikustannukset. Varastoalueen lisäksi joudutaan maksamaan varastointiolosuhteiden ylläpidosta. Jos joudutaan ylläpitämään vakaata kosteustasoa ja lämpötilaa, täytyy investoida tähän kykenevään laitteistoon sekä itse varastorakennukseen, koska vakaita olosuhteita ei voida ylläpitää esimerkiksi telttamaisessa suojassa. Tämä kuitenkin tarkoittaa myös, että varastotilojen ylisuunnittelua tulee välttää, huomioiden kuitenkin työterveys ja -turvallisuus. Työntekijöille, jotka esimerkiksi siirtyvät lämpimistä tehdastiloista kylmävarastoon, täytyy järjestää tarkoituksenmukaiset työvaatteet, jotta he pysyvät lämpiminä. Ja vaikka tämä tarkoittaakin lämpimiin vaatteisiin ja esimerkiksi vaatekaappeihin liittyviä kustannuksia, tämä on kuitenkin paljon halvempaa kuin esimerkiksi jatkuvat sairaslomat, alentunut työtyytyväisyys ja huonojen työolosuhteiden kasvattama henkilöstön vaihtuvuus (kirjoittajan näkemys).

Kolmas merkittävä kustannusvaikutus varastoinnin ja sisäisen logistiikan kokonaiskustannuksiin tulee materiaalivirroista. Huonosti hallitut materiaalivirrat voivat aiheuttaa lukuisia ylimääräisiä kustannuksia esimerkiksi tuotepoikkeamien ja tuoteversioihin liittyvien sekaannusten muodossa sekä näihin liittyviin virheisiin, jotka saattavat johtaa esimerkiksi väärien osien päätymiseen vääriin paikkoihin. Tämä puolestaan voi aiheuttaa korjaustyön tai tuoteromutusten tarvetta, jopa valmiiden tuotteiden romutusta, mikäli virhettä ei havaita ajoissa. Lisäksi jos materiaalivirtoja ei hallita kunnolla, voimme päätyä tilanteeseen, jossa tuotteen valmistamiseen tarvittavat osat loppuvat kesken, mikä voi johtaa tuotannon pysähtymiseen siihen asti, kunnes saadaan lisää osia. Myös materiaalien käyttöikä tulee huomioida (kirjoittajan kokemus). Käyttöajaltaan rajoitettuja materiaaleja tulee käsitellä "ensin sisään, ensin ulos" -periaatteella (Reid, 2023). Jos näin ei tehdä, saatetaan joutua romuttamaan materiaalia, joka olisi voitu käyttää, jos oikeaa materiaalin hallintaperiaatetta olisi noudatettu. Tällöin olisi vältytty jopa tuhansien eurojen romutuskustannuksilta romutettavaa materiaalierää kohti. Viimeisenä näkökulmana tässä asiayhteydessä on tuotteen osien tai kokoonpanojen, tai valmiiden tuotteiden versio. Valmistusteollisuudessa tuotteiden laatua tyypillisesti kehitetään läpi tuotteen elinkaaren, mutta yleensä suurin osa tästä kehittämisestä tapahtuu tuotannon alkuvaiheessa. Tässä vaiheessa on tärkeää ymmärtää, mikä on minkäkin osan uusin versio, onko osan laatu mennyt parempaan vai huonompaan suuntaan tehtyjen säätöjen myötä ja mikä on uusimpien tuotteeseen asennettujen osien laatutaso. Jos epäonnistutaan materiaalivirran hallinnassa tämän suhteen, otetaan riski vanhemman säätötason osien päätymisestä tuotteeseen, mikä heikentää valmiin tuotteen laatua. Tämä voi aiheuttaa kallista korjaustyön tarvetta tai vielä kalliimpaa osittain tai kokonaan valmiin tuotteen romutustarvetta.

Sisäinen logistiikka tarvitsee myös tilaa kuljettaa tavaroita, esimerkiksi tuotteen os tuotantolinjojen ja työasemien välillä. Tähän hyvä ratkaisu on järjestää logistiikkakäytäviä tuotantolinjojen väliin. Tähän liittyen on kuitenkin useita asioita huomioitavana, kuten:

- ➢ Leveysvaatimus: Kuinka leveitä leveimmät logistiikkakäytävällä kuljetettavat tavarat ovat?
- ➢ Työterveys ja -turvallisuus: Kulkeeko näillä käytävillä myös ihmisiä?
- ➢ Toinen työterveyden ja -turvallisuuden näkökulma: Käytetäänkö tuotantotiloissa poltto- vai sähkömoottorilla varustettuja trukkeja?
- ➢ Tuotantotilojen sisäisen materiaalin kuljettamisen asettamat vaatimukset: Tarvitseeko esimerkiksi lattian olla täysin tasainen?
- ➢ Voidaanko samoja kuljetusvälineitä käyttää sisä- ja ulkotiloissa?

10.7   Kunnossapito ja TCO

Vaikka kunnossapito onkin luokiteltu yhtenä omistamisen kokonaiskustannusten kustannusluok-kana, ja joissain yrityksissä ylin johto näkee kunnossapidon nimenomaan kustannuseränä eikä mahdollisten kustannussäästöjen lähteenä, kunnossapidolla on tärkeä rooli omistamisen koko-naiskustannusten vähentämisessä tuotantoprosessin elinkaaren aikana. Yhden päivän tuotanto-katkos voi nimittäin maksaa yksittäisen kunnossapitoasentajan vuosittaisia palkkakustannuksia enemmän. Mutta ei päätetä tätä osiota tähän, koska tähän aiheeseen liittyy paljon enemmänkin kuin tämä varsin ilmeinen vertailu.

Kun uusi laitteisto hankitaan, sen mukana tulevat käyttö- ja kunnossapito-opas joko yhdessä tai erikseen. Tämän kunnossapito-osuus sisältää useita asioita, kuten huolto-ohjelman, joka sisältää esimerkiksi säännölliset tarkastukset, säädöt, rasvaukset ja niin edelleen, sekä kulutusosien oi-kea-aikaisen vaihdon ohjeistuksen. Jos kunnossapitohenkilöstö on mitoitettu vastaamaan ai-noastaan äkillisiin laiterikkoihin tuotannossa, kunnossapito on aina reagointia eikä koskaan en-nalta ehkäisevää. Ja juuri tässä yhteydessä ennakkohuolto tuo suuria kustannussäästöjä. Kulu-tusosat ovat yleensä suhteellisen yksinkertaisia vaihtaa, sekä suhteellisen halpoja, ainakin ver-rattuna välittömään korjaustarpeeseen laitteen hajotessa säännöllisen huollon puutteessa. Jos ennakkohuoltoja laiminlyödään koko tuotantoprosessin laajuudella, ajaudutaan ennen pitkää ti-lanteeseen, jossa koko tehdas täytyy sulkea jopa useaksi viikoksi ennen kuin tuotteiden valmis-tusta voidaan jatkaa. Korjausvelan kiinni ottaminen ei kuitenkaan ole vuosittaisen tuotantoseisa-kinkaan tarkoitus. Silloin on aika tehdä ne vuosihuollot, jotka vaativat pidempiä tuotannon sei-sahduksia, sekä sellaisia tuotannon kehitystoimia, jotka vaativat esimerkiksi uusien laitteiden asennusta (kirjoittajan kokemus).

Ja vaikka kunnossapitohenkilöstökustannusten leikkaaminen saattaakin olla houkutteleva vaih-toehto etsittäessä mahdollisuuksia säästää kustannuksissa, se on yksi vahvimmista budjettien välisen osaoptimoinnin muodoista: Kyllä, säästämme kunnossapitohenkilöstöbudjetista, mutta samalla heikennämme koko yritystoiminnan kannattavuutta, joka kärsii laiterikoista aiheutu-vista tuotantokatkoksista. Lisäksi nämä katkokset vaativat ongelmanratkaisua, työajan uudel-leen järjestelyä tuotantojättämän kiinniottamiseksi ja niin edelleen, kuten kuvailtu aiempana tässä kirjassa. Tuotantolaitteiden häiriöt voivat johtaa myös tuotelaatupoikkeamiin, mikä tuo li-sää kustannuksia tuotekorjausten ja jopa -romutusten muodossa, joista jälkimmäinen voi mak-saa paljonkin jopa yhtä tuotetta kohti, kun kyseessä on monimutkainen tai kalliista osista ka-sattu tuote.

Mikä sitten on järkevä tapa säästää kunnossapitokustannuksissa ottamatta riskiä pitkistä tuotannon pysähtymisistä? Joitain luvussa 4 esitetyistä asioista voi soveltaa kunnossapitoonkin, kuten kahta muutakin aiempana tässä kirjassa esiteltyä asiaa: arvoanalyysiä ja ylisuunnittelun välttämistä. Olemassa olevan laitteen kunnossapidon arvoanalyysi voidaan tiivistää seuraavasti: Voidaanko laitteen osia korvata niiden vaihdon yhteydessä halvemmilla vaihtoehdoilla säilyttäen laitteen toiminnallisuuden, kestävyyden ja laaduntuottokyvyn ennallaan? Suurin kustannusvaikutus näihinkin näkökulmiin voidaan kuitenkin saavuttaa kyseisen laitteen suunnitteluvaiheessa. Onnistunut suunnittelun yksinkertaistaminen sekä riittävien, mutta ei ylimitoitettujen materiaalien ja materiaalivahvuuksien käyttö auttaa vähentämään laitteen ylläpitokustannuksia. Samalla tämä toimii yhtenä monista esimerkeistä tukemaan väitettä "kustannustehokkuus suunnitellaan tuotteeseen", eli suurin osa kustannussäästöistä saavutetaan tuotesuunnitteluvaiheessa järkevillä tuotesuunnitteluratkaisuilla.

10.8 TCO ja koko tuotantoketjun ymmärtämisen tärkeys

Ja nyt tulemme viimeiseen, sekä yhteen tärkeimmistä näkökulmista valmistustoiminnan omistamisen kokonaiskustannusten vähentämisessä: Kuinka tärkeää on ymmärtää, miten muutos yhdellä alueella vaikuttaa toisaalla tuotantoketjussa. Onhan TCO-optimoinnin tavoitteena parantaa liiketoiminnan kannattavuutta, eikä tätä ole mahdollista saavuttaa säästämällä yhdellä alueella aiheuttaen vielä suurempaa kustannusten kasvua toisaalla.

Aloitetaan kuvitteellisella esimerkkitapauksella: Prässäämö pyytää tuotekehitysosastolta erään ohutlevyosan suunnitteluun muutosta siten, että osa olisi helpompi ja näin ollen halvempi valmistaa. Tuotekehitysosasto alkaa analysoida pyyntöä ja havaitsee, että pyydetty muutos poistaa yhden ohjaavan pinnan, joka on tärkeä tuotteen kokoonpanovaiheessa, ja näin ollen myös tärkeä tuotteen loppulaadun kannalta, joten tuotekehitysosasto kieltäytyy toteuttamasta pyydettyä muutosta. Jos tätä täyttä koko valmistusprosessin kattavaa selvitystyötä ei olisi tehty, muutos olisi toteutettu, mikä olisi helposti voinut johtaa tuotelaatupoikkeamiin sekä tuotteen korjaustarpeisiin ja romuttamiseen, jotka kaikki olisivat maksaneet yli kymmenkertaisen määrän rahaa verrattuna siihen, kuinka paljon prässäämö oli alun perin arvioinut säästävänsä.

Toinen esimerkki: Saavuttaakseen säästötavoitteet tuotantojohtaja päättää leikata tuotteen viimeistelystä, etenkin pinnanlaadun tarkastuksista sekä muuttaa niihin liittyviä korjaustyön perusteita. Tämä auttaa tuotantojohtajaa saavuttamaan hänen kustannussäästötavoitteensa tälle vuodelle. Aluksi kaikki vaikuttaakin sujuvan hyvin, koska lopputuotteen laatu ei heikkene niin paljon, että se voitaisiin havaita tuotantotiloissa. Mutta pian tuotteen päädyttyä markkinoille yritys saa asiakkailta paljon valituksia ja jopa korjausvaatimuksia, koska pintamaali irtoaa valmiista tuotteesta juuri niiltä alueilta, joiden viimeistelyä vähennettiin. minkä vuoksi yritys joutuu aloittamaan takaisinkutsukampanjan. Tässä kampanjassa kaikki maali poistetaan näiltä tuotteen pinnan alueilta, pintalaatu tarkastetaan ja korjataan paremmalle tasolle, minkä jälkeen tuotteet joudutaan maalauttamaan uudestaan ulkopuolisessa maalaamossa, mikä maksaa tuhansia euroja, noin 500 kertaa niin paljon kuin tuotantojohtaja ajatteli säästävänsä.

Ja nämä esimerkit kuvastavat sitä, miksi en ole siiloutuneen ajattelun kannattaja tuotantoympäristössä, enkä millään muillakaan liiketoiminnan alueilla. Siiloutumisesta puheen ollen, TCO-työn avulla sitä voidaan ehkäistä esimerkiksi toimintojen välillä. Kun eri osastoilla työskenteleville asiantuntijoille annetaan tehtäväksi löytää kustannussäästökohteita yhdessä, he pystyvät löytämään kaikkia osastoja hyödyttäviä ratkaisuja siten, että yritys voi säästää kokonaiskustannuksissa sen sijaa, että kustannukset vain siirrettäisiin kannettavaksi toisaalla tuotantoketjussa. Näin kaikki voittavat, työntekijöiden motivaatio kohenee tulosten myötä ja yritys saa parannettua kannattavuuttaan vähentämällä kokonaiskustannuksia säilyttäen samalla tuotteen myyntihinnan jo valmiiksi kilpailukykyisellä tasolla (kirjoittajan kokemus).

11 TOIMITUSKETJUN HALLINTA JA TCO

"Toimitusketjun hallinta (Supply chain management, SCM) on yrityksen tuotteiden ja palvelujen tuotannon ja jakelun valvomista. Sen avulla pyritään parantamaan ja tehostamaan kaikkia prosesseja, jotka liittyvät raaka-aineiden ja osien muuttamiseen lopputuotteiksi sekä niiden toimittamiseen loppuasiakkaalle" (Fernando, 2024). Toimitusketjuista on tulossa yhä monimutkaisempia, mikä tarkoittaa, että liiketoimet eivät tapahdu vain ostajan ja myyjän välillä, vaan mukana on myös palveluntuottajia, vähittäismyyjiä ja niin edelleen (Caniato ym., 2014). Tämän vuoksi kokonaiskustannusanalyysiä pidetään yhtenä toimitusketjun hallinnan kulmakivistä (Oskarsson, 2019).

Tässä luvussa keskitymme niihin toimitusketjun osa-alueisiin, joita ei ole käsitelty muualla tässä kirjassa, keskittyen toimittajanhallintaan, toimittajasopimuksiin, saapuvaan ja lähtevään logistiikkaan, pakkauksiin sekä saapuvan tavaran laaduntarkastukseen. Ja vaikka tässä kirjassa näitä aihealueita käsitelläänkin toimitusketjun hallinnan alla, joissain yrityksissä nämä saattavat olla osana jotain toista linjaorganisaation osaa.

Omistamisen kokonaiskustannuksiin toimitusketjussa liittyy useita muitakin osa-alueita kuin hankintahinta:

- ➢ Kuljetus ja logistiikka, sisältäen esimerkiksi
    - o Pakkaukset ja kuljetukset
    - o Väliaikaisvarastot
    - o Tullit ja verot sekä vakuutukset
- ➢ Liiketoimikustannukset, kuten
    - o Etsinnän ja aloittamisen
    - o Neuvottelun
    - o Sopeuttamisen
- ➢ Taloudelliset kustannukset eli pääoman sitoutuminen, esimerkiksi
    - o Kuljetusajan
    - o Maksujärjestelyt
    - o Varmuusvarastot
- ➢ Riskeihin liittyvät kustannukset
    - o Laadun
    - o Toimitukset ja maineen

   o Joustavuuden (Schönsleben, vuosi tuntematon).

Koska toimitusketjun hallinta on monimutkainen kokonaisuus, se hyötyy TCO-analyysistä usealla tavalla:

1) "Parempi päätöksenteko
2) Parantunut toimitusketjun suorituskyky
3) Parantunut riskinhallinta
4) Paremmat suhteet toimittajiin
5) Parempi varastonhallinta" (Sunny, 2023).

11.1 Toimittajanhallinta ja TCO

Toimittajanhallintaan viitataan usein toimittajasuhteiden hallintana (engl. Supplier Relationship Management, SRM), ja sen avulla pyritään varmistamaan, että tavaran- ja palvelutoimittajat täyttävät yrityksen kysynnän tehokkaasti, luotettavasti ja kustannustehokkaasti. Tämä tehdään tunnistamalla, arvioimalla ja kehittämällä suhteita toimittajien kanssa. Hyvin toteutettuna toimittajasuhteiden hallinta on yksi tukipilareista, joiden varassa yritys voi menestyä. Käytännössä tämä tarkoittaa toimittajaneuvotteluita, valittujen toimittajien "sisäänajoa", toimittajasuhteiden ja yhteistyön elinkaaren hallintaa, viestintää ja toimittajien arviointeja. Menestyksekkään toimittajasuhteiden hallinnan etuja ovat muun muassa alentuneet kustannukset, valmistettavien tuotteiden parantunut laatu sekä parantunut riskinhallinta (The Sourcing Co., Year unknown).

Olen myös itse kokenut tämän työssäni. Salassapidon vuoksi en voi mennä yksityiskohtiin, mutta voin silti kuvailla kokemukseni yleisellä tasolla. Toimittajasuhteiden hallinnan kokonaisuus alkaa jo siitä, kun yritys ottaa ensimmäistä kertaa yhteyttä mahdollisiin tuleviin toimittajiinsa. Hyvä ensivaikutelma näet edistää varhaisen vaiheen keskusteluyhteyden muodostamista. Tämän lisäksi tarvittavien tavaroiden tai palveluiden teknisen määrittelyn huolellinen laatiminen selkeyttää molemminpuolista yhteistyötä sekä vähentää kalliiden virheiden riskiä. Huolellisesti laaditut tekniset määrittelyasiakirjat myös osoittavat mahdolliselle toimittajalle, että heidän mahdollinen tuleva asiakkaansa on valmis näkemään vaivaa saadakseen tarvitsemansa tuotteen tai palvelun sen sijaan, että asiakas vain nopeasti "kyhäisi jotain kokoon" ja odottaisi täydellistä lopputulosta. Hyvien teknisten asiakirjojen avulla toimittajan on myös mahdollista laatia luotettavia tarjouksia, jolloin rahallinen lopputulos vastaa tarkemmin alun perin tarjottua. Tämä puolestaan vähentää toimittajan omaa liiketoimintariskiä, minkä myötä sillä on vähemmän painetta hinnoitella tätä riskiä mukaan tuotteen tai palvelun hintaan.

Toimittajavalinnan yhteydessä on tärkeää kohdella kaikkia toimittajia reilusti ja läpinäkyvästi, sekä pitää toimittajavalinnan perusteet läpinäkyvinä sekä yrityksen sisällä että yrityksen ja toimittajaehdokkaiden välillä. Tämä auttaa mahdollisia toimittajia ymmärtämään, miksi heidät valittiin tai miksi heitä ei valittu, sekä osoittaa, että mahdollinen asiakas arvostaa heidän vaivannäköään. Kun toimittajat on valittu, on tärkeää pitää yllä hyvää yhteistyötä sekä selkeää, oikea-aikaista ja rakentavaa viestintää. Tämä mahdollistaa tehokkaan, tuottavan ja kustannustehokkaan yhteistyön toimittajan ja asiakkaan välillä. Kun ongelmat ratkaistaan hyvässä hengessä, keskittyen ongelmanratkaisuun syyttelyn sijaan, osapuolten välille rakentuu vahva suhde. Tämä auttaa molempia ratkaisemaan monimutkaisiakin ongelmia yhdessä, koska vahva ja luottamukseen perustuva side saa molemmat osapuolet ponnistelemaan enemmän yhteisen päämäärän eteen. Tämä ilmenee myönteisesti koko prosessin ajan esimerkiksi toimitustäsmällisyytenä sekä hyvänä laatuna. Lisäksi hyvä ja luja side toimittajan ja asiakkaan välillä lisää molempien halukkuutta joustaa yhteisten tavoitteiden eteen esimerkiksi yllättävän toimitusaikataulun muutoksen sattuessa (kirjoittajan kokemus).

Mutta hyvä toimittajasuhteiden hallinta sisältää muutakin kuin "vain" vahvan yhteistyösuhteen toimittajan ja asiakkaan välillä. Se sisältää myös teknisen osuuden, joka asettaa omat osaamisvaatimuksensa kaikille osapuolille. Sen lisäksi, että luonnollisesti tarvitaan toimittaja, joka kykenee toimittamaan tarvittavat tavarat tai palvelut tarvittavassa aikataulussa ja tarvittavalla laadulla, myös asiakkaan teknisellä yhteyshenkilöllä tai yhteyshenkilöillä tulee olla hyvä tekninen ymmärrys tilattavista tavaroista tai palveluista, jotta toimittajalle voidaan onnistuneesti toimittaa tai osoittaa aiheeseen liittyvät kyseisen yrityksen ja teollisuudenalan standardit ja normit, laatuvaatimukset sekä muut tekniset määrittelyt ja ohjeistukset (kirjoittajan kokemus). Uusien toimittajien tapauksessa on tärkeää tarkistaa myös toimittajayrityksen taustat, minkä lisäksi on välttämätöntä ymmärtää esimerkiksi toimittajan hinnoittelurakenne, toimitusaikataulu sekä laatunormisto, jota toimittajan tulee noudattaa. Lisäksi toimittajasuhteiden hallinta sisältää kaksi muuta osa-aluetta: neuvottelut sekä toimittajan jatkuvan arvioinnin toimitettavien palveluiden tai tavaroiden laadun ja toimitustäsmällisyyden seurannan avulla (Everything Supply Chain, 2024).

Hyvät toimittajasuhteet auttavat säästämään rahaa. Mutta on myös muita keinoja säästää rahaa toimittajahallinnan yhteydessä. Toimittajaverkoston keskittäminen, eli toimittajien määrän vähentäminen, voi auttaa yritystä säästämään hankintakustannuksissa, kuten hallinnollisissa kustannuksissa sekä kuljetus- ja varastointikustannuksissa. Lisäksi voidaan käydä hintaneuvotteluita. Joitain tapoja yrittää vaikuttaa hankittavien tavaroiden tai palveluiden hinnoitteluun ja maksujen ajoittamiseen ovat:

> ➢ markkinatutkimus vallitsevan hintatason ja kehityssuunnan ymmärtämiseksi
> ➢ ostovoima; pyrkimällä saavuttamaan edullinen yksikköhinta merkittävän hankintaeräkoon avulla
> ➢ edullisempien maksuehtojen neuvottelu
> ➢ pitkäaikaisten sopimusten suosiminen vakauden ja ennustettavuuden edistämiseksi sekä
> ➢ neuvottelu hinta-alennuksista.

Toimittajasuhteiden hallintaa voidaan virtaviivaistaa myös automatisoitujen työkalujen avulla, jolloin tähän liittyvästä paperityöstä ja hallinnollisista toimintamalleista voidaan tehdä tehokkaampia. Tämä sisältää esimerkiksi automatisoidun sisäänajomenetelmän, automatisoidun tiedonkäsittelyn sekä automatisoidun asiakirjojen hallinnan. Lisäksi kustannussäästöjä voidaan saavuttaa onnistuneella toimittajariskin hallinnalla. Tämä auttaa tekemään yrityksen toimitusketjusta vakaamman erilaisten häiriöiden ja vaihteluiden suhteen. Lisäksi toimintaa voidaan tehostaa edistyneen teknologian avulla esimerkiksi tuotesuunnittelun, tuotantotekniikan, viestinnän ja tietojärjestelmien saroilla (Everything Supply Chain, 2024).

11.2 Toimittajasopimukset ja TCO

Toimittajien kanssa tehtävillä sopimuksilla on useita erilaisia kustannusvaikutuksia. Yleisesti ottaen sopimusten hallintaa kutsutaan toimittajasopimusten hallinnaksi. Se sisältää selkeiden ehtojen asettamisen, toimittajien suorituskyvyn arvioinnin, sekä sen varmistamisen, että molemmat osapuolet noudattavat sitä, mitä sopimuksessa on sovittu. Toimittajasopimusten onnistunut hallinta parantaa yrityksen riskinhallintaa, auttaen yritystä säästämään rahaa ja vahvistamaan toimittajasuhteitaan, sekä auttaa yritystä noudattamaan lakeihin liittyviä vaatimuksia. Lisäksi hyvin toteutettu toimittajasopimusten hallinta auttaa vähentämään hallinnollista taakkaa esimerkiksi sopimusten seurannan ja ristiriitatilanteiden ratkaisun saralla. Tässä onistuminen auttaa yritystä myös ehkäisemään maineensa ja julkisuuskuvansa vahingoittumista, joka voisi seurata epäonnistumisesta yrityksen omassa toimitustäsmällisyydessä toimitusketjun ongelmien vuoksi.

Toimittajasopimusten hallinnan prosessi sisältää viisi vaihetta:

1. Toimittajavaatimusten määrittely
2. Toimittajien arviointi ja valinta

3. Sopimusehtojen neuvottelu
4. Sopimustenhallintaan liittyvien hallinnollisten tehtävien automatisoinnin mahdollistavan tietoteknisen järjestelmän käyttöönotto ja käyttö
5. Toimittajien suorituskyvyn hallinta
6. Sopimusten jatkaminen ja päättäminen.

Joitain sopimustenhallinnan hyviä käytäntöjä ovat sopimuspohjat, toimittajayhteistyön edistäminen, tarkoituksenmukaisten teknisten ratkaisujen hyödyntäminen sekä sopimusten säännöllinen arviointi ja päivittäminen tarvittaessa (Carvajal, 2023).

Järjestelmällisen toimittajasopimusten hallinnan avulla on helpompi säästää rahaa toimitusketjussa, koska järjestelmällinen lähestymistapa sisältää tärkeitä toimenpiteitä, kuten aiemmista sopimuksista opittujen asioiden käyttöönoton, eri tapauksiin liittyvien erilaisuuksien huomioimisen sekä kuinka nämä erot vaikuttavat tarpeeseen mahdollisesti muuttaa ehdotettavaa sopimusta tapauskohtaisesti. Esimerkiksi tuotantolinjan rakentaminen valmistavan yrityksen omiin tiloihin vaatii erilaisen sopimuksen kuin silloin, jos tuotantolinja rakennetaan yrityksen asiakkaan tiloihin. Käytännön eroja näiden kahden tapauksen välillä ovat esimerkiksi erilaisten yrityskohtaisten normien noudattaminen sekä vastuukysymysten erot. Myös asiakkaan toiminnalla voi olla hyvin erilainen vaikutus näissä kahdessa eri tilanteessa, mikä tulee huomioida jo sopimusta laadittaessa (kirjoittajan kokemus).

Kuinka tämä sitten liittyy yrityksen liiketoiminnan omistamisen kokonaiskustannuksiin? Toimittajasopimukset voivat olla hyvin yksityiskohtaisia tai hyvin väljiä. Molemman tyyppisillä sopimuksilla, sekä näiden välimuodoilla, on oma paikkansa. Valtava määrä osa-alueita vaikuttaa siihen, millainen sopimus sopii mihinkin tilanteeseen, mutta yleisesti ottaen sopimusten ei pitäisi vain suojata osapuolia mahdollisten ristiriitatilanteiden varalta (kirjoittajan kokemus). Niiden tulisi mahdollistaa myös yhteistyö ongelmanratkaisun edistämiseksi (Nysten-Haarala ym., 2024), esimerkiksi sisältämällä erikoishinnoittelun äkillisten ja merkittävien toimitusaikataulutarpeiden muutosten varalta, tai sisältäen vaihtoehtoisten suunnitelmien mahdollisuuden vakavien toimitusketjun häiriöiden varalta. Kun sopimus luo selkeän pohjan kaikille osapuolille toimia tällaisissa tilanteissa, yhteistyöstä tulee tehokkaampaa. Tämä puolestaan auttaa kaikkia osapuolia tekemään tarvittavia järjestelyitä tehokkaammin, mikä vapauttaa aikaa ja energiaa varsinaisten järjestelyjen tekemiseen sen sijaan, että osapuolten tarvitsisi ensin pähkäillä, kuinka lähestyä ongelmatilannetta. Luonnollisesti sopimustekijöiden lisäksi myös molemminpuolinen luottamus auttaa selvittämään ongelmatilanteet hyvässä yhteishengessä, ponnistellen yhdessä yhteisten tavoitteiden saavuttamiseksi (kirjoittajan kokemus).

11.3 Saapuva/lähtevä logistiikka ja TCO

Saapuva ja lähtevä logistiikka muodostaa myös yhden tärkeistä omistamisen kokonaiskustannusten näkökulmista toimitusketjun hallinnassa. Saapuvan logistiikan ensimmäinen vaihe on hankinta. Saapuva logistiikka sisältää tavaroiden vastaanoton, tarkistamisen, purkamisen ja varastoinnin, kun taas lähtevä logistiikka sisältää tavaroiden keräilyn ja pakkaamisen, lastaamisen lähetyslaiturilta ja kuljetuksen (Logistiikan Maailma, 2024). Näin ollen saapuvat kuljetukset tarkoittavat kaikkia vaiheita alkaen siitä, kun toimittaja pakkaa asiakkaalle lähetettävät tavarat aina siihen asti, kunnes nämä tavarat ovat paikoillaan asiakkaan varastossa. Tämä vaihe sisältää useita TCO-viitteitä, alkaen jo toimitajasopimuksesta, koska sopimus usein sisältää yhden tärkeistä vastuumäärittelyistä koskien tavaroiden kuljetusta (kirjoittajan kokemus): Toimitusehdot, jotka tunnetaan myös nimellä INCOTERMS.

Incoterms sisältää 11 kansainvälisesti tunnistettua sääntöä, jotka määrittävät myyjien ja ostajien vastuut. Incoterms määrittää, kuka on vastuussa kuljetuksen kustannuksista ja hallitsemisesta, vakuutuksista, asiakirjoista, tulliselvityksestä ja muista kuljetuksiin liittyvistä tehtäväkokonaisuuksista (International Trade Administration, vuosi tuntematon). Ja kaikki nämä tehtäväkokonaisuudet, koskien sekä myyjää että ostajaa, vaativat ponnisteluja, soveltuvia tietojärjestelmiä tai tiedon syöttöä käsin, osaavaa henkilöstöä ja niin edelleen. Lisäksi valittu toimitusehto vaikuttaa toimituspäivän tulkintaan. Käytännössä tämä tarkoittaa sitä, että sovittu toimituspäivä voi tarkoittaa joko sitä, milloin tavarat ovat valmiina haettavaksi tai lähetettäväksi toimittajan osoitteesta tai sitä, milloin tavarat saapuvat asiakkaan osoitteeseen (kirjoittajan kokemus). On tärkeää ymmärtää tämä ero, koska tähän liittyvät väärinymmärrykset voivat aiheuttaa viikon tai kahden viivästyksiä suunniteltuun aikatauluun, joskus enemmänkin, mikä voi aiheuttaa suoria sekä epäsuoria kustannuksia. Tällaisessa tapauksessa suorat kustannukset sisältävät tarpeen aikatauluttaa muita tehtäväkokonaisuuksia uudelleen tuotantoon tai projektiin liittyen, aikataulun viivästymiseen ja kiinni ottamiseen liittyvän työn sekä korjaavat toimenpiteet, joiden avulla varmistetaan, että samaa virhettä ei toisteta. Epäsuorat kustannukset voivat sisältää esimerkiksi lisää virheitä, jotka aiheutuvat viivästymistä ja sitä seuraavasta lisätyöstä aiheutuvasta henkisestä paineesta ja aikataulun tiukentumisesta entisestään.

Sama pätee myös lähteviin kuljetuksiin, joka on pitkälti sama prosessi kuin saapuvat kuljetukset, mutta päinvastaisessa järjesteyksessä, ja usein tavarat lähetetään eri paikkaan kuin mistä esimerkiksi raaka-aineet ja osat saapuvat kuljetuksissa. Tällöinkin kuljetuksiin liittyvät kustannukset riippuvat sovitusta toimitusehdosta. Vaikka INCOTERMS-toimitusehdot ovatkin määritelmiltään vakioituja, on hyödyllistä varmistaa, että kaikki sopimus-osapuolet ovat ymmärtäneet käytännössä, mitä ne tarkoittavat. Näin voidaan vähentää epämiellyttäviä yllätyksiä ja välttää mahdollisia tarpeettomia ristiriitoja, jolloin voidaan edistää yhteistyösuhdetta yrityksen ja sen toimittajien välillä (kirjoittajan kokemus). Rachael Sink (Sink, 2017) on kirjoittanut myös muista erinomaisista huomioista liittyen kuljetusten omistamisen kokonaiskustannuksiin, jotka suosittelen lukemaan, jos sinä, arvoisa lukija, haluat tietää enemmän TCO:sta logistiikassa. Näitä aihealueita ovat esimerkiksi toimitussatama, toimitusaika, immateriaalioikeudet, tavaroiden alkuperä ja päämäärä sekä kuljetusmuoto.

11.4   Pakkaukset ja TCO

Myös pakkaukset ovat yksi osa toimitusketjun hallintaa. Tässä osiossa pitäydymme pakkauksissa yhtenä osana valmistusliiketoiminnan omistamisen kokonaiskustannuksia, emmekä käsittele pakkausvalmistusta liiketoimintana. Mutta vaikka minulla ei olekaan kokemusta pakkausteollisuudesta, useita tässä osiossa esitetyistä huomioista voidaan soveltaa myös pakkausteollisuudessa asiakkaan näkökulmasta.

Kun toimitetaan tavaroita, kuten raaka-aineita ja osia, valmistusteolliselle yritykselle, tavarat täytyy pakata ennen kuin ne voidaan lähettää. Kun tavaroiden kuljetusta tarvitaan usein ja suurissa määrin, on hyvin järkevää pitää yrityksen organisaatiossa myös pakkausasiantuntijoita, sekä pakkaussuunnittelijoita että osaavia ja koulutettuja pakkausten käsittelijöitä ja tavaroiden pakkaajia. Näin pakkaukset säilyvät kustannustehokkaina ja kuljetettavat tavarat turvassa kuljetusten aikaisilta vaurioilta. Tässä ei kuitenkaan ole kaikki pakkausten käsittelyyn liittyen, vaan joissain tapauksissa pakkauksia ei voida esimerkiksi lastata kuljetusvälineeseen niin lähekkäin, että ne koskettavat toisiaan kuljetuksen aikana. Joissain tapauksissa pakkauksia ei voida pakata päällekkäinkään, jolloin päädytään "kuljettamaan myös ilmaa". Tyhjän tilan vähentäminen kuljetuksissa mahdollisimman vähäiseksi auttaa kuitenkin säästämään kuljetuskustannuksissa suhteessa kuljetettavan tavaran määrään. Jos kuljetettavat tavarat voidaan lastata päällekkäin, voidaan säästää kuljetusten määrässä. Kuljetuksia suunnitellessa tulee kuitenkin huomioida, että kaikkia tavaroita tai pakkauksia ei voida lastata päällekkäin (kirjoittajan kokemus).

Toinen pakkausten kustannusnäkökulma on pakkausten soveltaminen valittuun kuljetusmuotoon sekä niiden soveltaminen siihen, kuljetetaanko tavaroita molempiin suuntiin vai vain yhteen suuntaan. Jos pakkaukset joudutaan palauttamaan toiseen suuntaan tyhjinä, pakkausten tulee olla kokoontaitettavia, jotta mahdollisimman suuri määrä pakkauksia voidaan palauttaa mahdollisimman pienin kustannuksin. Toisinaan pakkauksia, joita alun perin käytettiin esimerkiksi raaka-aineiden ja osien toimittamiseen esimerkiksi kokoonpanotoimittajalle, voidaan kuitenkin käyttää valmiiden tuotteiden lähettämiseen toimittajalta asiakkaalleen (kirjoittajan kokemus).

Tuotteen kokoonpanoaste voi myös vaikuttaa tarvittaviin pakkauksiin. Jos esimerkiksi tuotteen kokoonpanojärjestystä muutetaan ja tämä vaikuttaa johonkin osa-alueeseen käytettävissä pakkauksissa, myös näitä pakkauksia joudutaan muuttamaan. Esimerkiksi terävät kulmat tai kiinnikkeet teräsosissa sekä ohuet, mutta kookkaat metallilevyosat voivat vaatia erikoispakkauksia, jotta ne eivät vaurioidu kuljetuksessa. Joissain tapauksissa osan tai kokoonpanon muutokset eivät vaikuta itse pakkaukseen, mutta saatamme tarvita lisää pakkauksia, koska osia tai kokoonpanoja mahtuu suunnittelumuutoksen myötä vähemmän yhteen pakkaukseen.

Pakkauksiin liittyy myös muita kustannustekijöitä. Pakkaukset, jotka soveltuvat hyvin sekä sisällölleen että käsittelyyn sisäisessä logistiikassa, vähentävät pakkausten sisältämien raaka-aineiden ja komponenttien vaurioriskiä. Jos tällaista vauriota ei huomata ja vaurioitunut osa päätyy valmistettavaan tuotteeseen, korjaus- tai romutuskulut usein ylittävät paremmin soveltuvan pakkauksen kustannukset. Soveltuva pakkaus myös edistää työterveyttä ja -turvallisuutta. On järkevää välttää teräviä kulmia, piikkejä ja muita turvallisuusriskejä pakkausten pinnoilla silloinkin, kun niitä käsitellään trukeilla tai muilla tarkoitukseen tehdyillä laitteilla, mutta käsin käsittelyn yhteydessä tämä on välttämätöntä. Toinen terveys- ja turvallisuustekijä on pakkausten ergonomia. Jos pakkaus on esimerkiksi suunniteltu automatisoituun tuotantokäyttöön ja osat otetaan siitä käsin, tämä voi muodostaa terveysriskin, koska pakkauksessa ei ole välttämättä huomioitu käsikäytön riskejä. Käytännössä tämä voi tarkoittaa sellaisia asioita kuten:

➤ teräviä kulmia, jotka aiheuttavat haavariskin
➤ isoja aukkoja pakkausten rakenteessa, aiheuttaen kompastumisriskin
➤ korkeita reunoja, joiden yli tuotantoprosessin käyttäjät joutuvat kumartumaan, aiheuttaen mahdollisesti selkäongelmia (kirjoittajan kokemus).

11.5   Vastaanottotarkastukset ja TCO

Saapuvan tavaran laaduntarkkailu (Incoming Quality Control, IQC) viittaa hankittujen raaka-aineiden, osien tai tuotteiden laaduntarkastukseen vastaanoton yhteydessä. Kun toimittaja lähettää raaka-aineita tai osia, niiden laatu tarkastetaan otannoilla, joiden perusteella päätetään, hyväksytäänkö vai hylätäänkö vastaanotetut tavaraerät (IPQC, 2022). Saapuvan tavaran laaduntarkkailu on erittäin tärkeässä asemassa valmistusteollisuuden laadun ja kustannusten hallin-nassa. Emmehän voi valmistaa laadukkaita tuotteita, vaikka hioisimme valmistusprosessin täy-dellisyyteen asti, jos saapuva materiaali ei täytä sille asetettuja laatuvaatimuksia. Ja jos saapu-van materiaalin laatupoikkeamia ei havaita vastaanottotarkastuksen aikana, nämä poikkeamat saattavat päätyä tuotantolinjalle. Tällöin lopulta havaittavan poikkeaman korjaaminen maksaa paljon enemmän kuin olisi maksanut ottaa viallinen osa erilleen, raportoida siitä toimittajalle ja mahdollisesti saada korvaava osa tilalle. Ei toki ole aina mahdollista korjata viallisia osia enää sil-loin, kun ne on asennettu tuotteeseen, minkä myötä voidaan joutua romuttamaan koko loppu-tuote. Tämä voi maksaa tuhansia euroja yhtä tuotetta kohti, jopa kymmeniä tuhansia euroja (kirjoittajan kokemus). Tämä korostaa IQC:n merkitystä entisestään.

Vastaanottotarkastus on tärkeässä osassa myös osa- tai raaka-ainetoimittajille tehtävien valitus-ten tapauksessa. Usein vastaanottotarkastustiimi tai -osasto tuottaa tiedon, jota tarvitaan tuke-maan toimittajille tehtävien valitusten laatimisessa koskien viallisia tuotteita. Tällaisessa tilan-teessa on tärkeää olla tietoa siitä, mitä tapahtui ja milloin, millainen määrä tuotteita on viallisia ja millä tavoin nämä esitetään hyvitettäväksi (kirjoittajan kokemus).

Yllä kuvatuista syistä johtuen vastaanottotarkastukset ovat tärkeässä asemassa, kun yritetään säästää kokonaiskustannuksissa. Sarjatuotannossa yksittäinen osa ei useinkaan maksa merkittä-viä summia rahaa, mutta osittain tai kokonaan valmiin tuotteen romuttaminen maksaa jo paljon enemmän. Ja aivan kuten laitevioista johtuvien tuotantokatkosten tapauksessa, jos useita vialli-sia osia päätyy tuotantoprosessiin, aiheuttaen paljon osittain tai kokonaan valmiiden tuotteiden korjaamista tai romutusta, tästä aiheutuu paljon kustannuksia liittyen esimerkiksi

- ➢ ongelmanratkaisuun
- ➢ ylitöihin tuotantojättämän kiinni ottamiseksi
- ➢ mahdollisiin takaisinkutsukampanjoihin ja mainehaittaan, jos vialliset tuotteet päättyvät asiakkaille tai loppukäyttäjille (kirjoittajan kokemus).

Kaikki tämä osoittaa, että vaikka vastaanottotarkastuksen ylläpito voikin vaikuttaa kalliilta, sen sivuuttaminen kustannussäästösyistä voi "purra takaisin" lujaakin.

12 TUKITOIMINNOT JA JOHTO & TCO

Lopulta saavumme viimeiselle etapille tällä matkallamme halki omistamisen kokonaiskustannusten valtameren. Ennen kuin voimme laskea ankkurin määräsatamassa, purjehditaan tukitoimintojen ja johdon lahden halki.

Tätä lukiessa saattaa tulla mieleen kysyä, miksi nämä olisivat tärkeä osa omistamisen kokonaiskustannuksia. Kuten tässä kirjassa on mainittu useampaankin kertaan, jotta TCO:sta voitaisiin saada paras hyöty irti, tarvitaan toimintojen välistä yhteistyötä. Ja jotta voimme hyödyntää tätä yhteistyötä mahdollisimman tehokkaasti, meidän tulee ymmärtää jokaisen toiminnon rooli TCO-työssä sekä miten omistamisen kokonaiskustannusten ajatusmalli voi auttaa eri toimintoja säästämään kustannuksia aiheuttamatta lisää kustannuksia toisaalla. Jokaisen toiminnon rooli TCO:n yhteydessä sisältää sekä panoksia että tuotoksia, jotka molemmat ovat tärkeitä kokonaisuudessa onnistumisen kannalta.

Yleisellä tasolla eri tukitoiminnot tukevat yrityksen ydinliiketoimintaa. Valmistusteollisuudessa näitä toimintoja ovat esimerkiksi:

- talous
- hankinta
- henkilöstöhallinto
- tuotannonohjaus
- materiaalisuunnittelu
- myynti ja markkinointi
- ICT
- HSE sekä
- kiinteistö- ja rakentamisosasto.

Emmekä saa unohtaa yrityksen johtoa, jolla on suuri vaikutus mihin tahansa toimintaprosessiin ja muutoksen läpiviemiseen yrityksessä. Kuten jo kerrottu aiemmin muun muassa tässä kirjassa, ilman johdon sitoutumiseta emme voi levittää muutosta työyhteisössä onnistuneesti. Ja juuri tätä onnistumista tarvitaan myös otettaessa TCO:ta käyttöön yrityksessä. Kaikilla näillä osastoilla on jotain annettavaa ja jotain hyötyä TCO:sta, mutta aloitetaanpa kenties yhdestä ilmeisimmistä sidosryhmistä, talousosastosta.

12.1   Talousosasto ja TCO

Kuten TCO-lyhenteen toinen kirjain eli kustannus (cost) antaa ilmi, TCO liittyy vahvasti talous-osastoon. Sisäisen laskentatoimen tiimi tai osasto tuottaa paljon tietoa, jota tarvitaan TCO-las-kentaan, esimerkiksi taulukkolaskentaohjelmien avulla, tai ihannetapauksessa käyttäen tarkoi-tuksenmukaisia talousohjelmistoja ja niihin rakennettuja ohjelmistotyökaluja. Jos tietojärjestel-mää ei ole alusta alkaen määritetty omistamisen kokonaiskustannusten hallintaa silmällä pitäen, joitain tarvittavia tietoja ei välttämättä ole saatavilla tietojärjestelmistä suoraan, vaan ne täytyy yrittää saada selville muilla tavoin, jos mahdollista. Nämä muut tavat voivat tarkoittaa esimer-kiksi tuotantolaitteiston sähkönkulutusmittauksia, laitteiston teknisten tietojen selvittämistä esi-merkiksi huolto-ohjelman osalta sekä yritystä löytää hintatietoja tietojärjestelmistä (kirjoittajan kokemus).

Jos tietojärjestelmät tämän mahdollistavat, ihannetilanteessa talousosasto voi tuottaa tietoa sekä suorista että epäsuorista tuotekohtaisista kustannuksista, vaikka jotkin kustannukset saat-tavatkin olla vaikeita kohdistaa yksittäisille tuotteille. Tällöin kohdistettavat kustannukset joudu-taan arvioimaan, jolloin käytännössä arvioidaan, mikä on minkäkin tuotteen aiheuttama osuus epäsuorista kustannuksista missäkin tuotteen arvoketjun vaiheessa. Lisäksi talousammattilaisilla on paljon TCO-työssä hyödynnettävää osaamista. Hoitaessaan yrityksen taloutta talousammatti-laislla on pääsy eri kustannuseriin ja kustannusluokkiin liittyviin tietoihin yrityksessä. Tämä tieto on tärkeää, kun pyritään ymmärtämään, kuinka nämä kustannuserät ovat sidoksissa toisiinsa.

Myös yrityksen talouden suorituskykymittarit ja taloudelliset poistot ovat tärkeitä asioita omis-tamisen kokonaiskustannusten kannalta. Vaikuttavathan poistot laitteiston jäännös-arvoon. Li-säksi talousosasto voi tuottaa tietoa lainojen koroista sekä eri vaihtoehtoisten päätösten vaiku-tuksesta lisärahoituksen tarpeeseen sekä taloudellisiin suorituskykymittareihin.

Toisaalta onnistunut TCO-työ on eduksi myös talousosastolle. Omistamisen kokonaiskustannus-ten ymmärtämisen kautta voidaan esimerkiksi perustella tätä työtä tukevien tietojärjestelmien hankintaa. Ja vaikka tämä onkin lisäkustannus suoran säästön sijaan, tämä investointi maksaa it-sensä takaisin ajan kuluessa yksittäisten hankintojen omistamisen kokonaiskustannuksiin liitty-vien säästöjen muodossa, sekä koko liiketoimintaa koskevina säästöinä. Tämä toki vaatii näiden tietojärjestelmien käyttöä siihen tarkoitukseen, johon ne on kehitetty. Yritysomistajathan luon-nollisesti etsivät tuottoa sijoituksilleen. Jos tämä sijoitus heitetään hukkaan huonon hyödyntä-misen tai täysin käyttämättä jättämisen vuoksi, tällä saattaa olla kielteisiä vaikutuksia omistajien halukkuuteen sijoittaa muihin vastaaviin hankkeisiin.

12.2 Hankinta ja TCO

Perustuen aiheeseen liittyvään kirjallisuuteen ja Internet-lähteisiin, hankinta on yksi tyypillisimpiä TCO:n soveltamisaloja, etenkin valmistavassa teollisuudessa. Todennäköisesti tämä johtuu siitä, että hankittavat tavarat ja palvelut muodostavat suuren osan yrityksen kustannuksista, ellei sitten yrityksen päätuote ole palvelu fyysisten tuotteiden sijaan. Myös palvelutuotannon tapauksessa TCO tuo paljon lisäarvoa, mutta yleisesti ottaen useimmat tämän aihealueen lähteet keskittyvät toimitusketjun hallintaan, ICT:hen sekä palvelujen ja tavaroiden hankintaan, joista viimeiseen syvennytään tarkemmin tässä osiossa. Tässä kirjassa tavaroiden ja palveluiden ostamiseen liittyvästä prosessista käytetään nimtystä hankinta, jotta voidaan korostaa koko prosessin ja omistamisen kokonaiskustannusten välistä yhteyttä hankintaprosessin osien sijaan, joita ovat strateginen hankinta ja ostaminen (Shuler, 2021). Haluan myös tuoda hankintaosaston ja hankitaprosessin esille erikseen. Hankintaosasto tai -tiimi, usein riippuen yrityksen koosta sekä sen rakenteen ja toimialan monimutkaisuudesta, on osa yrityksen koko organisaatiota ja koostuu hankinnan ammattilaisista. Hankintaprosessi puolestaan on koko tavaroiden ja palveluiden toimittajilta hankkimisen prosessi. Ja toisin kuin hankintaosasto tai -tiimi, hankintaprosessiin liittyy usein ihmisiä myös muista tiimeistä tai muilta osastoilta.

Aiemmin tässä kirjassa esitetyn mukaisesti TCO:n päämäärä on parantaa yrityksen kannattavuutta tutkimalla, arvioimalla ja vertailemalla hankintoihin liittyviä kustannuseriä hankintahintaa pidemmälle. Meidän aivomme on kuitenkin ohjelmoitu käyttämään niin sanotusti oletustoimintona automaattista, painottunutta ja oikoteitä ottavaa ajattelua, jonka tiedostaminen on tärkeää taloudellisessa päätöksenteossa.. Psykologi Daniel Kahneman nimesi tällaisen ajattelutavan "järjestelmäksi 1", selittäen että "järjestelmän 1 toiminnot ovat nopeita, vaivattomia, liitännäisiä ja sisältävät usein tunnelatauksia. Niitä myös ohjaavat tavat ja tottumukset, joten niitä on vaikea muokata tai hallita (Lipkin, 2022). Tämä, yhdistettynä ihmismielen taipumukseen etsiä "helppoja voittoja" pitkän aikavälin suunnittelun sijaan, voi johtaa helposti tilanteeseen, jossa koko hankintapäätös perustetaan pelkkään hankintahintaan, joka sekin voi olla vajavainen eri kustannuseriin liittyvien tietojen osalta. Tällöin voidaan päätyä tilanteeseen, jossa luultiin valittavan halvin toimittaja, joka sitten lopulta olikin se kallein vaihtoehto. Tämä tilanne voidaan kuitenkin kääntää päälaelleen esittelemällä, ottamalla käyttöön ja ylläpitämällä omistamisten kokonaiskustannusten periaatetta hankintaprosessissa. Ja aivan kuten TCO-työkin, myös hankintaprosessiin osallistuu ammatilaisia useilta eri osaamisalueilta.

Hankintaosasto on kuitenkin yksi tärkeimmistä toiminnoista liittyen TCO:n suunnitteluun, käyttöönottoon ja toteuttamisen onnistumiseen. Ovathan kokeneet hankintainsinöörit asiantuntijoita liittyen kustannuseriin tavaroiden ja palveluiden toimittajien ja ostavan yrityksen välillä. Kokemuksen tasosta ja osaamisalueesta riippuen heillä saattaa olla myös erinomainen ymmärrys markkinahinnoista, mistä on suurta hyötyä tarjouslaskennassa ja kustannusarvioiden laatimisessa. Hankintaosastolla tai -tiimillä on yleensä erinomainen tuntuma myös siitä, millaisia TCO-tietoja toimittajat pystyvät tuottamaan. Koska hankittavat tavarat ja palvelut usein muodostavatkin ison osan yrityksen kokonaiskustannuksista, hankintaprosessin tulee olla yksi omistamisen kokonaiskustannusten periaatteiden keskeisistä soveltamisalueista riippumatta yrityksen sisäisistä toimintaprosesseista, mutta kuitenkin niihin soveltaen. Kuten luvussa 4 kuvattiin, sisäiset prosessit ovat myös osa yrityksen liiketoiminnan omistamisen kokonaiskustannuksia. Nämä prosessit täytyy kuitenkin olla käytössä ennen kuin niiden eri osia voidaan arvioida omistamisen kokonaiskustannusten näkökulmasta (kirjoittajan kokemus).

Hankintaosastolla ja hankintaprosessissa TCO:ta voidaan hyödyntää monin tavoin. "Valmista tai ulkoista" (engl. Make or buy) -selvitykset, toimittajien lähettämät tarjoukset ja toimittajavalinta ovat vain joitain esimerkkejä tästä, samoin kuin hankintojen ajoittaminen kustannustason vaihteluita seuraten osiossa 3.7 esitetyn mukaisesti. TCO:ta voidaan hyödyntää myös toimittajaneuvotteluissa, koska mahdollisten kustannussäästökohteiden löytämisen ja hyödyntämisen lisäksi neuvotteluosapuolet voivat hyödyntää sitä myös niin kutsutun win-win -tilanteen saavuttamiseksi käyttämällä sitä esimerkiksi helpottamaan päätöksentekoa investointien ja operatiivisten kustannusten välillä. Näin ollen TCO on, tai ainakin sen pitäisi olla, hyvin tärkeä työkalu hankintatiimille. Toisaalta hankintaosasto tai tiimi on myös välttämätön TCO:n kannalta, koska raportoidessaan TCO-työllä syntyneet kokonaissäästöt talousosaston avustuksella hankintatiimi voi osoittaa TCO-työn tuoman todellisen lisäarvon. Ja riippuen yrityksen henkilöstön palkitsemistavoista ja -kriteereistä, hankintaosaston tai -tiimin jäsenet saattavat jopa saada rahallisia kannustinpalkkioita riippuen siitä, kuinka paljon TCO-työllä on säästetty.

12.3   Yritysjohto ja TCO

Yritysjohto on yksi tärkeimpiä sidosryhmiä missä tahansa toimintatapoja muuttavassa kokonaisuudessa, samoin myös TCO:ta käyttöönotettaessa. Johdon tulisi olla myös erittäin kiinnostunut mahdollisuudesta parantaa yrityksen kannattavuutta sekä vähentää työyhteisön siiloutumista. Toisaalta johto on myös keskeisessä asemassa TCO-työn vaatimien resurssien järjestämisen kannalta. Kun mikä tahansa muutosprosessi aloitetaan yrityksessä, johto on tärkeässä asemassa edistääkseen muutoksen onnistumista sisäisen viestinnän ja palkitsemisen keinoin sekä muilla tavoin. Näyttämällä, kuinka meneillään oleva muutos on sidoksissa yrityksen visioon ja missioon, sekä näiden kautta strategiaan, ylin johto voi osallistaa keski- ja alemman johdon sekä työntekijät tekemään osansa muutoksen onnistumiseksi. Tämä yksin ei kuitenkaan takaa muutoksen onnistumista, mutta siitä on suuri apu (kirjoittajan kokemus).

Toinen näkökulma on TCO:n valtava potentiaali parantaa yrityksen toiminnan kannattavuutta, minkä tulisi kiinnostaa ylintä johtoa kahdella tavalla. Ennen kaikkea yrityksen eduksi, ja toisekseen heidän omaksi edukseen, koska toiminnan kannattavuus on usein yksi ylemmän johdon palkitsemisperusteista.

Kolmas näkökulma, eli siiloutumisen vähentäminen, on myös yksi TCO:n hyödyistä koko työyhteisölle. TCO:n onnistuminen vaatii paljon toimintojen välistä yhteistyötä, mikä luo vuorovaikutussuhteiden verkoston koko työyhteisöön. Tämä rohkaisee henkilöstöä etsimään vastauksia kysymyksiinsä ja jakamaan tietoa myös oman tiiminsä tai oman osastonsa ulkopuolella (kirjoittajan kokemus).

Lisäksi TCO:n käyttöönottamiseksi työyhteisössä tarvitaan sekä ihmisiä että resursseja, kuten ohjelmistotyökaluja, jotka voivat joissain tapauksissa olla kalliitakin. Yleensä jokin yritysjohdon hierarkiataso päättää kehitysprojekteihin panostettavan työkuorman ja investointien määrän. Suuressa yrityksessä, jossa on useita eri toimintoja ja jossa kehitetään tai valmistetaan useita eri tuotteita, omistamisen kokonaiskustannusten selvittäminen voi olla monimutkaista. Tämä monimutkainen työ vaatii paljon aikaa ja sitoutunutta henkilöstöä huolehtimaan tästä työstä, sekä luotettavia ohjelmistotyökaluja tehostamaan tätä työtä.

Viimeisenä on vielä yksi suuri etu kannattavuuden lisäksi, joka on parantunut taloudellisen päätöksenteon laatu, jonka yritysjohto voi saavuttaa TCO:n avulla. Kun taloudellinen päätöksentekoon liittyvä tieto perustuu arvioituihin kokonaiskustannuksiin käyttöomaisuusesineen koko elinkaaren ajalta pelkän hankintahinnan sijaan, johto voi tuntea olonsa turvallisemmaksi tehdessään päätöksiä ja luottaa siihen, että tehdyllä valinnalla on hyvät mahdollisuudet edistää yrityksen toiminnan kannattavuutta.

12.4   Henkilöstöosasto ja TCO

Työyhteisön siiloutumisen vähentäminen on yksi keskeisimpiä asioita pyrittäessä vähentämään koko yrityksen omistamisen kokonaiskustannuksia, ja tässä henkilöstöosasto on tärkeässä asemassa. Palkitsemisjärjestelmä on yksi työkaluista siiloutumisen vähentämisessä. Siiloutuminen on vahingollista työyhteisön suoriutumisen kannalta johtuen keskittymisestä kapea-alaisiin henkilökohtaisiin tavoitteisiin, jotka voivat jopa pirstaloida työyhteisöä. Tätä voidaan vähentää esimerkiksi osaamisen hallinnan kautta, joka on yksi henkilöstöhallinnon tehtäväkentän osaamisalueista. Henkilöstöosasto voi esimekiksi luoda ja ylläpitää käytäntöyhteisöjä, jotka ovat asiantuntijaryhmiä eri toiminnoista työskentelemässä yhdessä saavuttaakseen yhteisiä tavoitteita. Näitä käytäntöyhteisöjä voidaan hyödyntää tiedon jaon helpottamiseksi. Henkilöstöosasto itsekin voi kuitenkin olla altis siiloutumiselle. Tämän ilmiön vähentämiseksi on hyödyllistä altistaa henkilöstöhallinnon ammattilaisia yhteistyölle yrityksen muiden toimintojen kanssa (Forsten-Astikainen, 2017).

Toinen keino, jonka avulla henkilöstöosasto voi yrittää vähentää siiloutumista, on tarkoituksenmukainen palkitsemisstrategia, joka painottaa yhteistyötä sen sijaan, että yksilöitä kannustettaisiin hyviin suorituksiin jopa koko työyhteisön menestyksen kustannuksella. Esimerkiksi suurissa tuotannollistamisprojekteissa kannattavuusperusteinen palkitseminen tulee olla sidottu vähintään koko projektin taloudelliseen tulokseen, mutta mieluummin koko yrityksen taloudelliseen tulokseen. Jos yksilökeskeinen taloudelliseen suorituskykyyn liittyvä suoriutumistavoite yhdistetään tiettyihin ihmisluonteen piirteisiin, kuten haluun käyttää omaa valta-asemaa ja tehdä päätöksiä itse alaisten osallistamisen sijaan, seuraukset voivat olla hyvin tuhoisia koko työyhteisön suoriutumisen kannalta (kirjoittajan kokemus).

Toisaalta, kuten mikä tahansa yrityksen toiminto, myös henkilöstöhallinto voi hyötyä menestyksekkäästä TCO-työstä investointien takaisinmaksun ja takaisinmaksulaskelmien avulla. Jos esimerkiksi henkilöstöjohtaja näkee, että työyhteisön kasvu johtaa tarpeeseen hankkia uusi henkilöstöhallintojärjestelmä, sen hankkiminen, käyttöönotto, koulutukset ja käyttö voidaan perustella takaisinmaksulaskelmien avulla hyödyntäen myös omistamisen kokonaiskustannuksia.

12.5   Tuotannonohjaus & materiaalisuunnittelu ja TCO

Tuotannonohjaus- ja materiaalisuuunnitelutiimit tai osastot ovat myös tärkeässä roolissa yrityksen koko toiminnan omistamisen kokonaiskustannusten kannalta. Pienissä yrityksissä nämä tehtävät voi olla osoitettu yksittäisille työntekijöille kokopäiväisenä työnä tai osana muuta työkuormaa. Millainen näihin tehtäviin liittyvä henkilömäärä yrityksessä onkaan, myös nämä toiminnot tarvitaan valmistusyrityksen toiminnan menestyksen varmistamiseksi, mutta usein nämä toiminnot unohdetaan tehtäessä päätöksiä tiimeissä, jotka ovat lähemmin sidoksissa päivittäiseen tuotantoon, jos nämä tiimit eivät ole läsnä päätöksentekotilanteissa (kirjoittajan kokemus).

Tuotannonohjaus, joka tunnetaan myös tuotannonsuunnittelu- ja ohjausosastona, on vastuussa tuotannon aikatauluttamisesta perustuen joko yrityksen sisäiseen suunnitteluun, tai etenkin sopimusvalmistuksen tapauksessa perustuen asiakastilauksiin. Joissain tapauksissa tämän osaston vastuut sisältävät myös saatavilla olevan henkilöstön, työkalujen ja laitteiston käyttöasteen hyödyntämisen kehittämisen. Tehtävät kuten kapasiteettisuunnittelu, tuotantotilausten vapauttaminen, toimitusaikataulut sekä tuotteiden teknisen määrittelyn mukaiseen valmistamiseen liittyvien materiaali- ja työvoimavaatimusten koordinointi kuuluvat tuotannonohjauksen tehtäväkenttään (University of Michigan, 2024).

TCO:n näkökulmasta yhteistyö ja tiedonjako tuotannonohjauksen kanssa on arvokasta, koska tällä osastolla on ensikäden tietoa tarvittavasta tuotantoaikataulusta asiakastilausten perusteella. Tuotannollistamisprojektien aikana tämä tieto auttaa projektitiimiä suunnittelemaan tehtäväkokonaisuuksia näiden tilausten mukaisesti kaikissa projektin vaiheissa, koska useat projektin virstanpylväät perustuvat tuotantoaikatauluun, koskien enimmäkseen sen neljää osa-aluetta:

1. Sarjatuotannon aloittamisen päivämäärä
2. Esituotantovalmistuksen aloittamisen päivämäärä
3. Ylösajokäyrä, eli kuinka jyrkästi tuotantomäärää tulee kasvattaa tiettynä ajanjaksona tuotannon alkuvaiheessa
4. Sarjatuotantoa edeltävien esivaiheiden ajoitus ja tuotantomäärät yleisellä tasolla.

Kuten useat muut tukitoiminnot, myös tuotannonohjaus voi hyötyä TCO:sta. Jos tuotannonohjausosastolla on haasteita, jotka voitaisiin ratkaista esimerkiksi kehittyneempien tietojärjestelmien voimin, omistamisen kokonaiskustannuksia voidaan hyödyntää tähän liittyvässä takaisinmaksulaskennassa. Käytännössä tähän laskentaan liittyvät kustannuselementit liittyvät arvioihin kehittyneen tietojärjestelmän avulla saavutettaviin säästöihin manuaalisessa työssä sekä tähän liittyvässä virheiden mahdollisuudessa, vaikuttaen yrityksen toimitustäsmällisyyteen valmiiden tuotteiden osalta (kirjoittajan kokemus).

Materiaalisuunnittelu on vastuussa:

> ➤ toimitustarpeiden määrittelystä yhdessä muiden osastojen kanssa
> ➤ tuotteen teknisten määrittelyiden mukaisten materiaalien ja tarvikkeiden hankkimisesta sekä
> ➤ vastaanotto- ja varastointitehtävien ohjaamisesta ja valvonnasta (Bika, 2020).

Tämä tekee materiaalisuunnittelusta yhden tärkeimmistä sidosryhmistä niille projektitiimeille, jotka ovat vastuussa tuotantolinjan pystyttämisestä, etenkin esituotantovaiheissa ja sarjatuotannon aloituksen aikana, koska tällä osastolla on paras tieto varastossa saatavilla olevan materiaalin määrästä. Sarjatuotannon aikana materiaalisuunnittelu myös ylläpitää saatavilla olevaan materiaalin määrään liittyvää tietoa ja seuraa tähän liittyviä muutoksia. Ja voidakseen suoriutua näistä tehtävistä materiaalisuunnittelu tarvitsee tehtäviin riittävän tiimin sekä resurssit. Ja jälleen kerran TCO:lla voidaan edistää tämän tilanteen saavuttamista.

Lisäksi sekä tuotannonohjaus että materiaalisuunnittelu hyötyy menestyksekkäästä ja strategisesta TCO-työstä, koska tässä onnistuminen tarkoittaa näiden osastojen osallistamista tuotannollistamisprojektiin aikaisessa vaiheessa, mikä tarkoittaa sitä, että nämä toiminnot pääsevät antamaan oman panoksensa ja osallistumaan päätöksentekoon. Tällöin ihmiset näillä osastoilla voivat kokea, että heidän osaamistaan arvostetaan, mikä on omiaan edistämään heidän hyvää suoriutumista osiossa 8.2 kuvaillun mukaisesti.

Yleisesti ottaen tuotannonohjauksen ja materiaalisuunnittelun tuottama tärkeä tieto sisältää seuraavia seikkoja:

> tuotannon ylösajokäyrä
> milloin ja miten paljon mitäkin tuoteversiota tulee valmistaa
> yrityksen sisäinen materiaalivirta
> materiaalille ja työvoimalle asetettavat vaatimukset
> tuotantomateriaalien saatavuus
> tuotantomateriaalin saatavuusaikataulu (kirjoittajan kokemus).

12.6   Sisäinen viestintä ja TCO

Sisäisestä viestinnästä vastaavan työntekijän, tiimin tai osaston vastuisiin kuuluu:

> sisäisen viestintästrategian kehittäminen
> sisäisten viestintäkanavien hallinnointi
> uusien sisäisen viestinnän teknologioiden käyttöönotto
> sosiaalisen median sisällön luominen ja kehittäminen
> yhteistyö muiden osastojen ja tiimien kanssa sekä
> henkilöstön sitoutumisen seuranta ja edistäminen (Blink, 2023).

Ja kuinka sisäisen viestinnän osasto tai tiimi vaikuttaa yrityksen liiketoiminnan omistamisen kokonaiskustannuksiin? Sisäisen tiedon sujuva kulku auttaa luomaan vakaan päätöksentekopohjan alemmalle- ja keskijohdolle, sekä heidän alaisilleen koskien työyhteisössä meneillään olevia asioita. Esimerkiksi selkeä viestintä yrityksen edistämiseksi suoritettavista toimenpiteistä tuo selkeyttä ja asioiden etenemisen tunnetta henkilöstölle, mikä voi parantaa henkilöstön työmoraalia ja sitoutumista (kirjoittajan kokemus). Yksi näistä toimenpiteistä voi olla esimerkiksi TCO:n käyttöönottaminen yrityksen päivittäiseen toimintaan ja siihen liittyvä yrityksen sisäinen kehitysprojekti.

Lisäksi sisäisen viestinnän kanavat sosiaalisessa mediassa tai tarkoitukseen luoduissa ohjelmistoissa, kuten Microsoft Teams, tarjoavat ihmisille eri osastoilta helpon tavan viestiä keskenään, sopia yhteisestä tekemisestä työajan ulkopuolella ja niin edelleen. Tämä hyödyttää yritystä suuresti, koska tällöin työntekijät rakentavat vuorovaikutussuhteiden verkoston oman tiiminsä ulkopuolelle, mikä edistää myös toimintojen välistä yhteistyötä työasioissakin (kirjoittajan kokemus). Myös muut aiemmissa osioissa kuvaillut TCO:n edut hyödyttävät sisäisen viestinnän osastoa, esimerkiksi siiloutumisen vähentyminen ja TCO:lla "tehostettujen" takaisin maksulaskelmien tuomat edut.

12.7   Myynti ja markkinointi & TCO

Myynti ja markkinointi on yksi tärkeimmistä sidosryhmistä yrityksen taloudellisen tuloksen kannalta. Onhan tämä toiminto mahdollisen asiakkaan "vastapuoli" neuvotteluvaiheessa, toki yhdessä yritysjohdon kanssa. Ja vaikka myynti ja markkinointi ei yleensäkään muodosta suurta osuutta yrityksen liiketoiminnan omistamisen kokonaiskustannuksista, sopimusneuvotteluilla on suuri vaikutus esimerkiksi projektibudjettiin. Onhan projektibudjetti yhtä kuin myyntihinta, josta on vähennetty voittotavoite, sekä mahdollisesti riskivara ja hallinnointireservi. Jos myyjä joutuu joustamaan hinnastaan suuresti neuvottelluvaiheessa, myyjäyritys on pakotettu löytämään edullisempia teknisiä ratkaisuja kuin on alunperin suunniteltu sekä ottamaan enemmän taloudellista riskiä kannettavakseen. Näistä jälkimmäinen pätee etenkin silloin, jos myyjä on jo tarjousvaiheessa kartoittanut laajasti vaihtoehtoisia ratkaisuja yhdessä teknisten asiantuntijoidensa kanssa, valinnut sopivimmat ratkaisut ja joutuu silti alentamaan hintaa tarjousvaiheessa. Tällöin budjettiylityksen riskistä tulee suuri, ja ylityksen myötä myyjäyrityksen toiminnan kannattavuus heikkenee (kirjoittajan kokemus).

Mitä epärealistisempi käytettävissä olevasta budjetista tulee projektin toimintasisältöön nähden, sitä enemmän joudutaan tekemään lisäarvoa tuottamatonta työtä. Kun budjetti on erittäin tiukka, johto saattaa asettaa hyvin tiukat rajoitukset hankintaprosessille ja -hyväksynnöille, mikä puolestaan vaatii ylimääräistä työtä, kun yritetään perustella, miksi jokin alkuperäisen suunnitelman ulkopuolinen hankinta tulisi tehdä. Lisäksi budjettiylityksiin liittyvä ylimääräinen raportointi aiheuttaa ylimääräistä työtä niihin liittyville asiantuntijoille, kuten taloustiimille, päälliköille ja projektin ohjausryhmälle. Koska budjettiylitystä usein seurataan useammassa eri yhteydessä, lisäkuluja syntyy myös mahdollisesti kyseisiin raportointitilaisuuksiin osallistuvien muiden projektitiimin jäsenten käyttämästä työajasta (kirjoittajan kokemus).

Myyntiosasto on vastuussa myös kaupallisista ehdoista asiakkaan kanssa, sekä myyntivaiheen luovuttamisesta myyjäyrityksen projektitiimille tai valmistustoiminnalle. Tämä on välttämätöntä, jotta voidaan varmistaa tiedonkulku "alavirtaan" projektin elinkaaren myöhempiin vaiheisiin, ja jotta projektin suunnittelu ja toteutus voidaan suorittaa asiakkaan kanssa sovitun mukaisesti. Tällöin koko työyhteisö voi olla varmempi siitä, että lopputuotteista tulee sellaisia kuin on sovittu asiakkaan kanssa (kirjoittajan kokemus). Myynnin ja markkinoinnin ammattilaisilla on myös tärkeää osaamista koskien valmistusyrityksen myynnin ja markkinoinnin tehtäväkenttää.

Kuinka sitten myynti ja markkinointi voi hyödyntää omistamisen kokonaiskustannusten ajatusmallia? Sen avulla myyjä voi mitata, kirjata ja viestiä lisäarvon, jota kyseisen yrityksen tarjous tuo ostajalle, kun verrataan yrityksen koko toimitussisällön omistamisen kokonaiskustannuksia sen kilpailijoiden tarjoamiin. TCO-analyysistä voi tulla vahva myyntivaltti, mutta sen avuksi tarvitaan asiantuntijoita sekä myyjä- että ostajayrityksestä tekemään tiivistä yhteistyötä, jotta voidaan luoda asiakasyrityksen toimintaan soveltuva TCO-malli. Tämä prosessi voi myös vahvistaa pitkäaikaista ostaja-myyjä -suhdetta näiden kahden yrityksen välillä (Piscopo ym., 2008). Tämä onkin TCO:n suurin myynnille ja markkinoinnille koituva tyypillinen hyöty, jollaista muut toiminnot eivät toimintansa tarkoituksen vuoksi voi saavuttaa. Muut TCO:n hyödyt myynnille ja markkinoinnille ovatkin samanlaisia kuin muillekin toiminnoille.

12.8   ICT ja TCO

Myös ICT-osasto on tärkeä sisäinen sidosryhmä yrityksen liiketoiminnan omistamisen kokonaiskustannusten kannalta, etenkin nykyaikana. Esimerkiksi suunnitteluyritykset tarvitsevat useita ohjelmistolisenssejä, jotka voivat maksaa jopa kymmeniä tuhansia euroja kappaleelta vuodessa, puhumattakaan toiminnanohjausjärjestelmistä ja muista välttämättömistä ohjelmistoista monimutkaisen yrityksen liiketoiminnan pyörittämiseksi. Mutta vaikka nämä ohjelmistot ovatkin kalliita hankkia, ne silti auttavat yrityksiä säästämään valtavat määrät rahaa vähentämällä suuria määriä manuaalista työtä, jota voidaan automatisoida tietojärjestelmien avulla.

Nämä tietojärjestelmät ovat samalla kuitenkin yksi suurimmista yritystoiminnan piilokuluista. Jos yritys ei esimerkiksi tiedä tarkalleen, mitä ohjelmistolisenssejä se tarvitsee asiakasprojektin toteuttamiseksi, se saattaa joko aliarvioida lisenssitarpeet tai kokonaan jättää ne huomiotta tarjousvaiheessa. Tällöin yritys joutuu itse kantamaan niistä koituvat kustannukset, millä on kielteinen vaikutus yrityksen kannattavuudelle (kirjoittajan kokemus).

Sisäisesti käytettävien ohjelmistojen ja tietojärjestelmien lisäksi suuret yritykset käyttävät tietojärjestelmiä usein käsitelläkseen jotain yhteistä tietokantaa tai tietokirjastoa. Tämän tavoitteena on ajantasalla olevan tiedon virtaaminen työyhteisössä sekä pyrkimys varmistaa, että kaikki osapuolet pysyvät kartalla esimerkiksi tuotesuunnittelun muutoksista. Ja näiden tietojärjestelmien ja niihin pääsyn järjestäminen maksaa aikaa ja rahaa (kirjoittajan kokemus).

ICT-järjestelmät voivat kuitenkin myös madaltaa yrityksen liiketoiminnan omistamisen kokonaiskustannuksia. Aiempana kuvaillun esimerkin lisäksi tietotekniset ohjelmistot tuovat paljon lisäarvoa suoraan TCO-työhön esimerkiksi sisäisten tiedonhallinta- ja tiedonjakojärjestelmien muodossa. On olemassa myös esimerkiksi ohjelmistoja, jotka autavat tuote- ja tuotantojärjestelmäkustannusten alentamisessa. Näiden avulla yritys voi selvittää, onko heidän toimittajiensa hinnoittelu hyväksyttävällä tasolla markkinahintoihin nähden, jolloin yritys voi välttää turhasta maksamisen (kirjoittajan kokemus). Myös erilaiset viestintä- ja toimisto-ohjelmistot, kuten Microsoft Office -tuotteet, tekevät tietotyöstä tehokkaampaa ja luotettavampaa.

Mutta kuinka TCO voi hyödyttää ICT-osastoa. Kuten muidenkin osastojen kohdalla, myös ICT-investointien takaisinmaksua voidaan tarkentaa TCO:n avulla, jolloin tarvittavia investointeja voidaan perustella myös ylemmälle johdolle. Tällöin voidaan parantaa suoritettavan työn tuottavuutta ja laatua, mikä puolestaan parantaa yrityksen kannattavuutta. Tämä pätee niin uusiin ohjelmistoihin kuin jo käytössä olevien ohjelmistojen paranneltuihin tai vaihtoehtoisiinkin versioihin. TCO:n avulla on mahdollista paljastaa enemmän piilokuluja, joissa saattaa piillä aiemmin havaitsemattomia kustannussäästömahdollisuuksia, mikä puolestaan entisestään lyhentää ICT-investointien takaisinmaksuaikaa heikentämättä laskelmien luotettavuutta ja todenmukaisuutta.

12.9   HSE ja TCO

Terveys, turvallisuus ja ympäristö ovat merkittävä osa yrityksen liiketoiminnan kokonaiskustannuksia. Itse asiassa voisimme mennä jopa niinkin pitkälle kuin kutsua niitä yhdeksi tärkeimmistä aiheista koko yhtälössä, koska me ihmiset valmistamme tuotteita käsityökaluilla tai suunnittelemme robotteja ja tuotantoprosesseja automatisoitua tuotantoa varten. Eikä sen tarvitse olla joko tai; usein valmistusprosessi sisältää sekä automatisoituja että manuaalisia työvaiheita. Myös ihmisen ja robotin työskentely samalla työasemalla asettaa omat turvallisuusvaatimuksensa valmistusprosessille (kirjoittajan kokemus).

Yleisesti ottaen hyvä työterveys ja -turvallisuus tuovat paljon sekä suoria että epäsuoria säästöjä työyhteisössä. Yksi suurimmista suorista säästöistä liittyy sairaslomiin. Tavallinen flunssa tai muu sairaus on toki luonnollinen osa elämää, mutta hyvä työturvallisuus taatusti vähentää vahinko- ja loukkaantumisriskiä. Esimerkiksi tarkoituksenmukainen työvaatetus suojaa työntekijöitä kipinöiltä, haavoilta, viilloilta ja silmien loukkaantumiselta. Usea tekijä vaikuttaa työntekijöiden fyysisestä loukkaantumisesta aiheutuviin kustannuksiin, kuten esimerkiksi loukkaantumisen tyyppi ja vakavuus sekä työnantajan vastuuseen liittyvä lainsäädäntö tällaisessa tilanteessa ja niin edelleen, mutta vakava loukkaantuminen ei ole koskaan halpa tapaus. Näistä syistä ei ole yhtä kiinteää totuutta siitä, paljonko yksittäinen loukkaantuminen maksaa yritykselle, mutta eräässä malminetsintä- ja tuotantoyrityksessä suoritettu tutkimus antoi tulokseksi keskimäärin 14 000 Iso-Britannian puntaa yhtä loukkaantumista kohti (Hudson & Stephens, 2000).

Loukkaantumisriskiä voidaan vähentää esimerkiksi törmäyssuojien avulla, jotka vähentävät onnettomuusriskiä sisäisen logistiikan ja tehdasalueen jalankulkijoiden välillä. Mutta hyvä työterveys- ja turvallisuus vähentää myös tavallisten sairauksien esiintyvyyttä, koska turvallinen työympäristö vähentää työperäistä stressiä turvattomaan ympäristöön verrattuna (Brosschot ym., 2018). Tällöin työntekijät voivat suoriutua paremmin, mikä parantaa tuottavuutta, luovuutta ja yrityksen kannattavuutta.

HSE-osasto kehittää turvallisuudenhallintaohjeistuksisa, valmistelee turvallisuusraportteja ja tutkii työtapaturmia (Indeed Editorial Team, 2024) sekä tarjoaa asiantuntija-apua muille sisäisille sidosryhmille koskien työpaikan terveys- ja turvallisuusmääräyksiä, esimerkiksi prosessisuunnittelu- ja tuotantotekniikkaosastoille. Tällöin nämä osastot voivat huomioida turvallisuusmääräykset työssään. HSE-osaston tehtäviin kuuluukin:

- ylläpitää ja soveltaa tietoa ajanmukaisista ympäristö-, terveys- ja turvallisuusohjeistuksista ja määräyksistä sekä näihin liittyvistä teollisista prosesseista
- uusia laitteita koskevien suunnitelmien ja teknisten määrittelyjen arviointi, jotta voidaan varmistaa, että laitteet täyttävät turvallisuusvaatimukset
- mahdollisten ihmis- ja ympäristöriskien tunnistaminen ja korjaaminen tarkastamalla tilat, laitteiston ja turvallisuuslaitteet
- erilaisten teollisten valvontamekanismien tehokkuuden arvioiminen
- tilojen ja työmaiden terveys- ja turvallisuusmääräysten noudattamisen varmentaminen

- turvasuojien, turvalaitteiden ja turvalukitusten asennuksen ohjaaminen ja testaaminen sekä

- työntekijä- ja ympäristöturvallisuusohjelmien arviointi ja parannussuositusten tekeminen (Office of Energy Efficiency & Renewable Energy, vuosi tuntematon).

Mutta terveys ja turvallisuus eivät ole ainoa HSE-osaston työsisältö. Liiketoiminta vaikuttaa aina jollakin tavoin myös ympäröivään luontoon, useimmiten sekä suoraan että epäsuorasti. HSE-osaston työnkuvan ympäristönäkökulma voidaan tiivistää ympäristövaikutusten vähentämiseen mahdollisimman vähäisiksi ja kestävän kehityksen edistämiseen. Käytännössä tämä tarkoittaa luonnonvarojen kuluttamisen, jätteen tuottamisen, ekosysteemeille aiheutuvan vahingon sekä saasteiden vähentämistä mahdollisimman vähäisiksi. Tämä voidaan saavuttaa esimerkiksi kierrättämällä ja hyödyntämällä uusiutuvaa energiaa. Tälläkin on sekä suoria että epäsuoria vaikutuksia yrityksen liiketoiminnan omistamisen kokonaiskustannuksiin, koska ympäristöystävällisten käytäntöjen menestyksekäs hyödyntäminen vähentää kielteisiä vaikutuksia planeettaamme merkittävästi, vähentää kustannuksia ja parantaa samalla myös yrityksen mainetta (EcoOnline, vuosi tuntematon).

12.10 Rakennukset ja rakentaminen & TCO

Viimeisenä, mutta ei vähäisimpänä, valmistusprosessi tarvisee myös yhden tai useamman rakennuksen, jossa valmistaa tuotetta sekä pyörittää tuotetta ympäröiviä toimintoja. Valmistusteollisuuden yhteydessä keskitymme tuotantorakennukseen, sekä olemassa olevan rakennuksen muokkaamiseen että uuden rakentamiseen. Emme kuitenkaan sukella syvälle rakennusteollisuuden TCO-maailmaan. Olen varma, että joku rakennusteollisuudesta enemmän ymmärtävä saisi siitä paljon paremman kirjan aikaiseksi.

Teollisia tuotantorakennuksia on useita erilaisia. Rakennukselle asetettavat vaatimukset riippuvat useasta tekijästä, kuten rakennuksen käyttötarkoituksesta, ympäristön asetamista vaatimuksista sekä valmistettavaan tuotteeseen liittyvistä vaatimuksista. Esimerkiksi joillain teollisuuden aloilla sovelletaan todella tiukkoja puhtausvaatimuksia koskien sekä tuotteen valmistusta että tuotantotilojen yleistä puhtautta, samoin kuin esimerkiksi sähkön johtavuuden rajoittamista ESD-ratkaisuilla sekä sisäilman lämpötilan ja kosteuden tarkkaa säätelyä. Tämä puolestaan tarkoittaa tiettyjä investointeja tuotantotiloihin sekä varastorakennukseen. On kuitenkin huomattavasti edullisempaa rakentaa kerralla käyttötarkoitukseen soveltuva rakennus kuin ensin rakentaa rakennus mahdollisimman halvalla ja sitten tehdä lisäinvestoinnit, jotta rakennettu rakennus soveltuisi käyttötarkoitukseensa (kirjoittajan kokemus).

Yleensä uuden rakennuksen rakentamisen tai olemassa olevan rakennuksen muokkaamisen tekninen työsisältö koostuu sähkötöistä, paineilmasta, vedestä, rakentamistyöstä, sosiaali- ja toimistotiloista sekä ilmanvaihto- ja lämmityslaitetöistä (Sheldon, Vuosi tuntematon). Ja kaikki nämä rakentamisen osaamisalueet vaativat erikoisosaamista, jotta ne voidaan suorittaa kunnolla, koska tämän osaamisen mukana tulee kyky huomioida eri näkökulmia, kuten asetukset, standardit ja normit turvallisten, hyvien ja kestävien rakennusten rakentamiseksi (kirjoittajan kokemus). Jos tuotantolinjaa ympäröivä rakennus on rakennettu huonosti, lopulta väistämättömät rakennusvauriot voivat aiheuttaa valtavia kustannuksia niin rakennuksen kuin tuotantolaitteistonkin korjauskustannusten muodossa. Rakennuksen rakentaminen huonosti saattaa myös johtaa tilanteeseen, jossa tuotanto-olosuhteiden vakiointiin käytetty aika ja raha on heitetty hukkaan. Eihän ole esimerkiksi järkeä investoida tuotantotilan ilmankosteuden ja lämpötilan vakiointiin, jos rakennuksen katto vuotaa ja vettä valuu valmistettavan tuotteen päälle. Tämän vuoksi valmistusteollisen yrityksen onkin viisasta ulkoistaa rakennuksen korjaustyöt tai uusien rakennusten rakennustyöt ammattilaisille, ellei yrityksellä ole tätä osaamista sisältävää kiinteistöosastoa. Tai, jos yrityksen täytyy tehdä tai teettää paljon tämän kaltaista työtä, voi olla viisasta perustaa erillinen tiimi tai jopa osasto huolehtimaan rakennuksista (kirjoittajan kokemus).

Useat liiketoiminnan osa-alueet sisältävät paljon riittämättömästä suunnittelusta ja toteutuksesta aiheutuvia kustannuksia, ja tuotantorakennukset ovat taatusti yksi niistä. Jos esimerkiksi kosteutta pääsee rakennuksen rakenteisiin, saattaa syntyä kosteus- ja jopa homevaurioita. Tämä aiheuttaa valtavan riskin sekä rakennukselle että rakennuksessa työskenteleville ihmisille (kirjoittajan kokemus). Jo pienikin altistuminen homeelle voi aiheuttaa oireita homeelle herkille ihmisille, kun taas esimerkiksi astmasta kärsiville ihmisille tämä voi aiheuttaa hengityksen vinkumista ja astmakohtauksia. Pitkäaikainen altistuminen homeelle puolestaan voi jopa heikentää täysin terveiden ihmisten vastustuskykyä. Kun homeen myrkyllisyysaste kasvaa, sille altistuneet ihmiset saattavat kokea sitkeitä päänsärkyjä ja migreenejä, lisääntynyttä uupumusta sekä satunnaisia lihaskramppeja. Vakavammissa tapauksissa altistuminen homeelle voi aiheuttaa myös arkuutta valolle sekä selittämätöntä painonnousua ja hiustenlähtöä. Fyysisten vaikutusten lisäksi joissain tapauksissa pitkäaikaisen homeelle altistumisen on todettu aiheuttavan myös unettomuutta, sekavuutta, keskittymisvaikeuksia, masennusta, hermostuneisuutta ja ruokahalun menetystä (NLR, 2024).

Useimmiten kiinteistöosaston päätehtävä on kuitenkin huolehtia olemassa olevista rakennuksista uusien rakennuttamisen sijaan. Tämä sisältää tuotantorakennukset, varastorakennukset, toimistorakennukset, sähkömuuntamot, jäähdytysjärjestelmät ja niin edelleen. Ja kuten tuotantolaitteidenkin tapauksessa, säännöllinen ylläpito edistää myös rakennusten pitkäikäisyyttä. Ja vaikka tämä saattaakin vaikuttaa lisäkululta, useimmiten säännöllinen huolto on halvempaa kuin ilmenevien vikojen tai vaurioiden korjaaminen (kirjoittajan kokemus).

13 LOPPUSANAT, JOHTOPÄÄTÖKSET JA AIHEESEEN LIITTYVÄT LUKU-SUOSITUKSET

Arvoisa lukija, olet saattanut havaita, että tässä kirjassa on useita viittauksia valtameriin ja purjehtimiseen. Tällä ei ole mitään tekemistä omien harrastusteni kanssa, vaan liittyy siihen, millaisena näen omistamisen kokonaiskustannusten ajatusmallin: Päättymättömänä valtamerenä, josta paljastuu aina vain uusia näkökulmia juuri, kun luulemme oppineemme, nähneemme ja selvittäneemme kaiken. Ja aivan kuten valtameri, myös TCO ei ole koskaan samanlainen; ei ole olemassa vain yhtä, kaikissa tilanteissa sovellettavissa olevaa TCO-mallia, joka toimisi kaikkialla. Päinvastoin, meidän täytyy tunnistaa yrityksen "kipupisteet", joiden kautta voimme saavuttaa suurimmat kustannussäästöt vaiheittaisen kehitystyön avulla.

Olenkin hyvin vakuuttunut siitä, että vaikka tämä kirja sisältää varsin laajan kirjon valmistusteollisen yrityksen liiketoiminnan omistamisen kokonaiskustannuksiin liittyviä aiheita, opimme itse kukin vielä lisää näkökulmia tähän liittyen. Ja jos sinä, arvoisa lukija, haluat oppia lisää mistä tahansa tässä kirjassa käsitellystä aiheesta, olet enemmän kuin tervetullut tutustumaan tarkemmin tämän kirjan lopusta löytyviin lähteisiin. Ja osasta tämän kirjan aiheita löytyy Internetistä valtavasti lisää tietoa. Tässä vaiheessa kuitenkin haluan painottaa sanaa *osasta*, koska etsiessäni tietoa tätä kirjaa varten olen havainnut, että kaikkia näitä aiheita ei ole aiemmin liitetty omistamisen kokonaiskustannuksiin aiheeseen liittyvässä tutkimuksessa eikä kirjallisuudessa. Minä näen TCO:n kuitenkin näin laajana, ja jopa tässä kirjassa kuvailtua laajempana aiheena. Perustuen etsimääni tietoon TCO:ta sovelletaan valmistavan teollisuuden lisäksi ICT- ja rakennusteollisuudessa, joten myös niihin liittyen TCO:sta löytyy lisää tietoa.

Lopuksi, ennen omistuskirjoitusta ja kiitossanoja, haluan myös kertoa, että tämä on ollut pitkä, mutta kiehtova ammatillisen osaamisen ja kasvun matka, joka on ottanut ja myös antanut paljon. Ja suosittelen samaa kenelle tahansa, joka nauttii kirjoittamisesta ja jolla on aihe, josta kirjoittaa. Kirjoittamisesta puheen ollen, tämä tuskin on ainoa kirja, jonka koskaan kirjoitan. Minulla on itse asiassa jo ideoita seuraaviksi kirjoiksi omistamisen kokonaiskustannusten ajatusmallista, joissa mahdollisesti syvennytään joihinkin tässä kirjassa esiteltyihin aiheisiin, sekä niiden ulkopuolelle. Joten jos olet nauttinut tästä kirjasta, voin melko varmasti luvata, että pääset lukemaan lisää TCO:sta tulevaisuudessa. Kaikkea hyvää sinulle kiehtovalla matkallasi oppiessasi uusia tietoja ja taitoja, arvoisa lukija!

Kiitossanat

Tämän kirjan kirjoittaminen on vaatinut paljon aikaa ja vaivaa. Ja nyt on aika kiittää heitä, jotka ovat tämän mahdollistaneet. Onhan elämässä kyse paljon enemmästä kuin yhden kirjan kirjoittamisesta, eikä inspiraatio tällaiseen tule tyhjästä. Tästä syystä haluankin kiittää:

> ➤ Vaimoani, joka on puskenut minua kasvamaan ammatillisesti sekä ohjannut minua tukien, mutta myös tarvittaessa tiukasti, ja jonka ansiosta olen oppinut olemaan ylpeä työstäni ylpistymättä.

> ➤ Poikaani, jonka kasvu ja kehitys edelleen 5-vuotiaana kiehtoo minua ja joka tuo valoa päiviini.

> ➤ Vanhempiani, jotka ovat opettaneet minulle monta tätä kirjaa tärkeämpää asiaa elämästä.

> ➤ Sisartani, johon voin luottaa aivan kaikessa ja joka on ollut yksi tärkeimpiä inspiraation lähteitä minulle pyrkiessäni panostamaan ammatilliseen kasvuuni.

> ➤ Kahta parasta ystävääni heidän jatkuvasta tuesta pyrkiessäni saamaan tämän kirjan valmiiksi.

> ➤ Simon Sinekia, jonka kirjoista olen löytänyt oman inspiraationi etsiä oman syyni *miksi*.

> ➤ Ville Mäkistä, iSearch Group Oy:n toimitusjohtajaa, rohkaisevista sanoista ja tuen osoittamisesta.

> ➤ Lauri Fagerlundia, Lafa Oy:n toimitusjohtajaa, joka on todella inspiroiva yrittäjä, ja joka on inspiroinut myös minua kanavoimaan ammatillisen osaamiseni ja ajattelutapani tämän kirjan kirjoittamiseen.

> ➤ Kaikkia, jotka ovat osoittaneet kiinnostuksensa tätä kirjaa kohtaan. Tämä kiinnostus kertoo minulle, että ihmiset haluavat kuulla lisää tästä kiehtovasta aiheesta.

Lähdeluettelo

➢ Forbes. (2015). *Thoughts on the business of life.* https://www.forbes.com/quotes/5890/

➢ Ellram, L. (1993), Total Cost of Ownership: Elements and Implementation. *International Journal of Purchasing and Materials Management, 29*, 2-11. https://doi.org/10.1111/j.1745-493X.1993.tb00013.x

➢ Law Insider Inc. (2013–2024). *Line Fallout definition.* https://www.lawinsider.com/dictionary/line-fallout

➢ Spencer, L. (29.8.2024). What is Total Cost of Ownership (TCO) in Project Management? *Bricks.* https://www.thebricks.com/resources/what-is-total-cost-of-ownership-tco-in-project-management

➢ Fernandes, T. (29.3.2023). Program Manager's Guide to Prioritization: Strategies for Success. *Medium.* https://medium.com/pm101/program-managers-guide-to-prioritization-strategies-for-success-6d6a1df5d0a8

➢ Logistiikan maailma. (2024). *Total Cost of Ownership – TCO thinking.* https://www.logistiikanmaailma.fi/en/buyingselling/procurement-and-purchases/total-cost-of-ownership-tco-thinking/

➢ Fishman Corporation. (2024). *Manufacturers Increasingly ask Vendors for Total Cost of Ownership Analysis in Addition to Purchase Price.* https://www.fishmancorp.com/tco/

➢ Graco Inc. (2024). *How to calculate total cost of ownership.* https://www.graco.com/us/en/in-plant-manufacturing/solutions/articles/how-to-calculate-total-cost-of-ownership.html

➢ Manutan. (2.6.2022). *What are the components of TCO?* https://www.manutan.com/blog/en/glossary/understanding-tco-total-cost-of-ownership-origins-definition-calculation-advantages-and-so-on

➢ Feldstein, M. & Rotschild, M. (1974). Towards an Economic Theory of Replacement Investment. *Econometrica, 42*(3), 393–424. https://doi.org/10.2307/1911781

➢ Cooper, Z. (6.4.2020). *A practical guide to writing technical specs.* https://stackoverflow.blog/2020/04/06/a-practical-guide-to-writing-technical-specs/

➢ Moody's. (2024). *Supplier risk management.* https://www.moodys.com/web/en/us/supplier-risk.html?cid=ppc-gglds-

17364&gad_source=1&gclid=EAIaIQobChMI1N_L7suwiAMVsUKRBR3KsBGkEAAYASAAEg
J9e_D_BwE&gclsrc=aw.ds

➢ Scholz, K. (Vuosi tuntematon). *How digital prototypes become hardware in high volume
production.*
https://citeseerx.ist.psu.edu/document?repid=rep1&type=pdf&doi=4fead4dda215ac9a7
04e24e7ea4e2fa309c79973

➢ Ammattiliitto Pro. (2025). TYÖEHTOSOPIMUS TEKNOLOGIATEOLLISUUDEN
TOIMIHENKILÖT 24.2.2025-30.11.2027. https://proliitto.fi/sites/default/files/2025-
02/tyoehtosopimus-teknologiateollisuuden-toimihenkilot-2025-2027.pdf

➢ Kenton, W. (26.2.2024). Operating Expense (OpEx) Definition and Examples.
Investopedia. https://www.investopedia.com/terms/o/operating_expense.asp

➢ Chen, D., Lee, J., Sleyster, B. & Aunins, T. (2014). *Utility Systems*. Media Wiki.
https://processdesign.mccormick.northwestern.edu/index.php/Utility_systems

➢ ServiceChannel. (2024). *Becoming a Maintenance Worker: Job Description, Skills, and
Responsibilities.* https://servicechannel.com/blog/becoming-a-maintenance-worker/

➢ Six.sigma.us. (2024). *How to do Root Cause Analysis? Everything You Need to Know.*
https://www.6sigma.us/rca/how-to-do-root-cause-analysis/

➢ Yadav, C. (13.3.2023). Cost of Unplanned Downtime in Manufacturing (And How to
Avoid That). *Plutomen.* https://pluto-men.com/cost-of-unplanned-downtime-in-
manufacturing-how-avoid-that/

➢ Tuovila, A. (25.6.2024). Residual Value Explained, With Calculation and Examples.
Investopedia. https://www.investopedia.com/terms/r/residual-value.asp

➢ Cephas, C. (2022). The Math of Manufacturing – How Total Cost of Ownership Impacts
Reshoring Decisions. *Tapecon.* https://www.tapecon.com/blog/the-math-of-
manufacturing-how-total-cost-of-ownership-impacts-reshoring-decisions

➢ Collins, P. & Hull, F. (2002). Early simultaneous influence of manufacturing across stages
of product development process: Impact on time and cost. *International Journal of
Innovation Management, 6*(1), 1–24. https://research-ebsco-
com.proxy.uwasa.fi/c/slwlh3/viewer/html/ivgpaejgbn

➢ Advice-Manufacturing. (2024). *Value Analysis (VA) and Value Engineering (VE):*

Definitions and Benefits. http://www.advice-manufacturing.com/Value-Analysis.html

➢ Dell'Isola, A. (1997). *Value Engineering: Practical Applications for Design, Construction & Maintenance Operations.* John Wiley & Sons, Inc. https://books.google.fi/books?hl=en&lr=&id=UzVxDwAAQBAJ&oi=fnd&pg=PR9&dq=info:hxS9qdRUesAJ:scholar.google.com/&ots=y4gkVC89wd&sig=vAeCgdD1isML0RZNap3OkUkMBUA&redir_esc=y#v=onepage&q&f=false

➢ Reuter, V. (1968). The Success Story of Value Analysis Value Engineering. *Journal of Purchasing, 4*(2), 4–80. https://onlinelibrary.wiley.com/doi/epdf/10.1111/j.1745-493X.1968.tb00088.x

➢ Van der Schans, E., van Lijssel, J.W.N., van Steenderen, P. (2001). Value Analysis: Capturing Total Cost of Ownership reduction opportunities in E&P projects. *Netherlands Journal of Geosciences, 80*(1), 107–111. https://www.cambridge.org/core/services/aop-cambridge-core/content/view/85584D60962FAD4359235B46F4A22323/S0016774600022216a.pdf/value-analysis-capturing-total-cost-of-ownership-reduction-opportunities-in-eandp-projects.pdf

➢ Lane Davis, K.,E. (2004). Finding Value in the Value Engineering Process: a Publication of the American Association of Cost Engineers. *Cost Engineering, 46*(12), 24-27. https://www.proquest.com/scholarly-journals/finding-value-engineering-process/docview/220449048/se-2

➢ EMyth. (28.3.2022). 6 factors that shape your product's perceived value for your customer. *LinkedIn.* https://www.linkedin.com/pulse/6-factors-shape-your-products-perceived-value-customer-emyth?trk=articles_directory

➢ Macedo, H. (2024). *A practical guide to cost engineering.* Routledge.

➢ IBM. (Vuosi tuntematon). *What is mean time to repair (MTTR)?* https://www.ibm.com/topics/mttr

➢ Schneider Electric. (19.3.2015). KPI: Mean Cost to Repair (MCTR). *Schneider Electric Blog.* https://blog.se.com/digital-transformation/it-management/2015/03/19/kpi-mean-cost-to-repair-mctr/

➢ Kenton, W. (25.4.2024). Make-or-Buy Decision Explained: How to Make Outsourcing Decisions. *Investopedia.* https://www.investopedia.com/terms/m/make-or-buy-decision.asp

➢ Tilastokeskus. (2024). *Liikevaihto.* https://stat.fi/meta/kas/lvaihto.html

➢ Järvenpää, M. Länsiluoto, A. Partanen, V. Pellinen, J. (2013). *Talousohjaus ja kustannuslaskenta.* Sanoma Pro Oy.

➢ Jiwa, Z. Siagan, H. Jie, F. (2020). The Role of Top Management Commitment to Enhancing the Competitive Advantage Through ERP Integration and Purchasing Strategy. *ResearchGate.* https://www.researchgate.net/publication/338319328_The_Role_of_Top_Management_Commitment_to_Enhancing_the_Competitive_Advantage_Through_ERP_Integration_and__Purchasing_Strategy

➢ GrowEQ. (2023). *The Importance of Management Commitment.* https://www.groweq.com.au/the-importance-of-management-commitment/

➢ Robbins, S.P. & Judge, T.A. (2022). *Essentials of Organizational Behavior.* Pearson Education Limited.

➢ Ignition. (2024). *KPIs for Product Managers: total cost of ownership.* https://www.haveignition.com/kpis-for-product-managers/kpis-for-product-managers-total-cost-of-ownership

➢ Centre of Industrial Management-Katholieke Universiteit Leuven. (Vuosi tuntematon). *Individual Assignment of Advanced Management Accounting.* http://handik_w.tripod.com/sitebuildercontent/sitebuilderfiles/tco.pdf

➢ Gartner. (2024). *Cost Structure.* https://www.gartner.com/en/finance/glossary/cost-structure

➢ Berger, B. (2.12.2011). Spending Cuts without the Cheese Slicer! *IFM PFM BLOG – Public Financial Management.* https://blog-pfm.imf.org/en/pfmblog/2011/12/spending-cuts-without-the-cheese-slicer

➢ Gartner. (2024). *Use Total Cost of Ownership to Optimize Costs and Increase Savings.* https://www.gartner.com/en/documents/3847267

➢ Schmidt, J. (2015 – 2024). Cost Structure – The different types of cost structures incurred by a business. *CFI Education Inc.* https://corporatefinanceinstitute.com/resources/accounting/cost-structure/

➢ Indeed Editorial Team. (16.8.2024). The Types of Costing in Cost Accounting. *Indeed – Career development.* https://www.indeed.com/career-advice/career-development/types-of-costing

➢ Kagan, J. (30.7.2024). Payback Period: Definition, Formula, and Calculation. *Investopedia.* https://www.investopedia.com/terms/p/paybackperiod.asp

➢ Hayes, A. (17.4.2024). Cash Flow: What It Is, How It Works, and How to Analyze It. *Investopedia.* https://www.investopedia.com/terms/c/cashflow.asp

➢ Jansson, C. (2018). Financial Resilience: The Role of Financial Balance, Profitability, and Ownership. *The Resilience Framework*, 111–131. https://www.researchgate.net/publication/319449764_Financial_Resilience_The_Role_of_Financial_Balance_Profitability_and_Ownership

➢ Eurostat. (2024). Industrial producer price index overview**.** *Eurostat – Statistics Explained.* https://ec.europa.eu/eurostat/statistics-explained/index.php?title=Industrial_producer_price_index_overview#Industrial_producer_prices_-_development_since_2015

➢ Hermarij, J. (2021). *Better Practices of Project Management – 4th fully revised edition. Based on IPMA Competences – ICB Version 4.* Van Haren Publishing.

➢ ProjectManager.com. (2024). *Project Scheduling: How to Make a Schedule.* https://www.projectmanager.com/guides/project-scheduling

➢ Andriani, R., Disman, D. (2023). Effects of work overload and job stress on employee performance: categorical moderation from poly-chronicity and work environment. *JPPI (Journal Penelitian Pendidikan Indonesia)*. https://www.researchgate.net/publication/376496148_Effects_Of_Work_Overload_and_Job_Stress_on_Employee_Performance_Categorical_Moderation_from_Polychronicity_and_Work_Environment

➢ Ranganath, R. (2.7.2024). Effective Cost Control in Construction Projects. *ProQsmart.* https://proqsmart.com/blog/cost-control-in-construction/

➢ Ruslanova, D. (2024). Definition of Project kickoff meeting. *Maddevs.io.* https://maddevs.io/glossary/project-kickoff-meeting/

➢ Crane, A., Matten, D., Glozer, S., Spence, L. (2019). *Business Ethics – Fifth edition.* Oxford University Press.

➢ Browaeys, M.-J. & Price, R. (2019). *Understanding Cross-Cultural Management.* Pearson Education Limited.

➢ Mujtaba, B.G. (2008). Task and Relationship Orientations of Thai and American Business Students based on Cultural Contexts Introduction and Cultural Values. *Journal of Leadership Education.* https://www-emeraldcom.proxy.uwasa.fi/insight/content/doi/10.12806/V18/I2/R8/full/pdf?title=projectmanagerleadershipbehaviortask-oriented-versus-relationship-oriented

➢ Indeed Editorial Team. (16.8.2024). The Importance of Resource Management (With 10 Benefits). *Indeed – Career development*. https://www.indeed.com/career-advice/career-development/resource-management-importance

➢ Lastiri, L. (22.9.2023). 5 Tips for Streamlining Data Analysis and Reporting for Actionable Insights. *Kippy*. https://www.kippy.cloud/post/tips-for-streamlining-data-analysis-and-reporting-for-actionable-insights

➢ Eleya, J. (28.6.2023). 6 Benefits of a Good Management Reporting System. *Envisio*. https://envisio.com/blog/6-benefits-of-a-good-management-reporting-system/

➢ Bridges, J. (3.5.2023). Project Coordinator Job Description: Role, Responsibilities & Skills. *ProjectManager*. https://www.projectmanager.com/training/role-project-coordinator

➢ Indeed Editorial Team. (16.8.2024). What Is Project Coordination and How Does It Work? *Indeed – Career development*. https://www.indeed.com/career-advice/career-development/coordinating-projects

➢ Fatma, A. & Kumar, M. (2024). Exploring the Correlation Between Service Quality and Customer Satisfaction in the Hospitality Industry. *The International Journal of Indian Psychology*. https://www.researchgate.net/publication/378711872_Exploring_the_Correlation_Between_Service_Quality_and_Customer_Satisfaction_in_the_Hospitality_Industry

➢ PanLearn. (2024). *Benefits of Project Documentation*. https://www.panlearn.com/articles/project-management/get-project-management-experience-for-pmp-certification

➢ Law Insider. (2013 – 2024). *Engineering Data Definition*. https://www.lawinsider.com/dictionary/engineering-data

➢ Hawker, M. (12.5.2023). 5 Ways Bad Data Hurts Your Business [and How to Fix It]. *Profisee*. https://profisee.com/blog/5-ways-bad-data-hurts-business/

➢ Fowler, P. (19.6.2019). The "Definition of Quality". *Pete Fowler Construction Services, Inc.* https://www.petefowler.com/blog/2019/6/19/the-definition-of-quality

➢ Hussain, S.S. (13.10.2023). What are the 4 key components of quality management? *LinkedIn*. https://www.linkedin.com/pulse/what-4-key-components-quality-management-saleem-sarwar-hussain/

➢ Indeed Editorial Team. (5.9.2023). *What is quality planning? (Definition and importance).* https://uk.indeed.com/career-advice/career-development/quality-planning

➢ Gillis, A. S. (2024). What is quality assurance (QA)? *TechTarget.* https://www.techtarget.com/searchsoftwarequality/definition/quality-assurance

➢ International Organization for Standardization. (Vuosi tuntematon). *Quality assurance: A critical ingredient for organizational success.* https://www.iso.org/quality-management/quality-assurance

➢ Indeed Editorial Team. (23.1.2024). *What Is Quality Control? Definition, Importance and Methods.* https://www.indeed.com/career-advice/career-development/what-is-quality-control

➢ ComplianceOnline. (2024). *ISO 31000 and Enterprise Risk Management.* https://www.complianceonline.com/dictionary/ISO_31000_Enterprise_Risk_Management.html

➢ Hessing, T. (Vuosi tuntematon). Cost of Poor Quality (COPQ). *Sixsigmastudyguide.com.* https://sixsigmastudyguide.com/cost-of-poor-quality/

➢ SSDSI. (22.12.2023). *Cost of Poor Quality (COPQ).* https://sixsigmadsi.com/copq-what-does-it-mean/

➢ Whittington, R., Regnér, P., Angwin, D., Johnson, G. Scholes, K. (2020). *Exploring Strategy – Twelfth Edition.* Pearson Education Limited.

➢ Kaplan, R. & Norton, D. (2004). *Strategiakartat (Strategy Maps).* Talentum Oy, original English version published by arrangement with Harvard Business School Press.

➢ Investopedia. (17.10.2024). *Funding Available for Companies?* Date accessed 21.10.2024. Retrieved from web site URL https://www.investopedia.com/ask/answers/03/062003.asp

➢ Hayes, A. (4.9.2024). Revenue Definition, Formula, Calculation, and Examples. *Investopedia.* https://www.investopedia.com/terms/r/revenue.asp

➢ 4cost GmbH (2008 – 2024). *Should Cost Analysis: Benefits and Use Cases.* https://www.4cost.de/en/resources/blog/should-cost-analysis-2/

➢ Herrera Piscopo, G., Johnston, W. and Bellenger, D.N. (2008), Total cost of ownership and customer value in business markets" Woodside, A.G., Golfetto, F. and Gibbert, M. (Ed.) Creating and managing superior customer value (Advances in Business Marketing and Purchasing, Vol. 14), Emerald Group Publishing Limited, Leeds, pp. 205-220. https://doi.org/10.1016/S1069-0964(08)14006-6

➢ Your company formations. (2024). *Guide to Company Shareholders.* https://www.yourcompanyformations.co.uk/learning-centre/company-shareholders/

➢ MBB Management. (29.12.2023). What is the Role of the Standard Business Owner? *MBB Production, LLC.* https://www.mbbmanagement.com/business-management/what-is-the-role-of-the-standard-business-owner/

➢ Ontario Securities Commission. (2024). *Factors that can affect stock prices.* https://www.getsmarteraboutmoney.ca/learning-path/stocks/factors-that-can-affect-stock-prices/

➢ Kagan, J. (9.3.2024). Credit Rating: Definition and Importance to Investors. *Investopedia.* https://www.investopedia.com/terms/c/creditrating.asp

➢ Alternative Business Funding. (2024). *How your Credit Score Can Impact Your Business Finance.* https://www.alternativebusinessfunding.co.uk/knowledge/growing-fast/how-your-credit-score-can-impact-your-business-finance/

➢ Hoffman, R.R., Zachary, W., Burns, J. Drillings, M., Hale, C. R., Linegang, M. (2008). Human total cost of ownership: Measuring the impact of human factors in system engineering. *Proceedings of the Human Factors and Ergonomics Society Annual Meeting 52*(4), 202–205. https://www.researchgate.net/publication/274977029_Human_Total_Cost_of_Ownership_Measuring_the_Impact_of_Human_Factors_on_System_Engineering

➢ xe currency converter. (23.10.2024). *2,250,000 USD to EUR - Convert US Dollars to Euros.* https://www.xe.com/currencyconverter/convert/?Amount=2250000&From=USD&To=EUR

➢ Herrity, J. (18.9.2024). Maslow's Hierarchy of Needs: Applying It in the Workplace. *Indeed – Career Development.* https://www.indeed.com/career-advice/career-development/maslows-hierarchy-of-needs

➢ Knight, R. (13.12.2023). 8 Essential Qualities of Successful Leaders. *Harvard Business Review.* https://hbr.org/2023/12/8-essential-qualities-of-successful-leaders

➢ Merriam-Webster. (2024). *Commitment.* https://www.merriam-webster.com/dictionary/commitment

➢ Suomisanakirja. (2025). *Dynamiikka.* https://www.suomisanakirja.fi/dynamiikka

➢ Armstrong, M. & Murlis, H. (2007). *Reward Management – A Handbook of Renumeration Strategy and Practice.* Kogan Page Limited.

https://books.google.fi/books?hl=fi&lr=&id=oTaSWA-Fe-roC&oi=fnd&pg=PR8&dq=guiding+organisational+beha-viour+with+wage+and+rewarding&ots=INmfGBAZ71&sig=7nRk-NIDmzG7B1ud1pR3ck8x_MHs&redir_esc=y#v=onepage&q=guiding%20organisatio-nal%20behaviour%20with%20wage%20and%20rewarding&f=false

➢ Säkkinen, Hannu. (2024). *Neuvottelutaidot tulevaisuuden menestyksen takaajina.* Luento Projektipäivillä Helsingissä 2024.

➢ Dwesini, N. F. (2019). Causes and prevention of high employee turnover within the hospitality industry: A literature review. *African Journal of Hospitality, Tourism and Leisure 8*(3), 1–14. https://core.ac.uk/download/pdf/200897091.pdf

➢ Shweta. (3.6.2024). Employee Turnover Rate: Definition & Calculation. *Forber Advisor.* https://www.forbes.com/advisor/business/employee-turnover-rate/

➢ Montañez, R. (22.3.2024). Fighting Loneliness on Remote Teams. https://hbr.org/2024/03/fighting-loneliness-on-remote-teams

➢ Ross, I. C. & Zander, A. (1957). Need Satisfactions and Employee Turnover. *Personnel Psychology 10*(3), 327–338. https://onlinelibrary.wiley.com/doi/abs/10.1111/j.1744-6570.1957.tb00786.x

➢ Cagnassola, M. E. (14.9.2022). Working at the Office Costs Twice as Much as Working Remote: Survey. *Money.* https://money.com/working-office-vs-working-remote-costs/

➢ Gibbs, M., Mengel, F. & Siemroth, C. (2023). Work from Home and Productivity: Evidence from Personnel and Analytics Data on Information Technology Professionals. *Journal of Political Economy Microeconomics 1*(1), 1-224. https://www.journals.uc-hicago.edu/doi/epdf/10.1086/721803

➢ Kenton, W. (24.11.2020). Silo Mentality: Definition in Business, Causes, and Solutions. *Investopedia.* https://www.investopedia.com/terms/s/silo-mentality.asp

➢ Mouta, C. & Meneses, R. (2021). The impact of CEO characteristics on organizational culture and on the silo effect. *Revista Brasileira de Gestão de Negocios, 23*(2), 205-227. https://doi.org/10.7819/rbgn.v23i2.4100

➢ Lipkin, N. (25.10.2022). Our brains want to be lazy; here's how to win the battle. *Forbes.* https://www.forbes.com/sites/nicolelipkin/2022/10/25/our-brains-want-to-be-lazy-heres-how-to-win-the-battle/

➢ Halton, C. (26.5.2024). Downsizing: Meaning, Consequences, and Examples. *Investopedia.* https://www.investopedia.com/terms/d/downsize.asp

➢ Strunk, K. O., Goldhaber, D, Knight, D. S. & Brown, N. (2018). Are There Hidden Costs Associated with Conducting Layoffs? The Impact of Reduction-in-Force and Layoff Notices on Teacher Effectiveness. *Journal of Policy Analysis and Management, 37*(4), 755-782. https://doi.org/10.1002/pam.22074

➤ Brookman, J. T., Chang, S. & Rennie, G. G. (2007). CEO Cash and Stock-Based Compensation Changes, Layoff Decisions, and Shareholder Value. *The Financial Review 42*(1), 99-119. https://onlinelibrary.wiley.com/doi/epdf/10.1111/j.1540-6288.2007.00163.x

➤ Kennemer, K. (17.11.2016). 5 Reasons for a No Layoff Policy. *LinkedIn.* https://www.linkedin.com/pulse/5-reasons-layoff-policy-kevin-kennemer/

➤ xe.com. (1.11.2024). *490,000,000 INR to EUR - Convert Indian Rupees to Euros.* https://www.xe.com/currencyconverter/convert/?Amount=490000000&From=INR&To=EUR

➤ xe.com. (1.11.2024). *1,440,000,000 INR to EUR - Convert Indian Rupees to Euros.* https://www.xe.com/currencyconverter/convert/?Amount=1440000000&From=INR&To=EUR

➤ Business Today. (3.1.2024). *Zero layoff strategy: The secret to Appinventiv's growth during the 2023 recession.* https://www.businesstoday.in/impact-feature/story/zero-layoff-strategy-the-secret-to-appinventivs-growth-during-the-2023-recession-411730-2024-01-03

➤ Sinek, S. (2019). *Leaders Eat Last – Why Some Teams Pull Together and Others Don't.* Penguin Business.

➤ Shields, R. (17.7.2023). The Real Costs of Recruitment. *LinkedIn.* https://www.linkedin.com/pulse/real-costs-recruitment-rebekah-shields/

➤ Indeed Editorial Team. (16.8.2024). *What Does the Research and Development Department Do?* https://www.indeed.com/career-advice/career-development/what-does-the-research-and-development-department-do

➤ Noble, C. H. & Kumar, M. (2010). Exploring the Appeal of Product Design: A Grounded, Value-Based Model of Key Design Elements and Relationships. *Journal of Product Innovation Management, 27*(5), 640-657. https://onlinelibrary.wiley.com/doi/abs/10.1111/j.1540-5885.2010.00742.x

➤ Seasia Infotech. (26.5.2022). *What Are the 10 Stages in the New Product Development Process?* https://www.seasiainfotech.com/blog/everything-about-new-product-development/

➤ Marion, T. J. & Meyer, M. H. (2011). Applying Industrial Design and Cost Engineering to New Product Development in Early-Stage Firms. *Journal of Product Innovation Management, 28*(5), 773-786. https://onlinelibrary.wiley.com/doi/10.1111/j.1540-5885.2011.00839.x

➢ Feil, P., Keun-Hyo, Y. & Il-Woon, K. (2004). Japanese Target Costing: A Historical Perspective. *International Journal of Strategic Cost Management (Spring),* 10-19. http://sc-sol.co.kr/img/sc/bufile/japanese%20target%20costing.pdf

➢ Tasdeviren, G. (8.11.2016). What is Genka kikaku (Target cost) and how it works? *LinkedIn*. https://www.linkedin.com/pulse/what-genka-kikaku-target-cost-how-works-gokhan-tasdeviren/

➢ Ibusuki, U. & Kaminski, P. C. (2007). Product development process with focus on value engineering and target-costing: A case study in an automotive company. *International Journal of Production Economics 105*(2), 459-474. https://www-sciencedirect-com.proxy.uwasa.fi/science/article/pii/S0925527306000958

➢ Hinshaw, M. (3.1.2023). What is Design to Value vs. Design to Cost? *aPriori.* https://www.apriori.com/blog/what-is-design-to-value-vs-design-to-cost/

➢ Kowalczyk, D. (18.7.2024). Special Characteristics and their identification in new project implementation. *Automotive Quality Solutions.* https://www.automotivequal.com/special-characteristics-and-their-identification-during-new-project-implementation/

➢ Gepard. (2024). What Is Product Variant? What Is Product Variant?

➢ Engineering Product Design. (2024). *Design for Manufacture and Assembly (DfMA).* https://engineeringproductdesign.com/knowledge-base/design-for-manufacture-and-assembly/

➢ Wikipedia. (3.9.2023). *Concurrent engineering.* https://en.wikipedia.org/wiki/Concurrent_engineering

➢ Syan, C. S. & Menon, U. (1994). *Concurrent Engineering: Concepts, implementation and practice.* Springer-Science+Business Media, B.V.

➢ Oboloo. (26.5.2023). Maximizing Efficiency: The Benefits of Simultaneous Engineering. *Oboloo.* https://oboloo.com/maximizing-efficiency-the-benefits-of-simultaneous-engineering/

➢ Meadows Analysis & Design, LLC. (8.11.2018). C*oncurrent Engineering: What Is It and What Benefits Does It Offer?* https://meadowsanalysis.com/concurrent-engineering-what-is-it-and-what-benefits-does-it-offer/

➢ Marcetic, N. (5.6.2022). Value Added vs Non Value Added Activities. *Lean Community.* https://leancommunity.org/value-added-vs-non-value-added/

➢ Teollisuusliitto. (2020). *Työntutkimuksen käsitteitä, menettelytapoja ja käyttökohteita.* https://www.teollisuusliitto.fi/wp-content/uploads/2020/05/200507_Tyotutkimus.pdf

➢ Malsam, W. (26.9.2023). Manufacturing Engineer Job Description. *ProjectManager.* https://www.projectmanager.com/blog/manufacturing-engineering

➢ Indeed Editorial Team. (29.4.2024). What Is a Process Engineer? A Complete Guide. *Indeed – Career Guide*. https://in.indeed.com/career-advice/finding-a-job/what-is-a-process-engineer

➢ Dr. Veena, C. (2019). Ergonomics and employee engagement. *International Journal of Mechanical Engineering and Technology 10*(2), 105-109. https://d1wqtxts1xzle7.cloudfront.net/58953939/IJMET_10_02_01320190419-33807-k53ler-libre.pdf?1555672971=&response-content-disposition=inline%3B+file-name%3DERGONOMICS_AND_EMPLOYEE_ENGAGEMENT.pdf&Expires=1731758390&Signature=hCFO-2r8SvR-MlnH9Bkh4C4sLFkQiDjIomdNKR8XVM8Pc19Gg8-aDiv2xjp9Q3Kkav81ydgNBgzz2ZOZlMJ-Rn7m1JfSjZd7wvmAwB-iNQiaQdsoBm0gYoIShL2XAfrZVNLyA-WUYEwJBnJxDpcAi64TMIkQi91wsSIfaXni0MGUvu7h2N5NUIi0a-FuInp~ZUWERrYqylDVBopzrrDTV50qHGcVKaZy9t2vE9zt1rd5z-NAF32qCF~ZVuTGn-Kr~XOQWgaM~Embg4VK91LjHAs2RTuyigHrDtlm4ov9gqE-CaEurLv5UwGMxczp0FWYSuhZhPRJedyAnB2Feom5GK8NdzA__&Key-Pair-Id=APKAJLOHF5GGSLRBV4ZA

➢ Hayes, A. (24.7.2024). What Is Throughput? Definition, Formula, Benefits, and Calculation. *Investopedia*. https://www.investopedia.com/terms/t/throughput.asp

➢ Worximity. (25.4.2024). *How to Analyze Throughput Rate*. https://www.worximity.com/blog/analyzing-throughput-rate

➢ OEE. (2024). *Overall Equipment Effectiveness*. https://www.oee.com/

➢ Physiopedia. (2024). *Gait Definitions*. https://www.physio-pedia.com/Gait_Definitions

➢ Motin Controls Robotics. (2024). *Robot Inertia vs Payload*. https://motioncontrolsrobotics.com/resources/tech-talk-articles/robot-inertia-vs-payload/

➢ Floyd, T. (15.12.2021). What Is Karakuri? *Geolean*. https://geoleanusa.com/what-is-karakuri/

➢ Daniel, D. (2021). Kaizen (continuous improvement). *TechTarget*. https://www.techtarget.com/searcherp/definition/kaizen-or-continuous-improvement

➢ Reid, H. (6.6.2023). What is First in First Out (FIFO)? Definition, Pros and Cons. *DCL Logistics*. https://dclcorp.com/blog/inventory/fifo/

➢ Fernando, J. (27.6.2024). Supply Chain Management (SCM): How It Works & Why It's Important. *Investopedia*. https://www.investopedia.com/terms/s/scm.asp

➢ Caniato, F., Ronchi, S., Luzzini, D. & Brivio, O. (2015). Total cost of ownership along the supply chain: a model applied to the tinting industry. *Production Planning & Control –*

The Management of Operations. https://doi-org.proxy.uwasa.fi/10.1080/09537287.2014.918285

➢ Oskarsson, B. (2019). *Total Cost Analysis in Logistics - Practical Execution, Learning, and Teaching in Higher Education*. Linköping Studies in Science and Technology, Dissertations, No. 2032. https://www.diva-portal.org/smash/get/diva2:1367153/FULL-TEXT01.pdf

➢ Sunny, B. (14.2.2023). Benefits of Total Cost of Ownership (TCO) Analysis in Supply Chain Management. *Medium*. https://sunnysimbiam.medium.com/the-benefits-of-tco-analysis-in-supply-chain-management-41f65838dfb9

➢ Schönsleben, Prof. em. Dr. Paul. (Vuosi tuntematon). Integral Logistics Management — Operations Management and Supply Chain Management Within and Across Companies. *Opess ETH Zurich*. https://opess.ethz.ch/course/section-2-1/2-1-3-total-cost-of-ownership-in-a-global-supply-chain/

➢ The Sourcing Co. (Vuosi tuntematon). *What is Supplier Management? A Comprehensive Guide*. https://thesourcing.co/what-is-supplier-management

➢ Everything Supply Chain. (2024). *Supplier Management Strategies for the Lowest Total Cost of Ownership (TCO)*. https://www.everythingsupplychain.com/supplier-management-strategies-for-the-lowest-total-cost-of-ownership-tco/

➢ Carvajal, A. (24.4.2023). What Does the Supplier Contract Management Process Look Like? *Top.legal*. https://www.top.legal/en/knowledge/supplier-contract-management-process

➢ Nysten-Haarala, S., Hirvonen-Ere, S. & Ketola, A. (18.9.2024). Miten ratkaista suurten yhteisprojektien ja niiden innovaatioiden muutos- ja ongelmatilanteita? . Paneelikeskustelu Projektipäiville Helsingissä 2024.

➢ Logistiikan Maailma. (2024). *Inbound, Intra and Outbound logistics*. https://www.logistiikanmaailma.fi/en/logistics/logistics-and-supply-chain/inbound-inhouse-and-outbound-logistics/

➢ Barrios, K. (27.9.2021). A Full Breakdown of Incoterms (International Commercial Terms). *Xeneta*. https://www.xeneta.com/blog/incoterms

➢ International Trade Administration. (Vuosi tuntematon). *Know Your Incoterms*. https://www.trade.gov/know-your-incoterms

➢ IPQC. (19.4.2022). *What is Incoming Quality Control – IQC Inspection Definition, Importance, Methods and More*. https://www.ipqcco.com/blog/what-is-incoming-quality-control-iqc-inspection-definition-importance-methods-and-more

➢ Shuler, K. (5.9.2021). What's the Difference Between Sourcing, Purchasing, and Procurement? *Quandary Consulting Group*. https://quandarycg.com/difference-between-sourcing-purchasing-and-procurement/

➢ Forsten-Astikainen, R., Hurmelinna-Laukkanen, P., Lämsä, T., Heilmann, P., Hyrkäs, E. (2017). Dealing with organizational silos with communities of practice and human resource management. *Journal of Workplace Learning 29*(6), 473-489. https://doi.org/10.1108/JWL-04-2015-0028

➢ University of Michigan. (2024). *Career Path Navigator - Production Planning and Control Manager*. https://careernavigator.umich.edu/job_detail/102746/production-planning-and-control-manager

➢ Bika, N. (3.2.2020). Materials Manager job description. *Workable*. https://resources.workable.com/materials-manager-job-description

➢ Blink. (6.9.2023). *How to build and structure your internal communications team*. https://www.joinblink.com/intelligence/internal-communications-team

➢ Hudson, P. T. W. & Stephens, D. (2000). *Cost and Benefit in HSE: A Model for Calculation of Cost-Benefit using Incident Potential*. Paper presented at the SPE International Conference on Health, Safety and Environment in Oil and Gas Exploration and Production, Stavanger, Norway, June 2000. https://doi.org/10.2118/61050-MS

➢ Brosschot, J. F., Verkuil, B. & Thayer, J. F. (2018). Generalized Unsafety Theory of Stress: Unsafe Environments and Conditions, and the Default Stress Response. *International Journal of Environmental Research and Public Health 15*(3), 464. https://doi.org/10.3390/ijerph15030464

➢ Indeed Editorial Team. (9.3.2024). What Is an HSE Manager? (With Duties, How-to, and Skills). *Indeed – Career Guide*. https://ca.indeed.com/career-advice/finding-a-job/what-is-hse-manager

➢ Water Power Technologies Office. (Vuosi tuntematon). Environment, Health, and Safety Professional. *Office of Energy Efficiency & Renewable Energy*. https://www.energy.gov/eere/water/environment-health-and-safety-professional-0

➢ EcoOnline. (Vuosi tuntematon). *Health, Safety, and Environment (HSE)*. https://www.ecoonline.com/glossary/health-safety-and-environment

➢ Sink, R. (17.8.2017). The Insider's Guide to Total Cost of Ownership. *Deringer*. https://blog.anderinger.com/blog/the-insiders-guide-to-total-cost-of-ownership

➢ Sheldon, R. (Vuosi tuntematon). HVAC (heating, ventilation and air conditioning). *TechTarget*. https://www.techtarget.com/searchdatacenter/definition/HVAC

➢ NLR. (2024). *Mould Exposure: Long Term Side Effects*. https://nlr.com.au/articles/mould-exposure-long-term-side-effects

Kustantaja: BoD · Books on Demand, Mannerheimintie 12 B,
00100 Helsinki, bod@bod.fi
Kirjapaino: Libri Plureos GmbH, Friedensallee 273,
22763 Hampuri, Saksa
ISBN: 978-952-80-9633-7